FAIRE DU MARKETING
SUR LES RÉSEAUX SOCIAUX

Groupe Eyrolles
61, bd Saint-Germain
75240 Paris Cedex 05
www.editions-eyrolles.com

© Groupe Eyrolles, 2014
ISBN : 978-2-212-55694-0

Mélanie Hossler
Olivier Murat
Alexandre Jouanne

FAIRE
DU MARKETING
SUR LES RÉSEAUX
SOCIAUX

12 modules pour construire sa stratégie social media

EYROLLES

Sommaire

Introduction

Bienvenue dans ce guide pratique. Si vous avez ouvert ce livre, c'est que vous êtes intéressé par les réseaux sociaux et les opportunités mises à la disposition des entreprises pour s'approprier ce nouvel outil marketing. Nous allons nous intéresser à un phénomène qui a profondément bouleversé le Web, pour lui donner une dimension encore plus dynamique et positive : les réseaux.

Ils ont changé nos habitudes quotidiennes et modifié le rapport entre les marques et les consommateurs. Vous les connaissez : Facebook, Twitter, LinkedIn, Instagram, YouTube, Google +, et les dizaines, les centaines d'autres médias. Nous les appellerons «médias» plutôt que «réseaux» du fait de leur dimension marketing et de leur réel intérêt pour les entreprises qui ciblent de potentiels consommateurs, tout comme le font la presse, la télévision ou encore la radio.

Un sujet inévitable

Qui peut passer une seule journée aujourd'hui sans entendre parler des médias sociaux ? Probablement personne. Dans la vie professionnelle, ces médias deviennent une priorité, un sujet de discussion, et ils sont très certainement devenus un enjeu pour les entreprises.

Comment lancer une marque sur les médias sociaux ? Comment intégrer les réseaux sociaux dans une stratégie marketing ? Quel réseau choisir et comment gérer toutes ces plateformes ? Quelles sont les bonnes pratiques à adopter ? Comment réussir à contrôler toutes les informations et toutes les interactions avec une communauté ? Autant de questions qui ont besoin de réponses précises et pratiques.

Les modules du livre

L'objectif de ce guide est d'expliquer pas à pas tous les processus à mettre en œuvre pour répondre aux questions de méthode, aux objectifs marketing.

Ce guide tente d'apporter une réponse construite aux défis que l'entreprise doit relever pour réussir sur les médias sociaux. Que vous soyez responsable marketing, responsable communication, responsable des ressources humaines ou à un autre poste, que vous soyez dans une start-up, une petite entreprise ou un grand groupe, les règles sont les mêmes et ce guide vous donnera les clés pour maîtriser cet environnement.

La question essentielle est de savoir comment intégrer et maîtriser les médias sociaux dans une stratégie globale et de comprendre rapidement les enjeux et les comportements à adopter. Pour répondre à cette question complexe, et pour simplifier la lecture, nous avons décomposé ce livre en douze modules distincts et complémentaires, comme des briques qui s'assemblent pour former l'édifice de votre stratégie. Vous pouvez aborder cet ouvrage en fonction des problématiques qui vous occupent pour votre entreprise, le lire dans son ensemble ou choisir les modules dont les thèmes vous intéressent.

Cartographie des réseaux sociaux

OBJECTIFS

- *Comprendre les nouveaux enjeux des réseaux sociaux en analysant les possibilités offertes par les différentes plateformes pour les entreprises.*
- *Apprivoiser cet univers marketing en fonction des objectifs des entreprises.*

Avant d'ouvrir les différents volets pratiques que nous allons aborder, il est essentiel de bien connaître l'environnement et les spécificités de chacune des plateformes sociales. Quels sont les médias sociaux disponibles à ce jour ou, du moins, les plus utilisés par les marques ? Quelles sont leurs spécificités ? Quelles sont leurs différences ? Sont-ils complémentaires ?

Autant de questions auxquelles nous allons essayer de répondre grâce à une cartographie très opérationnelle des médias sociaux. Celle-ci reprend les principales spécificités des différentes plateformes et permet de disposer d'un outil pratique de référence pour comprendre la structure des principaux acteurs du Web social actuel.

L'écosystème des médias sociaux

Pour atteindre 50 millions d'utilisateurs, il aura fallu trente-huit ans à la radio, treize ans à la télévision, quatre ans à Internet, trois ans à l'iPod, alors que Facebook aura conquis 100 millions de membres en moins de neuf mois. Le développement des réseaux sociaux a été rapide et, chaque jour, de nouveaux réseaux dédiés à des usages spécifiques ou à des cibles différenciées apparaissent et s'intègrent à nos vies.

Comprendre l'essor du *social media*

Avec l'avènement du Web 2.0 en 2004, le Web et ses usages ont évolué; ils sont devenus plus simples et plus interactifs. L'internaute a désormais la possibilité d'interagir avec les sites Internet sans avoir de compétences particulières et peut les alimenter en tenant un blog par exemple, ou bien en collaborant à des articles, comme le permet la célèbre encyclopédie virtuelle: Wikipédia.

La quantité d'informations produites et échangées croît de façon exponentielle et rares sont les internautes qui se passent de ces nouveaux moyens de communication. La question à se poser n'est plus de savoir s'il s'agit d'une mode passagère: les médias sociaux sont là pour durer.

Qu'est-ce qu'un réseau social?

Le mot « réseau » est attesté dès le XVIIᵉ siècle dans le lexique des tisserands. Il servait à nommer l'entrecroisement des fibres. Au XVIIIᵉ siècle, son utilisation s'est étendue au registre médical pour désigner le système sanguin ou encore le système nerveux. C'est au XIXᵉ siècle que le mot prendra un nouveau sens pour désigner l'ensemble des chemins, des routes, des voies ferrées qui parcourent une région ou un pays. Que ce soit un réseau de fibre, un réseau sanguin, un système nerveux ou bien un réseau de voiries, le mot reflète bien la complexité des liens qui existent entre les différents éléments pour représenter un tout. Toutes ses utilisations suggèrent l'entrelacement, la circulation des éléments dont le réseau est le support. Pour Pierre Mercklé (2004), sociologue qui a réalisé de nombreuses recherches sur le sujet, « *dans le langage courant, le retour à la notion de réseau, [...], pour désigner des ensembles d'individus et les relations qu'ils entretiennent les uns avec les autres, est attesté au milieu du XIXᵉ siècle* ».

C'est à partir de 1954 que la notion de « réseau social » se rapproche le plus de la définition moderne. Le concept a été introduit par l'anthropologue John Arundel Barnes dans le cadre d'une étude menée en Norvège dans un petit village de quatre mille six cents habitants, portant sur les relations entre l'organisation politique, le système industriel et les individus dans cet écosystème restreint. L'objectif de cette étude consistait à mettre au jour les piliers de l'organisation sociale d'une petite communauté en s'appuyant sur l'ensemble des relations entre les membres de cette communauté. Pour John A. Barnes, un réseau social correspondrait à un ensemble d'identités sociales représentées par des individus, des groupes d'individus ou des organisations reliées entre elles par des liens générés lors d'interactions sociales.

On retrouve de nombreux ouvrages de sociologie et d'anthropologie qui traitent de cette notion et, en particulier, des interactions sociales, et cela avant même l'essor des réseaux sociaux. Le sociologue français E. Lazega (1998) définit un réseau social comme «*un ensemble de relations spécifiques (par exemple : collaboration, soutien, conseil, contrôle ou encore influence) entre un ensemble fini d'acteurs*».

S'inspirant de ces définitions, de nombreuses théories en sciences sociales s'appuient sur les réseaux sociaux pour tenter d'expliquer différents phénomènes de la vie courante.

- Des communautés regroupées autour d'associations ou de corporations se fondent sur la notion de solidarité, de réseau d'entraide, par exemple, les bourses d'échange de vêtements, le troc, le partage de connaissance ou de service, etc.

- Dans le milieu professionnel, les réseaux sociaux jouent un rôle fondamental dans l'embauche ou le succès des sociétés ou encore dans le rendement professionnel, par exemple, les salons professionnels ou les conférences permettent de mettre en relation de nouveaux prospects, d'enrichir sa connaissance personnelle en rencontrant ses pairs venus pour échanger sur le même sujet.

- En politique, les réseaux sociaux permettent d'expliquer le pouvoir au sein des organisations. Par exemple, plus qu'un titre professionnel effectif, le fait de détenir un grand nombre de relations sociales et de se trouver au centre de ces relations favoriserait la reconnaissance sociale. Ce type de phénomène est notamment très visible lors des meetings politiques.

- En économie, les interactions sociales sont au centre de toute relation marchande et le réseau est nécessaire pour réussir sa stratégie commerciale.

Toutes ces applications de la notion de réseau social dans la vie courante démontrent bien l'importance, pour un individu, de se trouver au centre d'un réseau, de favoriser les interactions sociales, le partage d'informations et de connaissances avec ses pairs.

L'avènement du Web et la transposition des réseaux sociaux en plateformes sur Internet ont permis une nouvelle traduction du terme «réseau social». L'interaction sociale entre les individus, ou les groupes d'individus, prend une nouvelle dimension et il est désormais possible de créer du contenu. Ces nouvelles plateformes d'échanges entre plusieurs individus, grâce auxquelles on peut se construire un réseau professionnel ou privé, permettent d'enrichir et de compléter les réseaux sociaux traditionnels.

Et plus encore : les nouvelles technologies permettent une rapidité et une instantanéité qui seraient impossibles dans un réseau social traditionnel. La rapidité des contacts est favorisée et les internautes ont la possibilité d'étendre leurs réseaux de contacts aux contacts de leurs contacts. Cette transposition virtuelle d'un réseau social apporte une possibilité supplémentaire d'entrer en contact et d'interagir mais n'a pas vocation à remplacer un réseau réel. C'est le même principe qu'une boutique en ligne permettant d'étendre la zone de chalandise d'une enseigne physique et de proposer des services complémentaires (par exemple, être averti lorsqu'un produit est disponible).

Les réseaux sociaux *versus* les médias sociaux

Aujourd'hui, il existe une multitude de plateformes sociales qui regroupent plusieurs millions, voire plusieurs milliards d'utilisateurs. Une erreur commune est d'utiliser indistinctement les termes « médias sociaux » et « réseaux sociaux », afin de désigner les sites communautaires et les fonctionnalités sociales du Web.

Le terme « média social » recouvre les sites et les fonctionnalités sociales du Web. Andreas Kaplan et Michael Haenlein (2011) définissent les médias sociaux comme « un groupe d'applications en ligne qui se fondent sur la philosophie et la technologie du Net et permettent la création et l'échange du contenu généré par les utilisateurs ». Cela englobe la technologie, l'interaction sociale et la création de contenu qui peut être de plusieurs types :

- un statut, un article, des fichiers PDF ou des brèves ;
- des contenus multimédias tels que des photographies, des vidéos, des GIF animés, des émoticônes, etc.

Les médias sociaux utilisent l'intelligence collective pour créer de la collaboration en ligne et, donc, de l'interaction entre les individus ou les groupes d'individus. Ces individus sont ainsi amenés à créer du contenu, à le hiérarchiser en vue de son partage avec d'autres individus et de sa bonne compréhension. Ce contenu est sans cesse en évolution, lié aux modifications que peuvent apporter les autres utilisateurs (comme des commentaires ou des documents de travail collaboratifs). Cette collaboration peut prendre des formes, comme :

- donner son opinion sur un sujet, un produit, un service ou un site Internet ;
- dialoguer avec d'autres utilisateurs ;
- contribuer à des projets participatifs ;
- agréger des informations en vue de les partager par la suite.

Les médias sociaux rassemblent donc des sites, des applications Web ou mobiles ou des fonctionnalités qui incitent les individus à collaborer, à créer du contenu, à le modifier et à le faire évoluer. Toutes ces actions permettent le développement des interactions conversationnelles et sociales entre les internautes avec une réciprocité variant selon le type de contenu et de support.

Parmi les technologies qui intéressent le champ des médias sociaux, on trouve les flux RSS, les blogs (Tumblr), les wikis, le partage de photos ou de vidéos (Instagram ou YouTube), les podcasts, les réseaux sociaux (Facebook, Viadeo, LinkedIn), le bookmarking collaboratif (Pearltrees), les outils de curation de contenu (ScoopIt), les mondes virtuels (Second Life), les micro-blogs (Twitter), etc.

Les réseaux sociaux deviennent alors une infime partie des médias sociaux et peuvent être définis comme un sous-ensemble de ces derniers. Leur vocation première est de permettre aux internautes de se créer un profil, de se mettre en relation, en leur offrant des possibilités de partage ou de réseautage. Les blogs, les forums de discussions ou les wikis, quant à eux, appartiennent aux médias sociaux mais diffèrent des réseaux sociaux. Par exemple, à la différence d'un blog, la finalité première d'un réseau social n'est pas la publication, mais bien la mise en relation de membres ayant des intérêts communs. Dans ce livre, nous serons amenés à mentionner les différents outils contenus dans les médias sociaux en nous concentrant sur les principaux réseaux sociaux et leur impact dans cet écosystème.

L'intérêt de ces plateformes sociales est, au-delà de l'aspect communautaire et de partage entre utilisateurs, de proposer un volet marketing. Si un réseau social a pour vocation première la création de connexions et d'échanges entre ses membres, un média social ouvre ce réseau à une dimension marketing qui inclut un but lucratif et des outils publicitaires. En effet, ces plateformes proposent aux marques et aux organisations différents outils qui leur permettent d'interagir et de communiquer avec les internautes et de toucher plus particulièrement leurs cibles sur un réseau donné. Bien évidemment, la plupart de ces outils sont partiellement payants, afin de rentabiliser les plateformes. Les annonceurs payent pour être visibles et, donc, permettent de maintenir le service.

Les qualités intrinsèques des réseaux sociaux

La première caractéristique des réseaux sociaux est la possibilité offerte aux utilisateurs de créer des comptes gratuitement et d'être faciles à utiliser. Ils proposent des fonctionnalités qui encouragent le partage d'informations entre les individus inscrits. Ces plateformes se caractérisent par la croissance exponentielle du nombre d'utilisateurs inscrits ou encore du contenu créé par les membres. Ces deux caractéristiques vont permettre la création de valeur au sein du réseau.

Pour favoriser l'interaction et le partage de contenus, les réseaux sociaux proposent un certain nombre de fonctionnalités permettant de les identifier :

- Un **espace personnel** que l'utilisateur peut s'approprier en le personnalisant. Dans cet espace l'utilisateur renseigne son identité :
  - ses nom et prénom dans la plupart des cas, ou bien un pseudonyme pour les réseaux sociaux moins regardants. Néanmoins, la plupart des réseaux sociaux exigent une véritable identité pour s'inscrire afin que les utilisateurs puissent se reconnaître,
  - une photo de profil ou un avatar,
  - différents champs, variant d'un réseau social à l'autre et la plupart du temps non obligatoires, comme la situation maritale, l'âge, le lieu de résidence, etc.,
  - ce profil peut être rendu public ou privé.
- Un **carnet d'adresses** ou plutôt un réseau de connaissances professionnelles, personnelles ou les deux selon le réseau. Ce « réseau » se crée par le biais d'une invitation par mail, d'un moteur de recherche sur la plateforme permettant de retrouver qui est inscrit. La mise en relation entre deux personnes est souvent synonyme d'un accord entre les deux parties et, dans tous les cas, elle reste révocable.
- Un **fil d'actualité** qui permet de suivre les contenus postés par le réseau de contact de l'utilisateur.
- La **possibilité d'échanger avec son réseau ou la communauté**, de donner son avis, de tisser des relations et différentes fonctionnalités qui peuvent

varier selon le support, comme le partage d'éléments multimédias (photos, vidéos, musiques, etc.), de passions, la possibilité d'organiser des événements, etc. Selon le réseau social, les possibilités de partage varient : publication éditoriale, photographie, vidéo, article, lien, etc.

- Un **outil de recherche** permettant aux membres d'identifier des contacts, des zones d'interaction par mots-clés (passions, vie professionnelle, cursus scolaire, liens familiaux...), thèmes (sport, musique, etc.) ou encore *hashtag* (#TourDeFrance ou #TDF).

- Des **outils collaboratifs** qui varient en fonction de la plateforme comme des groupes d'intérêt, des messageries privées, des conférences téléphoniques à plusieurs ou encore la possibilité de commenter ou d'aimer une publication d'un autre utilisateur.

- Une **version Web et une version mobile** permettant de toucher de nombreux utilisateurs dans leurs différents usages.

- Enfin la quantité de contenus échangés entre leurs membres détermine le référencement des réseaux sociaux par les moteurs de recherche.

DÉFINITION DU *HASHTAG*

Le *hashtag*, ou « dièse » en français, représente un mot-clé ou une association de mots-clés permettant à l'utilisateur de suivre un sujet de discussion collectif. En d'autres termes, c'est un marqueur de métadonnées qui se matérialise par un signe typographique en croisillon « # ». En cliquant sur ce *hashtag*, l'internaute peut suivre un fil de discussion collectif associé au sujet.

Les internautes utilisent fréquemment les *hashtags* sur Twitter ou Instagram et en juin 2013, Facebook a lui aussi intégré cet outil à sa plateforme.

Les *hashtags* peuvent porter sur l'actualité (par exemple en septembre 2013, le *hashtag* #Syrie faisait partie des *tops topics*), renvoyer à une marque ou une campagne créée par une marque ou encore à un sujet de discussion du moment (#JeanPierreFoucaultOnTheLove, en septembre 2013, ce *hashtag* a été utilisé pour partager des photos de Jean-Pierre Foucault tournées en dérision).

Le site *http://www.hashtags.org/* référence les *hashtags* du moment et les *hashtags* les plus utilisés et les trie par catégorie.

Retour sur l'histoire des médias sociaux

Pourquoi et comment les médias sociaux ont-ils révolutionné la façon de communiquer des marques?

Du Web au Web 2.0

Avant l'avènement du digital, l'entreprise évoluait dans un univers unique: le monde réel. Cet univers répondait à des règles simples. Les entreprises se fixaient des objectifs et réfléchissaient au moyen de les atteindre. Ce monde réel a été bouleversé, dans les années 1990, par l'arrivée fracassante d'Internet qui a créé un univers nouveau: le virtuel. L'entreprise évolue désormais entre ces deux univers parallèles, profondément interdépendants, chacun pouvant servir de levier pour l'autre.

Au début du Web, l'information était à sens unique: Internet transmettait une information à l'internaute. Les sites hébergeaient un contenu accessible par les utilisateurs. Ce Web était immuable et statique et les sites Internet de marque étaient appelés des «sites vitrines».

Le début des années 2000 est marqué par l'émergence du Web 2.0. Internet est devenu interactif, l'information n'est plus à sens unique, mais à double sens; elle autorise et favorise une interaction avec l'internaute, qui va réagir à l'information, la modifier, la créer et la modeler. Grâce à la nouvelle architecture des sites, des systèmes de bases de données peuvent être intégrés avec une mise à jour instantanée du contenu permettant de gérer des échanges et des interactions avec le contenu présent sur les sites. L'internaute a également la possibilité de partager le contenu grâce à un système d'abonnement par e-mail.

L'arrivée des forums de discussion a permis aux internautes d'intégrer les premières communautés réactives en ligne. Contrairement aux listes de diffusions, ces espaces permettent une plus grande interactivité, avec des possibilités de filtrage des contributions, une modération des contenus publiés par les internautes et une gestion des contributeurs et des modérateurs. Est ainsi apparue une génération d'internautes actifs et en quête d'échanges. Par la suite, les *chatrooms* ont conquis une nouvelle fonction: l'instantanéité des discussions qui deviennent alors réellement interactives en temps réel.

On ne parle plus d'un Web immobile, où les instances présentes diffusent de façon autoritaire des données, mais on parle plutôt d'un Web interactif où les internautes ont autant d'importance que les sites Web qui stockent le contenu.

Du Web 2.0 aux médias sociaux

Les internautes ont très vite eu envie de partager des contenus qu'ils jugeaient intéressants (amusants, choquants, motivants) autrement que par l'envoi, *via* l'e-mail, d'un lien vers l'adresse d'un site ou d'un forum.

C'est ainsi que sont apparus les premiers réseaux sociaux intégrant la possibilité de gérer un carnet d'adresses de contacts et d'échanger en direct avec ce dernier.

> MySpace a pour objectif de promouvoir des artistes. Les internautes peuvent suivre les artistes qu'ils aiment et découvrir leurs univers, leurs dernières chansons. Pour se faire connaître et développer leur notoriété, les artistes ont initié les principes de l'animation de communauté telle que nous la connaissons aujourd'hui (promo, jeux-concours, etc.).

Les réseaux sociaux comme MSN ou ICQ ont ensuite enrichi l'instantanéité dans les échanges, permise par les *chatrooms*, avec la possibilité d'intégrer un «carnet d'adresses» et de rendre public son statut à son réseau. Ces nouveaux réseaux ont incité les internautes à les utiliser comme des outils de discussion offrant un contact textuel rapide : discussion, échanges d'avis et de conseils.

Depuis 2007, avec l'arrivée des géants comme Facebook ou Twitter, les réseaux sociaux se sont généralisés. Leur croissance en nombre d'utilisateurs a été rapide et les marques se sont très vite approprié ces supports pour communiquer elles aussi. Selon l'Ifop et l'Observatoire des réseaux sociaux, en 2011, 77 % des internautes français se déclarent membres d'un réseau social et le sont en moyenne de 2,8 réseaux.

L'avènement de ces réseaux sociaux a transposé les échanges du monde réel dans le monde virtuel. Les internautes n'interagissent plus seulement avec de l'information, ils ont désormais la possibilité d'interagir avec d'autres internautes, ce qui donne au Web une dimension interactive sans précédent. L'intérêt principal du Web ne réside plus dans le contenu qu'il propose, mais dans les relations sociales qu'il génère, les connexions entre les personnes qui créent un tissu social.

Enfin, le Web interactif est devenu un Web ultra-connecté et social. La dimension de mobilité a pris de plus en plus d'importance avec l'avènement des smartphones qui permettent aux internautes d'être connectés à Internet et aux réseaux sociaux en permanence depuis leur terminal mobile. Les réseaux sociaux sont désormais accessibles depuis de nombreux supports : ordinateurs, tablettes, smartphones, téléphones classiques. Grâce à ces nouveaux usages, les médias sociaux se sont ancrés dans le quotidien et, de ce fait, ont dépassé le statut de phénomène de mode pour prendre celui de phénomène de société. Aujourd'hui, tout le monde évoque, au détour d'une conversation, la dernière nouvelle lue sur Facebook, la dernière vidéo qui fait le buzz sur YouTube ou encore le dernier *tweetclash* sur Twitter. Ils sont intemporels, indestructibles et universels.

Carte de visite des médias sociaux

Pour mieux appréhender le paysage actuel des médias sociaux, nous avons dressé une liste (non exhaustive) des principales plateformes utilisées en France ainsi que leurs caractéristiques clés. Évidemment, le paysage des médias sociaux change à une vitesse incroyable, chaque jour de nouveaux réseaux sociaux se créent, chaque jour les statistiques évoluent. C'est donc une photographie de cette situation à l'heure où nous écrivons ces lignes, mais il est essentiel de se tenir au courant des derniers chiffres, des nouveaux arrivés, des dernières tendances, pour avoir une idée plus précise de ce qu'il en est.

Les réseaux « généralistes »

Ce sont les réseaux utilisés par le « grand public ». Les fonctionnalités offertes par ces réseaux permettent de répondre à des usages larges.

Facebook

Nombre d'utilisateurs : 1,1 milliard dans le monde, dont 29 millions en France depuis 2004. Les utilisateurs y passent 400 minutes par mois.

Intérêt : c'est le leader des réseaux sociaux. Facebook regroupe une cible large, impliquée, et de nombreux outils marketing qui permettent aux marques de gagner en visibilité et de réaliser des campagnes publicitaires efficaces. La croissance rapide du nombre d'utilisateurs de Facebook depuis 2004 les a rapidement conduits à créer des espaces de discussion; puis c'est au tour des entreprises de créer des comptes pour leurs marques. Au début, Facebook ne faisait pas la distinction entre un utilisateur privé et une entreprise, mais rapidement des espaces spécifiques ont été créés pour les marques, nommés «page Facebook» qui se distinguent par de petites nuances des «profils Facebook».

Les pages entreprise ou pages de célébrités: le «profil» Facebook est votre profil personnel ou celui d'une de vos connaissances. On devient «ami» avec un autre profil ou l'on peut «s'abonner» aux mises à jour d'un autre profil. Pour les marques, un internaute peut «aimer» une page et s'abonner à ses actualités mais un utilisateur qui n'aimerait pas une marque peut quand même échanger avec elle. Facebook propose aux entreprises et aux marques de créer une page; une marque qui ne respecterait pas cette contrainte pourrait se voir fermer son compte et perdrait ainsi tous les «amis» gagnés. Les pages officielles des entreprises sont reconnaissables grâce à un petit badge bleu sous forme de *check* qui se trouve à côté du nom de la page. Ce badge est attribué par Facebook et il n'est pas possible d'en faire la demande automatiquement. La page entreprise a également la possibilité de créer des onglets personnalisés en haut de la page et a accès à des statistiques concernant sa page, elle peut nommer plusieurs administrateurs, etc.

La création d'un compte entreprise: pour créer une page, il suffit de se rendre à l'URL suivante: *http://www.facebook.com/pages/create/*.

Il est alors nécessaire de renseigner différentes informations telles que le type de société, le nom de l'entreprise ou de la marque, le secteur d'activité; il est conseillé d'ajouter une photo de profil, une photo de couverture et une description rapide de l'entreprise. Il est également possible de personnaliser l'URL de la page sur simple demande et en fonction de la disponibilité. À partir de cent fans sur la page, l'URL et le nom de la page ne seront plus modifiables. Ainsi la page Evian Babies (648 000 fans) porte le nom d'une campagne publicitaire et Evian pourra rencontrer des difficultés à changer le nom de sa page Facebook le jour où la campagne publicitaire changera; il sera nécessaire d'en faire directement la demande auprès de Facebook (peu de chances d'aboutir sans avoir le bras long) ou d'avoir un portefeuille d'achat d'espace conséquent sur la plateforme.

La personnalisation de l'espace social : plusieurs éléments sur votre profil peuvent être personnalisés :

- la photo de couverture du journal qui devra respecter les dimensions suivantes : 851 × 315 ;
- une image de profil qui devra respecter 200 × 200 pixels ;
- vous aurez également la possibilité de créer une frise chronologique de votre histoire en créant des moments clés qui pourront être accompagnés par une image : 843 × 403 pixels.

La *privacy policy* de Facebook et les conditions d'utilisation changeant fréquemment, tout comme le design des profils et des pages, il est donc nécessaire de consulter assez régulièrement les conditions d'utilisation disponibles sur le lien ci-après : *http://www.facebook.com/legal/terms*.

Les fonctionnalités offertes : Facebook met à disposition plusieurs outils gratuits à destination des entreprises :

- la possibilité de publier sur le mur des statuts, des photos, des albums photo, des vidéos, des sondages, des *milestones* (événements importants qui sont mis en avant dans le journal de la page) ou des événements ;
- une messagerie privée qui permet aux utilisateurs de contacter la marque – mais il n'est pas possible en revanche pour les entreprises de contacter un utilisateur qui ne l'aurait pas fait au préalable ;
- l'utilisation de groupes Facebook, privé, semi-privé ou public ;
- une API permettant aux développeurs de créer des applications Facebook ou des fonctionnalités sociales à intégrer au site.

Coût : si la présence sur Facebook est gratuite, le réseau propose de nombreuses solutions pour gagner en visibilité, gagner davantage de fans, obtenir davantage d'interactions et exposer le contenu et la marque à une cible élargie. Il existe deux formats publicitaires :

- Les Facebook Ads : une publicité classique qui sera affichée sur chaque page visitée par l'utilisateur, sur la droite de l'écran.
- Les *sponsored stories* : une publicité sociale qui sera affichée sur la page d'accueil de chaque utilisateur, directement sur son flux d'actualités.

Pour l'instant, Facebook est le seul média à avoir réellement développé une offre pour tous les budgets ; il est possible, simplement, de faire de la publicité pour moins d'1 euro ; les autres médias ont toujours un ticket d'entrée supérieur (le coût relatif est similaire, mais il est obligatoire de réaliser de grandes campagnes de médiatisation). Depuis les publications sponsorisées jusqu'aux publicités ciblées, il existe de nombreux moyens de booster sa visibilité sur Facebook mais une bonne stratégie nécessite un budget conséquent.

CONSTRUIRE UNE CAMPAGNE MÉDIA SUR FACEBOOK

Pour construire une campagne Facebook autour d'une page Facebook, il faut être administrateur de la page.

1. **Se rendre sur l'URL suivante** : *www.facebook.com/ads/create.*

2. **Choisir l'URL de destination de la publicité**, c'est-à-dire l'adresse vers laquelle va être dirigé l'utilisateur une fois qu'il aura cliqué sur la publicité. La publicité peut être dirigée vers n'importe quelle URL (le site Web, une vidéo YouTube, n'importe quelle autre page Web) ou vers un élément Facebook (la page de l'entreprise, une autre page, un événement, une photo, un contenu, une application, etc.).

3. **Choisir l'objectif de campagne** : gagner des fans, promouvoir des posts ou bien créer une campagne personnalisée. Nous conseillons d'utiliser l'une des deux premières options si le concepteur est novice dans la gestion de campagne.

4. **Suivre les différentes étapes pour personnaliser la publicité**. Dans le cas d'une Facebook Ads classique, il est possible de personnaliser le titre de la publicité (vingt-cinq caractères maximum), le contenu texte de la publicité (l'intérêt de la publicité devra être expliqué en quatre-vingt-dix caractères ainsi que la raison pour laquelle l'internaute devrait cliquer dessus) et d'ajouter une image. Attention celle-ci devra être assez explicite, attractive, colorée et, si possible, sans texte (Facebook n'autorise pas les publicités dont les images contiennent plus de 20 % de texte). Dans le cas d'une campagne de *promoted post*, il est possible de choisir parmi l'un des posts publiés sur la page pour le promouvoir.

5. **Choisir les options de ciblage de la publicité**. Sur la droite de l'écran, la taille de l'audience est actualisée en direct, au fur et à mesure des choix de ciblage. On peut tout d'abord cibler la publicité pour s'adresser aux fans, aux personnes qui ne sont pas encore fans de la page, ou aux amis des fans. Il est ensuite possible de cibler selon la zone géographique de l'audience (pays, région ou ville et un nombre de kilomètres autour d'une ville). Ensuite on sélectionne l'âge de la cible, ainsi que son sexe.
Vient ensuite le filtre le plus intéressant : les centres d'intérêt. On peut s'dresser à des personnes qui sont déjà intéressées par le secteur, qui ont déjà montré un intérêt pour l'un des concurrents, etc. Il est possible de taper n'importe quel centre d'intérêt, ou alors de cocher un ou plusieurs centres d'intérêt parmi

la liste que Facebook propose. Par exemple, s'il s'agit d'une entreprise d'alimentation pour régime, on peut sélectionner des personnes qui apprécient le fitness, qui aiment cuisiner et qui sont intéressées par l'équilibre alimentaire. Facebook peut déterminer toutes ces caractéristiques en analysant le comportement de ses utilisateurs, leurs discussions et les pages qu'ils aiment.

Il est également possible de filtrer par entreprise ou par niveau d'étude.

6. Sélectionner le budget. On peut déterminer un budget global ou un budget journalier. Pour une stratégie à long terme, nous conseillons d'établir un budget journalier ; pour une opération à très court terme, nous conseillons d'utiliser un budget global, avec un montant plus élevé.

7. Lancez votre publicité. Celle-ci sera visible dans l'espace d'administration. Une facture sera envoyée par mail.

Pour les formats classiques et les *sponsored stories*, le chiffrage se fait par un système d'enchère comme sur Google Adwords :

- au clic (coût par clic – CPC) pour une mise minimale de 0,01 euro par clic ;
- à l'affichage (coût pour mille impressions – CPM) pour une mise minimale de 0,02 euro pour 1 000 affichages.

Il est possible de trouver de nombreuses études de cas d'entreprises qui ont réussi leurs campagnes publicitaires sur Facebook à l'adresse : *facebook. com/advertising*.

Twitter

Nombre d'utilisateurs : 200 millions d'utilisateurs actifs dans le monde (500 millions d'inscrits), dont 6 millions d'utilisateurs actifs en France (20 millions d'inscrits) depuis 2006. Les utilisateurs envoient 400 millions de tweets chaque jour.

Intérêt : la plateforme de microblogging est extrêmement prisée, elle permet de publier et partager des contenus de 140 caractères maximum à sa communauté. Twitter permet de relayer des faits d'actualité, mais aussi d'interagir avec sa communauté en répondant aux tweets. Twitter permet à toute entreprise de créer un compte avec le nom de l'entreprise et un @pseudo. Le contenu se construit au fur et à mesure des tweets et des réponses aux tweets des abonnés.

Les comptes entreprise ou comptes de célébrité : sur le même modèle que Facebook, Twitter n'a pas mis longtemps à comprendre l'intérêt de créer des espaces spécifiques pour les marques afin de les différencier des profils utilisateurs et, donc, de rendre leurs interventions plus légitimes. Cela permet d'éviter la cannibalisation des marques par des fans qui communiqueraient en leur nom.

La grande différence avec Facebook est que le compte dédié aux entreprises est exactement le même que celui des utilisateurs (même procédure d'inscription, même possibilité de personnalisation, même interface), la seule distinction réside dans l'existence d'un petit badge bleu *Verified Accounts* pour les comptes des grandes marques, les célébrités ou les personnalités publiques. Le petit badge bleu apparaît dans la partie supérieure droite du profil, juste au-dessus de la biographie et à côté du nom. Il permet de prouver l'authenticité de ces comptes. Il y aurait 48 121 comptes vérifiés sur le site de microblogging d'après All Twitter. Pour l'obtenir, il faut en faire la demande directement à Twitter. Le nombre d'abonnés n'étant pas un critère déterminant pour l'obtenir et les modalités d'attribution n'étant pas explicitement annoncées, il se peut qu'aucune réponse ne soit jamais donnée. En fait, Twitter certifierait les comptes à «haut risque d'usurpation d'identité», le grand public n'a, donc, en aucun cas la possibilité de l'obtenir. Par exemple, en 2013, les comptes certifiés sont ceux de Mini (plus de 25 000 abonnés), Play-Doh (plus de 3 000 abonnés) et Playskool (plus de 10 000 abonnés).

En revanche, le macaron donnerait deux privilèges supplémentaires par rapport à un compte non vérifié:

• Plusieurs contributeurs peuvent gérer le compte entreprise en même temps. Ce qui est déjà réalisable avec des applications tierces telles que Hootsuite.

• Tous les *followers* peuvent envoyer des DM, droit normalement réservé aux *followers* présents également dans vos *followings*.

La création d'un compte entreprise: la démarche est la même que pour la création d'un compte un utilisateur, il suffit de suivre les instructions accessibles sur la *homepage* du site: *https://twitter.com/*.

La personnalisation de l'espace social: les possibilités de personnalisation sont les mêmes pour les utilisateurs et pour les entreprises, vous pouvez:

• personnaliser votre avatar (200 × 200 pixels);

• personnaliser l'image de fond de votre compte (200 × 1 200 pixels);

• personnaliser le bandeau en haut de votre compte (626 × 1 251 pixels).

Comme pour Facebook, la plateforme modifie régulièrement ses interfaces, et ses gabarits sont susceptibles d'évoluer.

Les fonctionnalités offertes: Twitter permet aux entreprises de publier des tweets de cent quarante caractères maximum. Les tweets peuvent contenir des photos, des URL externes, des *hashtags*, etc.

Il est également possible de contacter un *follower* par messagerie privée mais à condition que la personne vous suive aussi.

Comme pour Facebook, Twitter a également mis à la disposition des entreprises une API permettant d'intégrer les fonctionnalités de Twitter à un site (le bouton tweet, la possibilité de se «loguer» avec Twitter, etc.).

Coût: la création d'un compte Twitter est gratuite. Comme Facebook, le réseau propose des solutions publicitaires mais avec des conditions plus restrictives.

Twitter propose trois outils publicitaires:

- Le **tweet sponsorisé** qui permet de promouvoir un tweet afin de lui donner davantage de visibilité. Celui-ci apparaîtra sur la *timeline* des utilisateurs que vous avez ciblés, même s'ils ne sont pas abonnés à votre compte.

- Le **compte sponsorisé** qui vous permet de promouvoir votre compte afin de récolter davantage d'abonnés en le mettant en avant dans les suggestions d'abonnement que verront les utilisateurs sur leur page d'accueil.

- La **tendance sponsorisée** qui permet de mettre en avant un *hashtag* dans les *trending topics* du site. Ainsi le *hashtag* apparaîtra sur la page d'accueil des utilisateurs, dans la section «*hashtag* populaire», cela permet d'inciter les utilisateurs à tweeter en incluant votre *hashtag* ou à suivre le fil de discussion collectif.

En plus de ces trois outils de publicité, Twitter lance de façon continue de nouvelles solutions de promotion. Par exemple, il est désormais possible avec les Twitter Cards de permettre à vos abonnés de s'inscrire à votre newsletter en un seul clic, grâce à un tweet spécial. Vous retrouverez évidemment toutes ces solutions sur la plateforme publicitaire de Twitter (*https://business.twitter.com/*). À fin de transparence, toutes seront accompagnées d'un label qui indique que l'opération est sponsorisée.

Le système publicitaire de Twitter est très complet, adapté pour les grosses comme pour les petites entreprises. Il est possible de cibler très précisément une audience: homme/femme, âge, centres d'intérêt (par exemple, films d'action ou les comédies ou encore le sport pratiqué), ainsi qu'une multitude d'autres critères comme une région, un pays ou le monde entier. Il est également possible de s'adresser à des personnes intéressées par un secteur d'activité en particulier. Enfin, il est possible de cibler sémantiquement et de cibler les utilisateurs selon les mots qu'ils utilisent dans leurs tweets, pour ne contacter que les personnes qui parlent d'un certain sujet.

Un des avantages de Twitter est de faire payer seulement lorsqu'un utilisateur interagit avec votre contenu sponsorisé, c'est-à-dire que vous serez débité uniquement si un utilisateur retweet, tweet avec votre *hashtag*, s'abonne à votre compte, etc. Twitter commence ses campagnes publicitaires autour d'1 euro par clic, et plus votre contenu est populaire/engageant, plus le coût par clic baisse (pour parfois atteindre 10 centimes par clic, ce qui est très satisfaisant).

Vous pouvez trouver de nombreuses études de cas d'entreprises qui ont réussi leurs campagnes publicitaires sur Twitter à l'adresse *business.twitter. com/success-stories*.

Google +

Nombre d'utilisateurs : 135 millions d'utilisateurs actifs dans le monde, dont 6 millions de visiteurs uniques en France depuis 2011.

Intérêt : le «nouveau» réseau social du géant Google est plutôt réussi et séduit de plus en plus d'utilisateurs. À mi-chemin entre Facebook et Twitter, il permet de publier tout type de contenu, en reprenant le concept des *hashtags* et des abonnés de Twitter. À la différence des deux premiers réseaux sociaux, le carnet d'adresses des utilisateurs et des marques fonctionne en «cercle». Chaque personne ajoutée doit être mise dans un cercle dont le nom peut être personnalisé (amis, blogueurs, prospects, etc.). Créer une page sur le réseau semble très intéressant pour une entreprise qui veut diffuser son contenu et aller chercher des *followers*.

Le compte entreprise sur Google + : sur Google +, il existe un compte adapté pour les entreprises sur le même modèle qu'un compte utilisateur personnel.

La création d'un compte entreprise : pour créer une page Entreprise, il est nécessaire d'avoir un compte Google + personnel. Il faut ensuite se rendre à l'URL suivante : *https://plus.google.com/u/0/pages/create* et suivre les différentes instructions : choix du type d'entreprise et catégorie (par exemple : entreprise d'alimentation et boisson ou institution), choisir une rapide description et une photo de profil, renseigner ses coordonnées puis publier la page.

La personnalisation du compte entreprise : les possibilités de personnalisation sont les mêmes que celles des comptes utilisateurs : votre avatar pourra faire 250 × 250 pixels, votre bannière de cinq images séparées devra respecter 150 × 150 pixels pour chaque image et la grande bannière : 940 × 180 pixels.

Les fonctionnalités offertes : toute la force de Google + réside dans les outils proposés aux marques émanant directement de Google. Voici une liste non exhaustive des fonctionnalités :

- publier des statuts, des photos, des vidéos, des albums photos et utiliser des *hashtags* ;
- créer des communautés ciblées grâce aux cercles en ajoutant les personnes intéressantes qui permettront de partager des informations avec certaines personnes dans des domaines d'expertise très précis ;
- organiser des *hangouts* qui représentent des visioconférences avec plusieurs utilisateurs en même temps, la possibilité de partager un écran et d'envoyer des messages écrits.

Coût : la présence sur la plateforme est gratuite et il est bien entendu possible d'utiliser toutes les fonctionnalités publicitaires de Google.

FOCUS SUR LE RÉFÉRENCEMENT ET GOOGLE +

Parmi tous les réseaux sociaux, Google + est le seul à appartenir à un moteur de recherche, et non des moindres, puisqu'il est aujourd'hui encore le moteur le plus utilisé (90 % des recherches sur les moteurs de recherche). Si Facebook tente de développer son graph social pour démocratiser l'usage de sa plateforme comme « moteur de recherche par centre d'intérêt », Google + bénéficie déjà d'une avance considérable dans ce domaine. Mais on peut se poser la question de l'impact de Google + sur le référencement de votre site Internet.

Créer un compte Google +, placer des mots ou expressions dans votre profil, n'a aucun impact sur votre référencement. En revanche, plusieurs autres facteurs semblent l'impacter :

- Le nombre de « personnes vous ayant ajouté à leur cercle » ou qui vous « suivent » : plus vous obtenez de *followers*, plus vous êtes vus et plus Google apprécie votre notoriété. Pour que ce facteur influe, il vous faut un ratio maximal entre abonnés (nombre de personnes qui vous suivent) et abonnements (nombre de personnes que vous suivez).

- L'intégration d'un bouton « + 1 » sur votre site et sur vos articles : plus vos articles sont « aimés », plus votre positionnement augmente dans les résultats du moteur de recherche.

- La création d'un compte auteur : en référençant votre marque comme l'auteur des contenus publiés par votre site ou blog, Google calcule un *author rank* selon la qualité, l'impact social des + 1 et différents partages d'une publication. Pour arriver à vous référencer comme auteur, demandez à votre webmaster de remplacer *a href* par *a rel =»author» href* dans le code HTML de votre site ou blog.

- La fréquence des publications : il est essentiel de poster régulièrement du contenu avec les bons mots-clés pour impacter votre positionnement.

Les réseaux sociaux professionnels

Si les réseaux sociaux « généralistes » ont rapidement posé la question de la cohabitation des contacts professionnels et des contacts personnels, certains réseaux se sont spécialisés dans des plateformes à destination des professionnels et des problématiques de recrutement.

LinkedIn

Nombre d'utilisateurs : 250 millions d'utilisateurs actifs dans le monde, dont 7 millions en France depuis 2003. Les utilisateurs y passent 17 minutes par mois. C'est le premier réseau social professionnel mondial en termes de nombre d'utilisateurs.

Intérêt : il s'agit du réseau professionnel par excellence. Ici, on ne va pas communiquer sur des produits mais sur les thématiques de recrutement, de mise en avant de l'organisation. On s'adresse à ses employés actuels, mais aussi aux potentiels candidats. LinkedIn permet de positionner son entreprise grâce à une page spécifique (similaire au concept d'une page Facebook), pour publier des informations relatives à son fonctionnement, ses offres de recrutement et propose également une solution qui permet de rechercher de nouveaux talents.

L'espace entreprise sur LinkedIn : vous avez la possibilité de personnaliser votre avatar avec une image en 200 × 200 pixels et une bannière en 640 × 220 pixels. Comme nous l'avons vu ci-dessus, le réseau est axé sur des fonctionnalités professionnelles et les champs de description relatifs à l'entreprise vont dans ce sens : une entreprise va ajouter la liste exhaustive des produits et services qu'elle propose avec la possibilité de spécifier les attributs et le(s) responsable(s) à contacter pour plus d'informations.

Les employés d'une entreprise ont la possibilité de renseigner, dans leurs profils personnels, le nom de l'entreprise dans laquelle ils travaillent (cela crée un lien entre les deux espaces) et l'entreprise a bien entendu la possibilité de supprimer une personne qui n'en ferait pas partie.

La création d'un compte entreprise: pour créer un compte d'entreprise, il y a un certain nombre de prérequis:

- être employé de l'entreprise et cette expérience doit figurer dans la section «Expérience» du compte personnel de l'employé sur ce réseau;
- configurer en tant qu'adresse e-mail principale une adresse rattachée au nom de domaine de l'entreprise (par exemple: *melanie@nomentreprise.fr*);
- l'employé doit avoir un compte personnel sur le réseau suffisamment enrichi et un certain nombre de relations dans son réseau personnel.

Si ces prérequis sont complétés, il est alors possible de se rendre à l'URL suivante pour créer une page entreprise: *http://www.linkedin.com/company/add/show*.

Plusieurs champs seront à compléter pour rendre la page publique comme le type d'entreprise (SARL, artisan, etc.), la taille de l'entreprise (nombre d'employés), l'adresse du site Web, le secteur d'activité principal ou encore l'année de création. Puis charger une photo de profil et une description rapide de l'entreprise.

Les fonctionnalités de la page entreprise: outre les possibilités de renseigner des informations beaucoup plus précises sur l'entreprise, les pages entreprise LinkedIn permettent aux marques de publier des statuts comme sur les réseaux généralistes.

Il est également possible de personnaliser l'affichage d'une page en fonction de ses audiences. Par exemple, il est possible d'afficher des produits ou des services différents en fonction des différents marchés de l'entreprise.

Coût: la création d'un compte entreprise est gratuite. Il est possible de réaliser des opérations publicitaires sur le réseau social, d'acheter un compte premium au nom du responsable des ressources humaines ou de lancer des campagnes publicitaires pour une opération de recrutement. Les solutions publicitaires nécessitent un gros budget, mais elles sont efficaces. Les LinkedIn Ads permettent différentes options de ciblage:

- par poste ou fonction (par exemple: un détenteur de MBA ou un directeur marketing);

- par secteur ou taille d'entreprise ;
- par années d'expérience ou âge ;
- par groupes LinkedIn.

Viadeo

Nombre d'utilisateurs : Viadeo est le concurrent français de LinkedIn et compte 50 millions d'utilisateurs dans le monde (pas forcément actifs) dont 7 millions de membres en France.

Intérêt : ce réseau français propose des services similaires à ceux de LinkedIn. Le réseau connaît une popularité en faible croissance et peine à rivaliser avec LinkedIn, mais reste très pertinent en France.

La page entreprise sur Viadeo et sa personnalisation : les fonctionnalités proposées par le réseau sont quasiment les mêmes que celles de LinkedIn et il est également possible de personnaliser le logo de son entreprise. Pour créer une page entreprise, il suffit de se rendre à l'URL suivante et de suivre les étapes : *http://fr.viadeo.com/v/companies.*

Coût : la création d'une page entreprise est également gratuite. Viadeo propose une solution publicitaire nommée « Social Ads » qui se décompose en quatre formats différents :

- réaliser un e-mail hebdomadaire pour communiquer autour de la marque auprès d'une audience ciblée ;
- créer des formats publicitaires en *display* pour présenter l'activité ;
- « pusher » les articles auprès d'une cible plus large ;
- créer un *hub* sur mesure pour permettre à l'entreprise de communiquer, de partager et de développer sa relation avec ses clients et ses prospects.

Comme sur LinkedIn, il est possible de cibler en fonction des profils des utilisateurs. Les campagnes se font au volume d'affichage, et plus les critères de ciblage sont précis, plus le coût augmente.

Les réseaux sociaux spécialisés autour du multimédia

Face à l'attrait des internautes pour les contenus multimédias, certains réseaux sociaux se sont spécialisés dans la promotion de ce type de contenus.

Instagram

Nombre d'utilisateurs : 150 millions d'utilisateurs actifs dans le monde, environ 3 millions en France depuis 2010. Les utilisateurs y passent 90 minutes par mois.

Intérêt : c'est un réseau social mobile dédié à la photographie et par extension à de petites vidéos depuis fin 2013 (nouvelles fonctionnalités). Le réseau permet aux utilisateurs de diffuser des photographies et des créations artistiques à une communauté mobile. Grâce à un système de filtre pour photographies, les utilisateurs peuvent proposer des photographies redimensionnées, ajouter des cadres, travailler les couleurs, etc. Il est possible de s'abonner, *via* un fil d'actualité, à d'autres utilisateurs pour consulter leurs dernières photographies. Il est également possible de mettre des *hashtag*s sur les photos et de faire des recherches par mots-clés. Enfin, chaque utilisateur peut « aimer » une photo grâce à un petit cœur et/ou la commenter.

Instagram propose aux entreprises de créer un compte mais il n'existe pas de différence entre un compte particulier et un compte entreprise.

Coût : Toute présence, qu'elle soit personnelle ou pour une entreprise, est gratuite. Il existe une offre publicitaire pour les annonceurs qui permet de donner davantage de visibilité aux publications.

Pinterest

Nombre d'utilisateurs : 50 millions de membres dans le monde, dont 700 000 utilisateurs en France depuis 2008. Les utilisateurs y passent 98 minutes par mois. Le réseau est très majoritairement utilisé aux États-Unis mais a connu une grande vague de popularité en France en 2012.

Intérêt : il s'agit d'une plateforme sociale qui permet d'« épingler » et de rassembler des coups de cœur trouvés sur le Web, sous la forme de tableaux virtuels ou *boards*, classés selon des thématiques, des centres d'intérêt. Cela permet d'exposer ses produits, des images relatives à son secteur d'activité, des liens vers des contenus intéressants.

Pinterest propose de créer un compte entreprise (*pinterest.com/business*), qui ressemble beaucoup à un compte particulier ; vous pouvez y publier du contenu classé dans des *boards* thématiques. Sur chaque image, il est nécessaire d'ajouter une description qui peut contenir des *hashtag*s mais est limitée en nombre de caractères. Chaque image conserve un lien vers le site Internet depuis lequel elle a été épinglée et il est possible d'ajouter un prix sur l'image.

La personnalisation de l'espace entreprise : vous avez la possibilité de créer un compte entreprise qui vous offre des possibilités plus avancées que les comptes utilisateur comme des *boards* personnalisés : *http://business. pinterest.com/* mais globalement, les possibilités de personnalisation de l'espace sont les mêmes que pour un compte utilisateur ; l'avatar se limite à 180 × 180 pixels.

Coût : créer un compte sur Pinterest est gratuit et il existe une offre publicitaire qui permet aux annonceurs de sponsoriser leurs publications à une audience ciblée.

YouTube

Nombre d'utilisateurs : 1 milliard d'utilisateurs actifs dans le monde, dont 25 millions en France depuis 2005. Les utilisateurs regardent 4 milliards de vidéos chaque jour.

Intérêt : la plateforme vidéo incontournable du Web fait partie de l'univers Google tout en étant indépendante et en mettant à disposition des outils performants pour diffuser des vidéos sur le réseau et partout sur le Web, ainsi que des solutions publicitaires.

La personnalisation de l'espace entreprise : vous avez par défaut la possibilité de créer un avatar de 96 × 96 pixels. Les marques ont la possibilité de créer des chaînes YouTube, un espace dédié à la marque que l'entreprise peut personnaliser pour la rendre compatible avec son identité et qui doit respecter une dimension de 1 600 pixels × 1 000 pixels. La personnalisation nécessite de réaliser un investissement conséquent en achat média sur la plateforme.

Coût : être présent sur YouTube est gratuit. Il est possible de créer un compte, publier un nombre illimité de vidéos et de contenus. Cependant pour développer la visibilité d'un compte, il est possible, moyennant une somme importante, de mettre une vidéo en page d'accueil, ainsi que d'insérer des liens sur son site Web directement sur vos vidéos.

À noter qu'il existe d'autres réseaux sociaux centrés sur la vidéo comme DailyMotion ou encore Vimeo.

Les réseaux sociaux spécialistes de la géolocalisation

Face à l'émergence des smartphones et de l'utilisation mobile des réseaux sociaux, certains réseaux se sont spécialisés dans la géolocalisation permettant à un utilisateur de renseigner son réseau de contacts de ses déplacements et du lieu où il se trouve.

Foursquare

Nombre d'utilisateurs : 45 millions dans le monde, environ 1 million en France.

Intérêt : le réseau social de géolocalisation est principalement utilisé pour trouver de bonnes adresses. Les utilisateurs peuvent informer leurs contacts de l'endroit où ils se trouvent, laisser un avis sur le lieu ou encore découvrir les endroits qui ont plu à leurs amis. Pour se « checker » dans un lieu, le smartphone fait appel au GPS du téléphone ou à l'adresse IP (plus approximatif), il est donc quasiment impossible de se localiser dans un lieu si l'utilisateur ne se trouve pas, effectivement, à proximité de ce lieu.

Si un lieu n'a pas été créé, l'utilisateur a la possibilité de le faire, et ceci même au nom d'une entreprise. L'entreprise aura, par la suite, la possibilité de demander de prendre le contrôle du lieu sans perdre les informations relatives au lieu (avis, nombre de *check-in*, etc.). En devenant propriétaire d'un lieu, l'entreprise aura la possibilité de modérer les avis des utilisateurs.

Toute entreprise locale peut créer et gérer sa page, inciter les utilisateurs à effectuer un *check-in* sur son lieu, à laisser des commentaires, à prendre des photos ; toutes les informations (horaires, menu, prix, carte, accès, etc.) sont recensées sur la page et permettent aux utilisateurs de vous trouver facilement.

Coût : la présence sur Foursquare est gratuite et il existe quelques solutions publicitaires. Par ailleurs, il est possible de lancer des opérations spéciales : offrir des réductions aux utilisateurs qui s'enregistrent sur votre page et viennent dans votre magasin/local, par exemple.

Nous venons de détailler les principaux réseaux sociaux utilisés par les marques en France mais, selon les secteurs d'activité ou le territoire, ces réseaux peuvent différer. Il existe des dizaines d'autres médias sociaux, et de nouveaux se créent chaque jour, comme Vine, Snapchat, Jelly, etc.

Matrice d'analyse des réseaux sociaux

Il s'agit ici d'analyser les différentes plateformes sociales en fonction des possibilités qu'elles offrent pour répondre aux besoins marketing d'une entreprise. Nous verrons aussi de quelle façon ces plateformes répondent aux objectifs que nous développons dans ce guide.

L'analyse SWOT d'une présence sur les réseaux sociaux

Les réseaux sociaux ont pris une telle importance dans le quotidien des utilisateurs, que, quel que soit son secteur d'activité, la question se pose à toute entreprise de savoir si elle doit se lancer sur ces nouveaux supports de communication et ceci quelle que soit sa cible. Si certaines entreprises ont rapidement compris l'intérêt d'intégrer les réseaux sociaux dans leur stratégie de développement, d'autres en sont encore à se poser la question d'y aller ou non.

Comme tout support de communication, il existe des forces et des faiblesses, des opportunités et des menaces qu'il faut bien mesurer avant de se lancer. Mais une fois ce bilan fait, n'importe quelle entreprise se rendra compte qu'elle a plus à perdre à ne pas être présente là où son audience se trouve, d'autant plus que la majorité de ces supports sont gratuits.

Analyse des principaux enjeux liés aux réseaux sociaux

Forces	Faiblesses
• La possibilité de créer des espaces entreprise spécifiques. • Des interfaces personnalisables pour une entreprise. • La gratuité de la présence. • Des utilisateurs qui peuvent interagir directement avec une entreprise. • Avoir un retour sur ses produits/services. • Des outils marketing puissants (relationnel, image…). • Le multilinguisme.	• Les changements très réguliers des réseaux sociaux (interfaces, CGU, etc.). • Des failles possibles de sécurité et de droits sur les informations (vie privée). • Pas de possibilités de réguler le contenu. • Beaucoup d'annonceurs présents. • La confrontation à l'opinion publique… • Le coût média pour créer une communauté. • La difficulté à gérer votre présence.
Opportunités	Menaces
• De nombreux utilisateurs présents sur ces supports. • Des opportunités de toucher les cibles différemment et sur des supports qu'elles plébiscitent. • La possibilité d'élargir votre cible commerciale. • L'augmentation du trafic sur les sites Internet. • Fidélisation et proximité. • Des outils marketing mis à disposition gratuitement. • La création d'un lien avec le consommateur.	• De nouveaux entrants dans le monde des réseaux sociaux en permanence. • Des communautés segmentées. • Un investissement dans des supports non propriétaires. • Les avis des internautes ne sont pas forcément positifs. • Les abus de certaines entreprises (sur-médiatisation, spam, etc.). • L'« effet de mode ». • La nécessité d'entretenir sa présence une fois la marque installée sur un réseau. • La non-adéquation avec ses cibles.

Il est important d'avoir intégré ces différents éléments avant de commencer pour bien mesurer les risques de positionner l'entreprise sur ces types de supports.

Cartographier les réseaux sociaux par leurs qualités intrinsèques

Il existe plusieurs façons de segmenter les réseaux sociaux pour classifier les différents outils et juger de leur intérêt dans le positionnement d'une entreprise. Ces approches sont complémentaires.

La première technique vise à croiser le nombre d'utilisateurs par rapport à l'utilisation (personnelle ou professionnelle). Ainsi, si vous vous trouvez sur une cible BtoB, vous préférerez les réseaux comme LinkedIn ou Viadeo ou vous envisagerez Facebook (double usage du réseau social); si votre cible est principalement BtoC, vous vous poserez immédiatement la question des réseaux généralistes tels que Facebook, Twitter et, en dernier lieu, Google + qui réunit moins d'utilisateurs. Cette première technique met de côté le type de contenu que vous avez à partager avec les internautes; des réseaux sociaux centrés sur le multimédia peuvent alors devenir complémentaires.

Une autre approche consiste à classer les médias sociaux selon les fonctionnalités proposées et selon les usages que vous cherchez:

- collaboration;
- diffusion d'information.

Les deux grands réseaux permettant de cumuler ces deux objectifs sont Facebook et Google +. Ils proposent une palette impressionnante d'outils à destination des utilisateurs et des marques: partage de documents, zones d'échange adaptées, etc.

Frédéric Cavazza va encore plus loin en isolant quatre familles de services associés aux médias sociaux:

- la publication, avec les plateformes de blog (Wordpress, Blogger, Overblog, etc.);
- les plateformes axées sur le réseautage (LinkedIn, Viadeo, Badoo, etc.);
- les services de partage de lien (Tumblr, Vine, Instagram, YouTube, Vimeo, Pinterest, etc.);
- les plateformes de discussion (Quora, MySpace, Skype, etc.).

Les trois réseaux qui répondent à ces quatre usages et services sont Facebook, Twitter et Google +.

Le dernier axe d'analyse consiste à croiser la cible des réseaux (spécialiste ou généraliste) par rapport au type d'échanges recherchés (échange entre deux utilisateurs ou échange collectif où, d'ailleurs, le nom de l'utilisateur importe peu). On retrouve alors quatre familles de médias sociaux:

- les réseaux sociaux spécialisés dans l'échange collectif;
- les réseaux sociaux spécialisés centrés sur l'internaute (Viadeo ou encore LinkedIn);

- les réseaux sociaux généralistes centrés sur la communauté (YouTube, Pinterest, Instagram, etc.);
- les réseaux sociaux généralistes centrés sur les échanges individuels (Twitter, Facebook et Google +).

Il est donc important de vous demander quels sont vos objectifs et le type de relation avec les utilisateurs que vous recherchez au travers des réseaux sociaux.

Cartographier les réseaux sociaux selon les objectifs marketing d'une entreprise

Les principaux objectifs pertinents qu'une entreprise peut atteindre grâce aux réseaux sociaux sont:

- de surveiller sa réputation en ligne (les réseaux sociaux sont des outils puissants en termes de contenus et de nombreuses discussions d'internautes se déroulent autour des entreprises);
- de développer sa notoriété de marque (utiliser les réseaux sociaux pour mieux se faire connaître);
- de générer du trafic pour faire connaître sa présence et pour créer une cohérence entre les différentes composantes de l'écosystème d'une entreprise;
- d'engager la conversation (développer le marketing conversationnel en engageant la conversation avec une communauté et en animant les échanges autour des produits et des services des entreprises);
- de développer le *storytelling* et le *brand content* autour de sa marque (faire connaître et faire apprécier l'identité et l'offre de la marque);
- d'engager pour obtenir des retours et insights client;
- de prospecter, vendre et gérer sa relation client;
- de maîtriser les techniques de marketing viral;
- d'influencer et de gérer ses relations avec les influenceurs du Web;
- de développer sa réputation comme employeur (marque employeur et recruter de nouveaux talents).

À défaut d'y faire apparaître l'ensemble des médias sociaux disponibles à ce jour, nous avons choisi de ne retenir que le top 7 des réseaux sociaux les plus utilisés en France, c'est-à-dire les sept réseaux sociaux les plus populaires en France (avec le plus d'utilisateurs et d'activité, ainsi qu'avec le plus de potentiel marketing).

Le top 7 des réseaux sociaux en France

	Facebook	Twitter	Google +	Instagram	Pinterest	LinkedIn/ Viadeo	YouTube
Surveiller sa réputation	✔	✔	✔	✔	✔	✔	✔
Générer du trafic	✔	✔	✔	✘	✔	✔	✘
Notoriété	✔	✔	✔	✔	✔	✔	✔
Community management	✔	✔	✘	✘	✔	✔	✘
Storytelling	✔	✔	✘	✔	✘	✔	✘
Engagement et fidélisation	✔	✔	✔	✔	✔	✔	✔
Prospecter et gérer sa relation client	✔	✔	✔	✘	✘	✔	✘
Influence et blogueurs	✘	✔	✘	✘	✘	✘	✘
Créer le buzz (les techniques de marketing viral)	✔	✔	✔	✔	✔	✔	✔
Communication interne et recrutement	✔	✔	✔	✘	✘	✔	✘

Nous verrons, plus loin dans cet ouvrage, que le choix d'un réseau social découlera des objectifs marketing de l'entreprise. Par ailleurs, les objectifs étant en constante évolution, il est possible de s'installer d'abord sur un réseau puis de se positionner, au fur et à mesure, sur de nouveaux réseaux afin de créer un véritable écosystème social d'une marque au service de la stratégie traditionnelle.

LES HUIT POINTS À RETENIR POUR COMPRENDRE L'ÉCOSYSTÈME DES RÉSEAUX SOCIAUX

1. Il est important de maîtriser les différents termes webmarketing avant de se lancer sur ces supports. Les réseaux sociaux sont des outils et les médias sociaux correspondent à l'écosystème qui permet au contenu et aux utilisateurs d'interagir entre eux.

2. Il est également très important de maîtriser les codes et les usages (vocabulaire, intérêt, notoriété, etc.) de chacune des plateformes pour qu'une entreprise puisse faire le meilleur choix possible pour sa stratégie *social media*.

3. Il est nécessaire de rester en permanence informé des évolutions des réseaux sociaux sur lesquels une entreprise est présente. Pour cela, il existe un grand nombre de blogs spécialisés, de conférences, de blogs propres à chaque réseau social, etc.

4. De nouveaux réseaux émergent régulièrement, il est donc très important de rester en alerte sur le sujet. Il ne s'agit pas de se précipiter sur chaque nouvel entrant mais de comprendre vers quoi se développent les usages des utilisateurs de réseaux sociaux.

5. Il n'est pas nécessaire d'être présent sur tous les médias sociaux existants. Aucune entreprise n'a le temps ni les ressources humaines et financières pour avoir une présence pertinente sur toutes les plateformes. Il faut choisir un panel de quelques plateformes pour y développer une stratégie efficace.

6. *A contrario*, il ne faut pas non plus se limiter à un seul réseau. Être présent sur une seule plateforme sociale limite beaucoup les possibilités et l'on se prive d'une audience très importante sur les autres plateformes. L'idéal est de pouvoir être performant sur deux à trois plateformes sociales simultanément. Selon les marques, on peut bien évidemment aller au-delà.

7. Certains réseaux nécessitent une vision à long terme et une animation régulière pour que l'outil soit exploitable dans sa stratégie marketing.

8. *A contrario*, certains réseaux sociaux peuvent être utilisés pour une campagne particulière. On peut imaginer des campagnes à court terme, sur seulement quelques jours ou quelques semaines (le temps d'une campagne média), profiter des retombées ponctuelles et ne pas entretenir une présence durable sur la plateforme en question.

Surveiller et gérer sa réputation en ligne

Les médias sociaux sont d'excellents outils pour connaître ce qui se dit autour d'une marque et dans un secteur d'activité.

Avant même d'aborder la question d'intégrer les réseaux sociaux dans la stratégie d'entreprise, surveiller sa réputation en ligne est une étape clé dans la mesure où l'activité d'une marque doit s'adapter au contexte, à son environnement concurrentiel et à ce qui se dit d'elle.

Les médias sociaux instaurent une nouvelle transparence et un accès universel à une infinité d'informations qu'il faut savoir maîtriser pour comprendre son environnement. C'est par une exploitation intelligente des données qu'une entreprise peut prendre la température de son environnement (concurrents, clients, prospects, situation économique globale) et adapter ses décisions. En plus d'excellentes informations que l'on peut récupérer sur ses concurrents, les médias sociaux sont très complets pour évaluer de façon pertinente la réputation d'une entreprise, qu'elle soit positive, négative ou neutre, et d'en analyser les grandes tendances qualitatives. Les tactiques seront différentes en période de crise ou en période de croissance ou selon la pression concurrentielle.

Surveiller ce qui se dit d'une marque

L'intelligence économique est un mécanisme qui consiste à collecter et à diffuser des informations utiles aux différents acteurs concernés en vue de leur exploitation. Il s'agit d'un processus stratégique de détection des signaux (favorables ou défavorables) au sein d'un environnement et/ou d'une organisation. C'est le fait de s'informer de toutes les actualités et de toutes les informations qui peuvent interférer avec la stratégie de l'entreprise et influencer des décisions futures, pour se protéger des éventuelles menaces et saisir les opportunités.

En pratique, l'intelligence économique revient à chercher, parmi une multitude de sources (et ce, par des moyens légaux), des informations liées à un secteur d'activité, une entreprise ou un produit en particulier. Sur les médias sociaux, les contenus sont presque illimités et transparents. Ils permettent de récolter les avis des prospects, des clients et de la communauté en général, pour en analyser les résultats, comme il serait possible de le faire en écoutant les discussions dans un voyage en *business class*. Les médias sociaux sont alors un véritable atout pour obtenir des informations, sans pour autant maîtriser les techniques d'espionnage.

Définition de l'e-réputation

Pour le site e-reputation.org, le terme de «e-réputation» – autrement appelé «web-réputation», «cyber-réputation» ou «réputation numérique» – peut être défini comme «l'image véhiculée par une marque (société, personne...) sur tous les types de supports numériques (médias, réseaux sociaux, forums, messagerie instantanée...). Cette image doit être en cohérence avec la stratégie de marque, d'où, les efforts pour veiller, analyser et orienter». En d'autres termes, il s'agit de l'image véhiculée et/ou subie par une entreprise concernant les contenus qu'elle a produits et diffusés sur les médias sociaux, mais aussi et surtout les contenus (prises de positions positives, négatives ou neutres, etc.) qui ont été produits par les internautes sur les blogs, les réseaux sociaux et autres espaces communautaires.

Pour A. Guigou, G. Mallet, M. Rossi et X. Vespa (2012), «l'e-réputation est l'influence que produisent les informations disponibles sur Internet vous concernant vous-même, votre organisation ou vos produits. Ces informations peuvent prendre différentes formes: avis, articles, photos, vidéos, etc.». Gérer sa réputation en ligne revient à surveiller ce qui se dit de sa marque, de son produit ou de son service, de réduire le nombre et la visibilité d'opinions négatives, tout en favorisant les opinions positives. La réputation d'une entreprise sur le Web influe sur l'image de marque globale et doit être contrôlée.

Un suivi indispensable

Cette intelligence économique, auparavant limitée aux médias traditionnels (presse papier, télévision, radio), était notamment limitée par l'obligation de récolter ces données manuellement, sans possibilité d'utiliser une intelligence artificielle (logicielle) pour les traiter. Pour collecter un nombre d'informations satisfaisant, ce type de veille demandait beaucoup d'efforts humains, techniques, financiers et, surtout, beaucoup de temps. Il était donc impossible de tout analyser et surtout l'analyse manuelle menait à des erreurs de jugement et des approximations.

Effectuer une veille sur les médias sociaux permet de réaliser un suivi plus précis, plus ciblé, plus rapide que sur les médias classiques. Les médias sociaux contiennent des milliards de contenus, pour la plupart publics et accessibles à tous et de façon universelle. À noter que sur Twitter, la majorité des tweets sont publics tandis que sur Facebook seulement 28 % environ le sont.

Chaque jour, les internautes échangent des informations entre eux, et ce contenu peut éventuellement concerner votre entreprise. Un système de veille sur les réseaux sociaux doit être mis en place dans une perspective de forte réactivité pour anticiper ou éteindre une crise en ligne ou détecter de nouvelles opportunités. Détecter, identifier et évaluer des rumeurs ou des témoignages négatifs permet d'éviter des conséquences qui peuvent largement dépasser le cadre du Web.

On dit que chaque publication sur le Web est irrémédiable. De par la nature même d'Internet, une information publiée, que ce soit une photo, une vidéo ou une publication, reste accessible de façon durable car elle est rapidement référencée par les «robots» qui scannent le Web (comme ceux de Google pour indexer le contenu présent sur Internet). C'est ce que les Anglo-Saxons appellent «l'empreinte numérique»: les informations mises en ligne sont très difficiles à supprimer car elles sont archivées et les utilisateurs partagent très rapidement le contenu en se le réappropriant.

Ces contenus peuvent être de toutes sortes: un comportement, un feedback, un avis positif ou négatif, une plainte, des félicitations ou tout autre message. Même si une majorité de ces éléments sont sans intérêt direct pour une entreprise, il est indispensable de détecter les contenus relatifs à un secteur d'activité ou à une marque, un produit ou un service. Grâce aux mots-clés, il est possible de cibler de nombreux termes annexes autres que le nom d'une entreprise ou de ses produits.

Trois grandes sources d'information permettent de surveiller la réputation en ligne :

- les résultats des requêtes sur les moteurs de recherche, les agrégateurs d'actualités ou encore les wikis ;
- les sites d'information (média et tous les sites contenant des possibilités pour l'internaute de s'exprimer) ;
- les médias sociaux et tous les espaces de discussion entre les internautes.

Dans le cas des réseaux sociaux, la recherche est moins évidente : le fait que certains comptes ou profils d'utilisateurs soient privés et non consultables rend difficile la remontée d'information sur les échanges autour de la marque, du produit ou du service.

Réputation en ligne : enjeux commerciaux, légaux et de notoriété

Identifier le contenu positif à relayer et le contenu négatif à encadrer

La particularité des réseaux sociaux est que chaque internaute dispose d'un pouvoir d'expression, et donc d'un potentiel de viralité ; chaque internaute est un porte-parole en puissance de la marque auprès de son entourage. Parmi les discussions des influenceurs concernant les marques, les entreprises, les produits ou les services se glissent également de nombreux avis de consommateurs classiques. Il est important d'afficher une attention maximale à ces consommateurs, afin d'encourager les retours positifs et de répondre correctement aux retours négatifs.

Le contenu positif autour d'une marque est un réel atout : il s'agit de le valoriser en mettant en avant l'avis des internautes pour qu'ils se sentent valorisés et puissent continuer à communiquer de façon positive autour de la marque ; ils en deviennent des ambassadeurs. Vous pouvez ainsi diffuser sur vos comptes sociaux ce contenu positif (en retweetant un avis positif ou en relayant un article positif, par exemple).

Un internaute publie, sur son blog, la photo d'une paire de chaussures Bensimon jaune. La marque a immédiatement fait un clin d'œil à cet internaute en publiant, elle aussi, sur sa page Facebook une photo avec la même chaussure jaune et un lien vers son blog. Cela permet de valoriser le contenu positif publié par l'internaute à une communauté de près de six cent mille fans.

Grâce à une veille efficace sur les réseaux sociaux, il est également possible d'identifier rapidement le contenu négatif et d'y apporter une réponse. Le contenu négatif peut être :

- **Un dénigrement** : un individu ou une autre entreprise relaie une information qui discrédite l'image de marque ou les produits de l'entreprise.

- **Une atteinte aux droits de votre marque** : le fait d'être propriétaire d'une marque permet à une entreprise de bénéficier du monopole de son exploitation. Par exemple, il est possible de demander la suppression d'un compte non officiel à votre nom.

- **Une atteinte aux droits d'auteur** : les contenus créés et proposés par une entreprise doivent nécessairement avoir votre autorisation explicite pour être relayés par un tiers.

CAS

L'AGENCE COMETIK ET LE BLOG « AGENCE WEB SURPRENANTE »

Dans l'un de ses articles, le blog « Agence Web surprenante » critique ouvertement les pratiques commerciales d'une agence nommée Cometik. Cette dernière a tenté de contacter le blogueur pour faire modifier l'article. Face au refus du blogueur, Cometik demande la suppression de l'article sous peine de poursuites judiciaires pour dénigrement et concurrence déloyale et finira par assigner l'administrateur du blog pour les motifs évoqués.

Si l'entreprise dispose de recours juridiques, la plupart du temps, le dénigrement se règle par la gestion des retours négatifs. Plus les retours négatifs sont commentés, écoutés, avec une réponse construite et utile pour le consommateur, plus les avis négatifs diminuent ce qui relance une dynamique positive. Il ne s'agit pas ici de censurer le contenu mais de montrer que l'entreprise y attache de l'importance, de chercher à comprendre d'où provient l'insatisfaction pour la corriger et s'adapter en interne. D'autant plus si les avis négatifs sont injustes et/ou se fondent sur des rumeurs, des calomnies ou des informations erronées. D'ailleurs, sur la plupart des réseaux sociaux, il existe des fonctionnalités permettant aux entreprises de signaler le contenu jugé «discriminant» et de demander sa suppression.

Anticiper les crises

Une crise peut provenir d'une opération de communication mal construite, mal ciblée, ou bien elle peut être générée par une source externe, sans aucun contrôle de l'organisation concernée, comme un avis client ou bien un article paru dans la presse. Une crise peut commencer à cause d'une personne ou d'un groupe de personnes qui désire attaquer, d'une manière plus ou moins agressive, une organisation. Dans tous les cas, ce sont les réactions négatives et offensives qui proviennent de l'extérieur :

- Un contenu peut être diffusé officiellement par la marque, et ensuite critiqué par la communauté pour dénoncer un contenu peu approprié, polémique, raté, ridicule ou toute autre raison qui amènerait à penser que telle publication est contestable. À titre d'exemple, on peut citer une publication d'Orangina sur sa page fan Facebook faisant une blague «potache» sur les roux et Harry Potter. Une vague de solidarité s'est alors créée pour défendre les personnes rousses et contester l'humour douteux de la marque.

- Un contenu peut également être diffusé par un intervenant externe, directement tourné contre l'organisation, et c'est sa diffusion virale et massive par la communauté qui va le rendre visible, populaire et, donc, nocif pour la marque puisqu'une audience élargie va être exposée à une critique ouverte de la marque.

CAS

UNE CRISE PROVENANT DE L'EXTÉRIEUR : LE LICENCIEMENT D'UNE EMPLOYÉE DE CORA

Lorsqu'une employée de Cora, chaîne d'hypermarché, est licenciée par son patron pour avoir ramassé un ticket de caisse laissé par le client, contenant un bon de réduction pour McDonalds, les médias traditionnels et Internet s'emparent de l'histoire. En quelques heures, les internautes publient de nombreux commentaires très négatifs, particulièrement sur le mur de la page Facebook de l'entreprise. Les commentaires se multiplient sur les réseaux sociaux et l'enseigne Cora, qui n'avait pas anticipé l'ampleur que prendrait l'histoire sur les réseaux, peine à réagir. Dans une logique de communication de crise, la marque tente de riposter et de reconquérir le cœur de ses clients et de sa communauté. Mais face à l'ampleur de la crise et la difficulté de contrôler le bruit, l'enseigne reviendra quelques jours plus tard sur sa décision en annulant la procédure de renvoi et en diffusant des vidéos d'employés vantant les bienfaits de travailler chez Cora.

Le cas Cora est symptomatique de la naissance d'un *bad buzz* non contrôlé et non anticipé : la crise est relayée de façon virale par des milliers d'internautes qui partagent le contenu en question ou exposent leurs avis et approuvent ainsi le message de mécontentement.

De facto, un utilisateur retiendra plus facilement un sujet polémique qu'un sujet neutre. C'est ce que l'on appelle un *buzz* ou plus spécifiquement quand le contenu véhiculé est négatif : un *bad buzz*, c'est la publication sur un ou plusieurs médias sociaux d'un contenu extrêmement populaire et qui met en cause un produit ou la marque dans sa globalité. Un *bad buzz* est donc particulièrement dévastateur, puisqu'il peut annuler à lui seul les nombreux efforts en amont déployés par la marque pour construire sa communication sur ces plateformes sociales, et même en dehors du périmètre de ces plateformes.

Il est important de constamment garder à l'esprit qu'être présent sur les réseaux sociaux, c'est aussi s'exposer aux critiques et à ce type de buzz négatif. D'ailleurs, même sans être présents sur ces réseaux, des espaces spécifiques peuvent rapidement être créés par les internautes. Par exemple, dans le cas de Cora, une page Facebook de soutien pour la caissière avait été créée en quelques heures par des internautes afin de protester contre cette « injustice sociale ».

Avant de corriger une crise, il faut savoir la prévenir, l'anticiper et surtout pouvoir détecter un *bad buzz* à sa naissance et non pas à sa maturité, quand il est déjà trop tard. Il est donc nécessaire de disposer d'une personne ou d'une équipe en charge de veiller quotidiennement à ce qui se dit sur les médias sociaux, grâce à des outils d'analyse de mots-clés comme Alerti ou Mention. Dès qu'une tendance négative émerge, elle sera détectée et vous pourrez préparer un plan de réponse.

Autres risques à maîtriser

En dehors de l'échange de données négatives ou de rumeurs négatives autour d'une entreprise, il existe également d'autres risques qui peuvent être beaucoup plus graves.

Pour A. Guigou, G. Mallet, M. Rossi et X. Vespa (2014), on distingue cinq typologies des risques :

- Le vol de données personnelles de client qui peut entraîner la perte de confiance des consommateurs. Les failles de sécurité d'une base de données client peuvent avoir un impact financier (dépenses de sécurité informatique pour protéger la base) pouvant même entraîner une chute du cours boursier dans le cas où l'affaire devient publique. Par exemple : Fidelity National Information Services, un fournisseur de solutions pour le secteur financier, a reconnu, en 2007, le vol d'informations personnelles de 2,3 millions de personnes enregistrées sur sa base de données dont 99 000 contenaient des informations de carte de crédit.

- La perte de données personnelles de salariés qui peut porter atteinte à la réputation d'une entreprise comme marque-employeur.

- Un salarié mécontent (ou non) qui dévoile des documents/informations confidentielles sur l'entreprise. Cela peut aller jusqu'au procès et avoir des répercussions sur l'image de marque de l'entreprise. Par exemple, des sites comme notetonstage.fr permettent à des salariés (aux stagiaires en l'occurrence) de noter l'entreprise d'accueil et de donner un avis sur elle.

- Le hacking de données confidentielles par des pirates informatiques (*hackers*). Par exemple, en 2007, sur la messagerie Gmail de Google, il était possible d'intercepter la totalité des données stockées par un utilisateur Gmail grâce à un simple Gif animé.

- Les dénonciations anonymes, comme le site French Leaks, un site dédié à la diffusion de documents d'intérêt public concernant notamment la France et l'Europe proposé par Mediapart.

L'empreinte numérique laissée par ces crises est ensuite très difficile à effacer et va, bien entendu, influencer la perception des internautes et des futurs acheteurs. Il s'agit donc, pour les entreprises, de contrôler ce qui se dit autour d'elles afin d'épurer et de gérer cette empreinte qui perdure.

Les conséquences d'une empreinte numérique négative peuvent être diverses :

- une perte de chiffre d'affaires ;

- une perte de confiance relative à un produit/service ;
- une nuisance à l'image de marque ;
- des conversations qui se créent et qui peuvent être difficiles à maîtriser si elles prennent de l'ampleur.

> En 2004 aux États-Unis, un forum spécialisé autour des vélos, bikeforums.net, publiait un message révélant qu'un antivol de la marque Kryptonite pouvait s'ouvrir avec un simple crayon Bic. La vidéo a rapidement été reprise par des médias comme le *New York Times* ou encore Associated Press. Après dix jours de polémiques et de tentatives pour démentir la rumeur, l'entreprise a annoncé le retrait du produit et son échange gratuit, pour un coût financier estimé à 10 millions de dollars et un coup dur pour la réputation de la marque.

Presque dix ans après cet épisode qui a marqué les esprits et le développement de nouveaux médias sociaux permettant toujours plus d'échanges entre les utilisateurs, on comprend bien l'intérêt pour une entreprise d'effectuer une veille assidue.

Construire une veille efficace

Une veille efficace commence par la maîtrise de son propre secteur d'activité et de ce qui se dit autour de son entreprise. Analyser toutes les informations relatives à un secteur et à une marque ou une entreprise permet une meilleure maîtrise de l'environnement et de sa réputation.

Préparer la veille avec la bonne méthodologie

Les réseaux sociaux deviennent un canal incontournable dans la communication de marque et leur importance ne cesse d'augmenter. Il faut pouvoir mesurer l'impact et l'efficacité des actions menées à ce niveau. Une veille efficace commence donc par l'évaluation des résultats.

Dans une approche traditionnelle de recherche d'informations, la première étape consiste à se poser des questions, à déterminer quelle information, quel type de contenus sont recherchés, quelles interrogations sont posées (par exemple : «Que pensent les consommateurs de notre produit A ?» «Dans quel pays le produit B est-il le plus consommé ?» «Le produit C est-il davantage consommé par les hommes ou par les femmes ?»). Ces questions vont orienter les «capteurs» qui vont permettre l'accès aux sources d'information.

Le postulat d'une approche moderne de la mise en œuvre de l'intelligence économique sur les réseaux est qu'une entreprise ne sait pas exactement ce qu'elle va trouver. En France, Bernard Besson et Jean-Claude Possin se sont penchés sur cette nouvelle approche en délimitant des axes d'effort :

- **Recherche et recueil des informations et connaissances clés** : la première étape consiste à collecter des informations autour des questions qu'une entreprise se pose et auxquelles elle cherche à répondre grâce à différents outils de veille sur les réseaux sociaux. Par exemple, l'entreprise sait que tel produit est défaillant, elle va donc dresser une liste de mots-clés autour des termes employés par les retours consommateurs traditionnels. Elle doit délimiter tous les sujets qui traitent de près ou de loin de son entreprise, de ses produits et de son domaine d'activité.

- **Traitement et interprétation des données recueillies** : la deuxième étape consiste en l'analyse de ces informations, leur recoupement et leur mise en perspective. L'entreprise va créer des thèmes principaux dans lesquels classer les différents mots-clés retenus en créant des schémas interprétatifs et de modèles mentaux.

- **Fondation des raisonnements stratégiques** : cette étape intermédiaire consiste à tirer les grandes lignes stratégiques du comportement à adopter à la lecture de ces informations (stratégie d'innovation, anticipation et maîtrise des risques, évaluation des effets des décisions à prendre). Par rapport aux thèmes dégagés, l'entreprise va créer des *personae* recoupant tous les types de comportement qu'un internaute peut avoir lorsqu'il se pose une question autour de l'entreprise, ses produits/services ou son domaine d'activité.

- **Mise en œuvre des actions et animation des réseaux** : cette dernière étape consiste à aller chercher l'information sur les médias sociaux et à déployer des actions curatives ou préventives, tout en répertoriant les différentes données récoltées.

Lorsque l'on sait que délivrer une information stratégique au bon moment, à la bonne personne, dans le bon contexte peut devenir un avantage compétitif décisif, les réseaux sociaux peuvent devenir un atout majeur dans la mesure où ils peuvent fournir de l'information utile, rapidement et en quantité suffisante.

Analyser l'information autour de sa marque

Après avoir défini une méthodologie précise avec des étapes à suivre pour mener sa veille de A à Z, il est nécessaire de se poser les bonnes questions pour synthétiser et optimiser la collecte d'informations futures.

Où ?

La première question à se poser est : où parle-t-on de votre marque, de vos produits ou de vos services ? Est-ce sur les réseaux sociaux principaux, les spécialistes, les professionnels ?

En déterminant les principaux lieux de discussion, il sera possible de cibler les futures actions à mener et le mode de collecte de l'information. Si l'entreprise concernée a peu de notoriété et, par conséquent, est très peu citée, le champ de recherche doit être étendu et élargi aux lieux où l'on parle des produits ou des services ou au secteur d'activité.

> Le produit Roaccutane proposé par le laboratoire Roche est un médicament permettant de traiter l'acné. En tapant le mot dans Google, on retrouve dans les premiers résultats de recherche, le forum Doctissimo, la page Wikipédia, le forum Auféminin.com et une vidéo YouTube. On comprend rapidement que le produit génère de nombreux échanges entre les internautes sur les forums de discussion et les réseaux sociaux puisque le site Internet de la marque n'est pas apparent dans les premiers résultats de recherche.

Qui ?

La deuxième question à se poser est : qui parle de votre marque, de vos produits ou de vos services ? Existe-t-il des groupes d'utilisateurs ou des communautés reliés à votre activité ? Existe-t-il des groupes d'utilisateurs ou des communautés spécifiquement dédiées à vos produits, services ou à votre marque ?

Cette étape de qualification est très importante puisqu'elle permet de s'assurer que les personnes communiquant autour de la marque sont bien représentatives de la cible marketing (âge, sexe, mode de vie, etc.).

> En analysant les résultats de la recherche Google, on remarque que le Roaccutane non seulement génère de nombreux échanges

entre les utilisateurs du produit sur les forums mais également de nombreux articles de spécialistes, comme des médecins dermatologues renommés.

Quoi ?

La troisième question à se poser est : que dit-on sur votre marque, sur vos produits ou vos services ? En effet, il s'agit de savoir quels sont les termes et les mots-clés utilisés : sont-ils négatifs, positifs ou neutres ?

Pour le Roaccutane, de nombreux échanges s'articulent autour des effets secondaires du produit et des risques pour la santé des personnes suivant le traitement.

Quand ?

La quatrième question à se poser est : à quelle fréquence parle-t-on de votre marque, de vos produits ou de vos services ? Existe-t-il une saisonnalité de l'information autour de votre marque, des événements/actualités qui en font parler ? La mise au jour de cette saisonnalité permettra de décider du rythme de la veille. Si les conversations sont très fréquentes, vous devrez probablement réaliser une veille permanente, quotidienne ou hebdomadaire. Si l'information est moins fréquente, une veille mensuelle sera plus pertinente.

Le médicament Roaccutane semble faire polémique depuis de nombreuses années. Malgré les efforts de la marque pour expliquer que le produit peut entraîner des effets secondaires et de bien suivre les indications mentionnées dans le produit, les avis divergent toujours entre les patients satisfaits du traitement et ceux qui se plaignent des risques et des effets secondaires. Aucun avis d'expert ne permet de trancher la question. Les échanges sont donc nombreux puisque les avis restent mitigés et que le produit est toujours prescrit par des médecins.

Selon la complexité du marché sur lequel se trouve l'entreprise analysée, cette première phase d'observation peut se prolonger sur plusieurs mois afin de suivre les différentes réactions au fil du temps. Il sera ainsi possible d'observer la nature des échanges après l'organisation d'un salon, du lancement d'un produit ou d'un service, des opérations commerciales, des campagnes de communication offline, etc.

Les outils pour surveiller sa réputation

Il existe des outils spécialisés et gratuits pour la plupart; grâce à eux, la veille se fait de façon automatique. Ces logiciels permettent de scanner, de façon très rapide et complète, la totalité des informations disponibles sur les médias sociaux et le Web en général. Se priver d'une telle mine d'informations reviendrait à avancer à l'aveugle, alors que de nombreuses informations peuvent aider l'entreprise à s'améliorer, à corriger ses erreurs et à mieux comprendre le consommateur et l'environnement global.

Il ne s'agit pas ici de présenter tous les outils existants mais de proposer les plus pertinents pour un suivi efficace de votre réputation. Les différents outils d'analyse *social media* disponibles se différencient par l'ergonomie, le type de données analysées, les critères de filtrage et d'autres fonctionnalités qui optimisent la pertinence de l'outil et la récupération d'informations:

- Les recherches dans **les moteurs de recherche** (Google, Bing, etc.) qui se font à l'aide de mots-clés ou d'association de mots-clés. Pour que la recherche soit efficace, il ne faut pas hésiter à décliner et multiplier les mots-clés et les associations de mots-clés en prenant en compte les fautes d'orthographe.

- **Alerti** est un outil avec un bon rapport performances/prix, qui permet de réaliser des recherches par mots-clés, sur une sélection de réseaux sociaux. Des bilans automatiques sont générés à des fréquences réglables (chaque jour, chaque semaine). Vous aurez ainsi des scans complets et synthétiques des informations récoltées sur les blogs, les sites, les forums, les réseaux sociaux, etc.

- **Kurrently** permet de suivre en temps réel ce qui se dit sur une marque sur les principaux réseaux sociaux: Facebook, Google + et Twitter. Cela donne une très bonne visibilité du bruit généré autour d'une marque à un instant donné.

- **Howsociable** donne une note entre 0 et 10 qui indique le niveau d'activité autour d'une marque sur une semaine donnée. La version gratuite ne donne accès qu'à un certain nombre de réseaux sociaux.

- **Socialmention** va, quant à lui, un peu plus loin en proposant un mix entre une analyse en temps réel et une analyse qualitative des résultats du bruit. Par exemple, il donne une indication sur la qualité du bruit autour de la marque: sentiment positif des citations faites autour de la marque, les mots-clés le plus souvent associés à la marque, les *hashtags* mais aussi les utilisateurs les plus actifs et les principales sources des mentions.

- **Mention** est une plateforme qui, selon les mots-clés que vous avez saisis et décidé d'analyser (nom de votre entreprise, produit, opération...), repère les conversations sociales sur l'ensemble des contenus publics diffusés sur les médias sociaux et restitue ces contenus pour permettre un accès quotidien et facile à ces discussions.

- **Netvibes** est un tableau de bord complet qui permet de gérer plusieurs marques en même temps, de réaliser une veille permanente très efficace et de traquer toutes les conversations sociales des consommateurs et prospects sur les médias sociaux.

- **Synthesio**, **Radian 6**, **Social Bro** sont des outils premium et coûteux mais très efficaces et complets.

L'UTILISATION D'ALERTI

Pour utiliser Alerti, il faut tout d'abord créer un compte : *http://fr.alerti.com*. Il existe une version de trente jours gratuite.

1. Créer des alertes par mots-clés ou association de mots-clés.

Dans cette première étape, il est d'abord nécessaire de déterminer les mots-clés. Si l'on prend l'exemple de MAM, marque de puériculture, on va cibler plusieurs thèmes autour desquels vont s'articuler les mots-clés :

- la marque (MAM) ;
- les produits (biberons, sucettes, tétines, anneaux de dentitions, etc.) ;
- le sujet (maternité, allaitement, puériculture, alimentation des bébés) ;
- les sujets annexes du secteur (BPA, silicone, etc.).

2. Sélectionner les sources à scanner : blogs, actualités, forums, réseaux sociaux, images, vidéos.

Dans le cas de MAM, la plupart des discussions se déroulent sur les blogs, les forums et les réseaux sociaux, les communautés de jeunes mamans étant très actives sur ces supports.

3. Analyser les résultats.

Les premières recherches font ressortir de nombreux sites n'ayant pas de rapport direct avec la marque à cause de son nom qui peut être utilisé dans de nombreux contextes : maman, mama, etc.

4. Affiner la recherche.

En excluant les termes proches comme « maman » ou « mama » et les sites non pertinents, les prochains résultats devraient être d'autant plus pertinents.

Le paramétrage de l'outil peut prendre quelque temps, le temps d'exclure les mots-clés et les sources non pertinents.

Grâce à ces différents outils, il est possible de s'abonner aux résultats de recherche (par mail ou flux RSS) et d'avoir une mise à jour quasiment en temps réel des nouvelles discussions autour d'un thème. Vous pouvez choisir la fréquence de ces mises à jour (hebdomadaire, mensuelle, etc.).

Analyser l'activité de ses concurrents

Il est essentiel de réaliser, en interne dans l'entreprise, des rapports qui décrivent précisément l'activité et le succès des concurrents afin de connaître les menaces et les opportunités, ce qui aidera la prise de décision future à un niveau global.

Il est donc possible et recommandé de réaliser une veille concernant les concurrents, à l'aide des outils présentés et des mots-clés rattachés à ces derniers (nom commercial, nom des produits, etc.). Mais ces outils ne permettent pas forcément de remonter toutes les actions menées par les concurrents sur les réseaux sociaux. Il est donc essentiel d'élargir la surveillance.

Analyser leurs positionnements

La première étape est donc de savoir où se trouvent les concurrents ? Sur quels réseaux sociaux ? Pour cela, il est conseillé, dans un premier temps, de se rendre sur leurs sites Web, ou de les rechercher manuellement sur les différentes plateformes *via* les moteurs de recherche. Pour observer et surtout s'inspirer de leurs actions, il est possible de s'abonner à leurs pages sur les réseaux sociaux et d'analyser ce qui s'y passe au quotidien.

L'outil Youseemii permet de repérer rapidement s'il existe des comptes officiels créés par une entreprise et lui attribue une note qualitative. Les comptes non officiels sont généralement facilement repérables par leur charte graphique, la qualité des publications, la tonalité employée et le niveau de modération mis en place.

En parcourant rapidement les espaces sur les réseaux sociaux concurrents, il est possible de déterminer leur positionnement :

- Est-ce un espace autour de la marque, du produit ou du service concurrent ? Combien de comptes différents ont-ils : un pour chaque produit par exemple ? Un espace par filiale ou une page internationale ?
- Quelle est la charte graphique ? Est-elle en adéquation avec la charte du site, avec un produit ou un service, avec un temps fort ?
- À quelle fréquence animent-ils leurs comptes sociaux ? Depuis combien de temps le compte est-il animé ?
- Font-ils une animation personnalisée sur chaque réseau social ou bien dupliquent-ils leur contenu (voire par des outils automatiques) ?
- Quels types de contenus proposent-ils : des vidéos, des photos, des liens, des articles, du partage de contenu depuis leurs sites ? Quelle est la répartition entre ces différents types de contenu ?

Aussi, il est intéressant de chercher des groupes de prospects ou consommateurs sur une thématique propre à votre secteur (un groupe Facebook dont vos produits répondent à la problématique, un forum, une discussion Twitter, un groupe LinkedIn, etc.). Toutes ces questions demandent une analyse en profondeur de chacun des espaces créés par les concurrents mais peuvent vous fournir des informations essentielles.

Analyser leurs stratégies éditoriales

Ensuite, il s'agit d'analyser la stratégie éditoriale des concurrents, c'est-à-dire le contenu qu'ils proposent. Pour cela, une analyse des mots-clés utilisés permet de dresser un profil social de la communication employée. En analysant le vocabulaire, il est possible de déterminer le type de relation que les concurrents cherchent à établir avec leurs communautés au travers des réseaux sociaux : s'agit-il d'un outil de promotion publicitaire et un relais d'offres commerciales ? De la publication de contenus divertissants, ou d'un relais de l'actualité, ou d'un service client ?

Pour aller encore plus loin, une analyse de la tonalité des publications, des tweets réalisés par les concurrents, permet de dresser une sorte de portrait chinois de la personnalité sociale qu'ils ont créée autour de leurs pages sur les réseaux sociaux. Par exemple, utilisent-ils le vouvoiement, le tutoiement ? Jouent-ils la carte de la transparence ? Font-ils allusion aux produits concurrents ? Utilisent-ils l'humour, le second degré ?

Enfin, il est possible de déterminer rapidement les grandes lignes éditoriales mises en place par la concurrence pour initier le dialogue avec sa communauté. Cette analyse est très utile pour adapter la stratégie de contenu d'une entreprise, pour essayer de nouveaux types de format, ou bien employer une nouvelle tonalité, ou encore pour tenter de mettre en place de nouvelles idées pour animer une communauté. Cela permettra également de faire ressortir des thèmes annexes pouvant concerner tous les produits du secteur.

Il est enfin conseillé de dresser un tableau de bord permettant de suivre l'évolution de la stratégie *social media* des concurrents.

D'un point de vue quantitatif, on peut analyser la taille de la communauté, sa croissance, le nombre d'interactions (likes, retweets, commentaires), et toutes les autres métriques mesurables que l'on peut trouver sur les différentes plateformes.

D'un point de vue qualitatif, on peut analyser le délai de réponse aux commentaires, la qualité éditoriale, le degré de modération (les commentaires négatifs sont-ils laissés ? Le mur de la page Facebook est-il ouvert à tous ?), et toutes les autres appréciations que l'on peut faire sur la qualité de l'activité sociale, si possible de manière objective.

Bad buzz et communication de crise

Nous l'avons vu dans la première partie de ce module les avis négatifs peuvent parfois provoquer des effets de foule que l'on qualifie de *bad buzz* : les internautes se mobilisent autour du message d'un utilisateur en particulier, créant ainsi une visibilité accrue pour ce message négatif.

Les actions à mener pour réduire le poids des contenus négatifs

Un des objectifs de la réputation en ligne consiste à réduire le poids des liens négatifs dans les moteurs de recherche, en priorité dans les liens en tête de page. Il existe plusieurs techniques en fonction du type de contenu qu'il est possible de mettre en place.

- **En supprimant les liens par la méthode juridique ou bien en négociant avec la source** : dans les deux cas, l'action peut être périlleuse et demander du temps. Nous l'avons noté, il existe trois principaux risques pour les entreprises : le dénigrement, le droit de marque ou encore le droit d'auteur. Si l'on emploie la méthode juridique, la principale limite réside dans la liberté d'expression. Seuls les cas prouvés de propos diffamatoires peuvent aboutir. Une telle procédure peut également créer une situation pire encore : l'écho donné au message que l'on cherche à supprimer peut générer des réactions de solidarité. Dans le cas d'une négociation avec la source, la principale limite réside justement dans cette négociation. Dans le cas d'un particulier, les barrières sont la prise de contact et la personnalité même de la personne que l'on a en face de soi, son aptitude à être conciliant ou bien à rester dans la critique. Dans le cas d'une négociation d'un droit de réponse avec un journal, il peut être difficile d'obtenir une suppression totale puisque l'article a souvent été propagé par le biais de *newsletters* et est souvent archivé par Internet.

- **En faisant reculer les liens aux pages suivantes** : dans ce cas, il s'agit de créer de nouveaux liens pour faire descendre mécaniquement les liens négatifs et les reléguer à la deuxième ou troisième page de résultat. Pour que cette stratégie soit payante, il faut choisir des sources très bien évaluées par le moteur de recherche ou s'appuyer sur des techniques de SEO (*search engine optimization* ou « politique de référencement naturel »). Ces sources peuvent être de la presse de qualité ou des blogs influents. Cette démarche peut, parfois, être compliquée car ces sources cherchent à tirer profit de votre désarroi.

- **En communiquant de manière à impliquer positivement les internautes autour de votre cause** : dans le cas d'un avis isolé, il est possible d'apporter une réponse personnelle à l'internaute qui incrimine l'entreprise. Lorsqu'un simple avis de consommateurs se transforme en réel *bad buzz* et que de nombreux internautes rejoignent la cause du mécontent, une réponse de l'entreprise peut permettre d'endiguer la crise. Nous allons étudier plus en détail ce phénomène dans la sous-partie suivante.

Comment réagir en cas de crise ?

Pour gérer une crise, il est important de respecter des étapes et de les mettre en œuvre de façon appliquée le plus rapidement possible, le tout sans bâcler le travail.

On identifie cinq étapes dans la gestion d'une crise sur les médias sociaux.

Décrypter le contenu de la crise

Premièrement, il faut déterminer précisément pourquoi l'organisation est atta-
quée, pourquoi cette critique existe et ce qui est reproché. Grâce à des outils
d'analyse, on pourra faire des recherches sur un *hashtag* ou des mots-clés et
analyser ce qui se dit. Il faudra établir un rapport complet, ce document servant
de base à la réponse qui sera apportée. Il faut procéder à une analyse quantitative (combien de tweets sur le sujet, combien de partages Facebook sur le
contenu, combien d'articles de blog, etc.) et qualitative (résumé du *bad buzz*,
identifier de trois à cinq raisons principales de la crise). Une fois ce document
établi, il est possible d'appréhender l'ampleur du *bad buzz* et son contenu.

Brainstormer en équipe

Ensuite, une étape de collaboration est essentielle ; il va falloir se réunir en
interne afin de coordonner la réponse à apporter. Comment l'entreprise
veut-elle réagir ? C'est le moment de choisir quelle attitude adopter (reconnaissance des faits ou non, dédommagements ou non) et sous quelle forme
(vidéo, texte, blog, etc.).

Formuler une réponse

Une fois le cadre de la réponse déterminé, il est temps de créer la réponse,
d'élaborer la réaction. Il est donc essentiel de choisir les bons mots, les
bonnes phrases, et de produire le contenu, peu importe sa forme, que ce
soit un texte, une vidéo, une création graphique, etc. Ce contenu devra
être validé en interne, pour faire le lien entre le *brainstorming* et la réponse
publique. Parfois, une simple communication de la part d'un PDG peut suf-
fire à résoudre la crise.

Diffuser sa réponse

Une fois la réponse prête et validée, elle doit être publiée afin de contrer
le *bad buzz*. Il faudra définir un planning de diffusion qui fixe le *timing* et
les plateformes concernées. Selon la gravité de la crise, on pourra publier
la réponse uniquement sur une page Facebook, ou alors sur l'intégralité
des plateformes (Twitter, blog, etc.). Il est également possible de répéter
le message sur plusieurs jours pour être sûr de toucher un maximum de
personnes. La communauté pourra alors elle-même diffuser l'information
à son réseau. Plus vite le *bad buzz* est enterré, moins l'opinion publique
se souviendra de l'événement. Il faut réparer efficacement et rapidement.

Analyser et gérer la crise

Enfin, on évitera de laisser cette situation sans contrôle *a posteriori*. Il s'agit de garder un œil sur l'événement, de répondre aux commentaires et aux réactions des internautes en respectant les étapes suivantes :

- **Ne jamais s'énerver ni céder à une réponse facile.** Il ne faut pas se laisser manipuler par les accusations de sa communauté. Une des pires réactions est d'adopter la même attitude agressive, de proférer des insultes et de s'aliéner toute une communauté. Il faut rester serein et calme, pour calmer la situation.

- **Adopter la stratégie des 3R,** efficace dans la plupart des situations, mais pas toutes. Elle consiste à reconnaître les faits, à réparer la situation puis à remercier la communauté pour son écoute et sa compréhension.

- **Faire appel à sa communauté** : il peut être intéressant d'activer une communauté de manière positive, de mettre en avant les fans qui soutiennent la marque en publiant leurs interventions, ou en demandant à la communauté quelle serait la meilleure réaction dans cette situation, pour envisager les différentes possibilités, tout en permettant aux fans assidus de s'exprimer et de communiquer positivement sur la marque.

- **Rester transparent** : on évitera de bannir des utilisateurs, de fermer son mur Facebook, de supprimer des publications ou d'effectuer toute forme de censure. Un tel geste est risqué et pourra toujours se retourner contre vous ; si c'est le cas votre attitude sera d'autant plus critiquée qu'elle aggraverait la crise de départ.

- **Privilégier les faits** : pour répondre à une attaque, les beaux discours n'ont souvent que peu d'efficacité pour convaincre. On donne davantage de crédit aux faits, aux justifications concrètes, aux exemples, aux chiffres, aux témoignages, à des éléments tangibles qui mettent la marque en avant.

Quelques exemples de gestion de crise

Si un *bad buzz* non contrôlé peut avoir des effets très négatifs sur une marque, en revanche, une bonne gestion de crise peut avoir des effets très positifs.

Dans la plupart des cas, même en réagissant vite, le contenu néfaste touche l'audience avant la justification de la marque. Un contenu se relaye à une vitesse telle sur les réseaux sociaux que le temps que la marque réagisse, même si ce laps de temps est très court, l'information a déjà circulé massivement et a touché une audience supérieure à celle de la communauté de la marque.

L'objectif est donc double : il faut réagir vite et surtout il faut bien réagir (et ne pas confondre vitesse avec précipitation) :

- **Réagir vite** : pour contrer la diffusion d'un *bad buzz*, il faut être réactif. Si l'on réagit dans les minutes ou les quelques heures suivant le début du *bad buzz*, il est possible de corriger l'information et d'apporter des explications ou des justifications en rapport avec le sujet et, ainsi, ralentir sa diffusion ou modifier son contenu d'une manière moins négative. Si l'on réagit à plus de 24 heures, le risque est que le contenu ait déjà été diffusé auprès de la majorité de la cible et que celle-ci ait déjà assimilé l'information néfaste à propos de la marque. On pourra alors apporter une réponse *a posteriori*, mais on ne pourra pas corriger l'information en temps réel.

- **Réagir bien** : cela peut s'apparenter à une évidence, mais il vaut mieux être sûr que la réponse à un *bad buzz* est optimisée avant de diffuser un message qui pénalisera davantage la marque et ravivera la polémique. Il faut donc prendre soin de s'accorder en interne, valider avec les responsables concernés si la réponse convient à tous les départements et correspond à la stratégie globale de la marque.

CAS

LA FNAC ET LA GESTION D'UN BAD BUZZ

À ce titre, citons l'exemple récent de la Fnac. Le 28 mai 2013, Claire M. poste une publication sur le mur de la page Facebook de la Fnac. Le post, assez long mais très bien écrit, relate un épisode désastreux que cette cliente a vécu avec l'enseigne : suite à un problème sur un produit, le SAV de la Fnac ne se serait pas montré compétent et ne l'aurait pas traité de manière décente (selon ses dires). À peine la publication postée, de nombreux utilisateurs viennent lui apporter des messages de soutien et surenchérir avec leurs propres expériences. En quelques heures, la publication se diffuse partout sur les réseaux sociaux. Le *community manager* de la Fnac réagit très rapidement en prenant la mesure du problème et en essayant de trouver une issue favorable au problème de la cliente furieuse. Très rapidement, le directeur de la Fnac mise en cause appelle Claire M. pour lui confirmer la résolution instantanée de son problème, présenter ses excuses et lui offrir un dédommagement pour les inconvénients rencontrés. Bien entendu, l'enseigne s'est arrangée pour que le reste de la communauté suive l'issue heureuse de l'histoire.

Ce que montre l'exemple de la Fnac, et qui pourra vous servir dans la gestion d'un *bad buzz*, est qu'en assumant le problème et en essayant de lui trouver une issue favorable au problème, la Fnac a su transformer le mécontentement du client de bonne foi en satisfaction et démontrer que son SAV était opérationnel et efficace.

L'audience est particulièrement attentive au *bad buzz* et le diffusera massivement. Chaque marque est donc exposée au risque d'être critiquée, peu importe la gravité ou la véracité des faits. Si un événement est exagéré ou faux mais si le contenu semble vrai, peu d'internautes vont vérifier sa source. Les internautes partageront quand même l'information sur leurs plateformes.

Une autre méthode, employée par Bouygues Telecom par exemple, consiste à matérialiser la personne répondant à une crise. Désigner une personne réelle pour représenter la marque sur les réseaux sociaux peut s'avérer être une bonne stratégie, surtout au moment d'une communication de crise.

CAS

TANGUY DE BOUYGUES TELECOM

Lorsque Free a décidé de se lancer dans la téléphonie mobile, l'opérateur n'a pas lésiné sur les opérations marketing et les offres chocs. Aussi, à peine terminée la conférence de présentation de Xavier Niel, les autres opérateurs ont vu arriver un flot d'internautes et d'utilisateurs mécontents, vu les nouveaux forfaits de Free considérés comme plus avantageux. Si des opérateurs comme Orange ou bien encore SFR ont été assez longs à réagir et peu efficaces dans la gestion et la modération de ces « mécontents », Bouygues Telecom a tiré son épingle du jeu grâce à Tanguy. Ce *community manager* (aidé par quatre autres de ses collègues) est devenu la nouvelle icône du Web en répondant autant que possible aux messages de la foule des mécontents, non sans une certaine pointe d'humour et d'ironie. Occupant le terrain sur Facebook mais aussi sur Twitter, Bouygues Telecom a su faire preuve d'une gestion de crise efficace et en adéquation avec son positionnement et son image de marque. Sans rentrer dans la confrontation ou dans le déni, la marque de téléphonie a joué le jeu de l'engagement conversationnel sans tomber dans les nombreux pièges tendus. Une belle gestion de prise de parole.

La stratégie de Bouygues Telecom s'est avérée payante, c'est toujours la marque qui communique et Tanguy qui signe les messages publiés. D'autres marques vont encore plus loin comme Oscar de la Renta qui a mis en avant l'une des salariées de son service de relation de presse au travers de son compte Twitter. Celle-ci sert de caution à la marque et permet aux utilisateurs de s'adresser directement à cette personne qui sera clairement identifiée comme une source fiable et unique.

CAS

OSCAR DE LA RENTA OU L'ART DE LA PROXIMITÉ DIGITALE

La marque Oscar de la Renta a très vite compris l'importance d'identifier une personne spécifique et unique pour gérer ses relations avec la communauté. Erika Berman, aka « OscarPRGirl », a dédié son compte Twitter @OscarPRGirl aux relations avec la communauté. En cas de crise ou de *bad buzz* sa prise de parole est immédiate et clairement identifiée. Erika devient le point de repère de l'information pertinente et vérifiée, surtout en cas de crise.

Il n'existe pas une seule bonne méthode mais il faut l'adapter à la marque et à son secteur d'activité.

En s'installant sur les réseaux sociaux, les marques s'exposent aux critiques des internautes et à leur mécontentement. Pour autant, il ne s'agit pas de se priver de ces carrefours d'audience ; il est donc essentiel que, dès le départ, une véritable stratégie de gestion de crise sur les réseaux sociaux soit prête à l'emploi.

LES HUIT POINTS À RETENIR POUR SURVEILLER ET GÉRER SA RÉPUTATION EN LIGNE

1. Surveiller votre réputation en ligne et en particulier sur les réseaux sociaux est devenu incontournable pour toute entreprise de nos jours.

2. Le choix de l'outil de veille de réputation est fondamental. Plus il est complexe, plus il demandera une mobilisation d'équipe conséquente.

3. Privilégiez les « vrais fans » de votre marque : ils aideront à construire votre réputation et à la propager.

4. Afin de construire au mieux votre réputation, personnaliser sa communication sur les réseaux sociaux est important : un compte Twitter avec une personne réelle plutôt qu'un profil créé de toutes pièces aura plus d'impact et d'effets positifs à long terme pour votre communauté.

5. La réputation est bâtie sur la confiance. Induire la communauté en erreur aura des répercussions négatives sur votre image de marque et votre e-réputation.

6. Gérer sa réputation sur les réseaux sociaux est une affaire d'équipe : plus de personnes sont mobilisées, meilleurs sont les outils de veille et d'analyse et meilleure sera votre réputation.

7. Une bonne gestion de sa notoriété et de sa réputation passe par l'acceptation des commentaires positifs et négatifs : il faut éviter la modération trop «dictatoriale» et accepter de laisser les commentaires négatifs tant qu'ils restent dans le respect de la communauté et la bienséance.

8. *Don't feed the troll* : cette phrase célèbre dans le monde de la modération est importante. Il ne faut pas engager une discussion sans fin et vouloir avoir à tout prix le dernier mot. Il faut savoir mettre un point final à la discussion.

Développer sa notoriété de marque

OBJECTIFS

- *Analyser et expliquer des bonnes pratiques pour développer la notoriété de sa marque grâce aux réseaux sociaux.*

Confrontées au dynamisme des réseaux sociaux, pourquoi les marques se priveraient-elles de tels carrefours d'audience ? Leur audience explosive en fait un média à part entière, or la notoriété ne s'acquiert-elle pas en diffusant du contenu de marque à un maximum de personnes ? La principale force de ces nouveaux supports de communication ne réside-t-elle pas dans la puissance de la viralisation de l'information ? La viralisation représente ici le nouveau bouche-à-oreille moderne : en quelques clics un utilisateur peut diffuser une information à l'ensemble de son réseau.

Pour Christine Balague et Daniel Fayon, un autre atout des réseaux sociaux, et non des moindres, est le fait de pouvoir faire de la publicité (quasi) gratuitement. Utiliser un réseau social pour communiquer coûte moins cher que financer une opération de communication avec les médias traditionnels (en particulier les campagnes TV qui restent très coûteuses, mais permettent de toucher une «masse» rapidement).

Communiquer autour de sa marque

Selon la définition du dictionnaire *Larousse*, la notoriété représente «*[le] caractère de ce qui est notoire, connu d'un grand nombre de personnes*». En associant cette définition à celle de marque, la notoriété représente alors la mesure du degré de présence d'une marque dans l'esprit des individus. En d'autres termes, la notoriété représente la connaissance qu'a le public d'une marque.

Pour Aaker (2004), la notoriété d'une marque peut être définie comme la capacité d'un client potentiel à reconnaître ou à se souvenir qu'une marque existe et appartient à une certaine catégorie de produits. La notoriété suppose donc l'existence d'un lien entre la marque et la catégorie du produit. Selon lui, il existe quatre niveaux de notoriété :

- le **degré zéro de notoriété**, qui s'apparente à une absence totale de la connaissance de la marque ;
- la **notoriété assistée**, qui représente la simple conscience par le consommateur de l'existence d'une marque donnée ;
- la **notoriété spontanée**, qui correspond au fait qu'une marque est citée par le consommateur quand on lui demande d'associer un produit à une marque connue de lui ;
- la **notoriété spontanée de premier rang** ou *top of mind*, qui concerne des marques systématiquement citées par le consommateur et qui lui viennent donc spontanément à l'esprit pour un type de produit particulier.

En marketing, la notion de notoriété, telle que définie dans le *Mercator*, «*mesure la présence à l'esprit, spontanée ou assistée, du nom de marque*» (Lendredie, Lévy, 2013). La notoriété d'une marque repose essentiellement sur la stratégie de communication globale mise en place, sur la stratégie de présence sur les différents supports de communication. Plus une marque est «visible», plus elle gagnera en notoriété, à condition d'être présente sur les bons supports et de se différencier des produits concurrents.

Plusieurs critères permettent d'évaluer la performance de la notoriété de marque. Cette notoriété correspond au pourcentage de personnes ayant cité la marque ou le produit dans une catégorie donnée. Il y a deux façons de la calculer :

- **Le taux de notoriété spontanée** représenté par le pourcentage de personnes interrogées qui citent spontanément le nom de la marque. Le *top of mind*, autrement dit les marques citées spontanément en premier dans une catégorie donnée, donne une indication de la qualité ;
- **Le taux de notoriété assistée, ou suggérée**, représenté par le pourcentage de personnes qui affirment connaître la marque lorsqu'elle est mentionnée.

Les taux peuvent varier en fonction de l'image de la marque et de sa réputation (bonne ou mauvaise d'ailleurs).

L'avantage des réseaux sociaux par rapport aux médias traditionnels

Si la notoriété se fonde essentiellement sur le fait d'être «présent» et «de faire parler de soi», la meilleure des stratégies à adopter pour augmenter la notoriété consiste à multiplier sa présence sur les différents canaux de communication dans le but de récolter les bénéfices de chacun et un maximum de visibilité. Cependant, une telle stratégie nécessite d'importants budgets de communication.

Les annonceurs utilisent depuis longtemps les médias traditionnels (presse, télévision, cinéma, radio) pour faire connaître leurs produits. Il n'est pas rare que les campagnes de communication traditionnelles, comme une campagne télévisuelle, soient couplées avec de la communication hors média ou bien du marketing direct permettant de toucher directement le consommateur sur le point de vente.

L'arrivée des réseaux sociaux a changé la donne : ils permettent de toucher les utilisateurs dans leur quotidien (comme les médias de masse) et de façon quasi personnalisée (comme pourrait le faire un commercial sur un point de vente). Les carrefours d'audience qu'ils représentent deviennent des atouts majeurs pour renforcer la présence d'une marque et toucher les cibles de communication là où elles se trouvent.

Avantages et inconvénients de chacune des techniques de communication

Type de média	Avantages	Inconvénients
Médias de masse traditionnels (presse, télévision, cinéma, radio)	• Toucher des audiences de masse. • Permanence et tangibilité de ces types de supports. • Efficacité pour valoriser la marque. • Effet rapide sur la notoriété et les ventes. • Coût pour mille (CPM) personnes exposées à la publicité faible pour les cibles de masse. • Communication contrôlée par l'entreprise : intégrité du message respectée par les médias. • Impressionne la distribution et augmente le pouvoir de négociation de l'annonceur. • Sous-traité à des agences, il demande un moindre effort de la part de l'annonceur.	• Déperdition souvent forte car le ciblage est large et peu contrôlable. • Coûts élevés. • Phénomène de saturation : fort encombrement publicitaire sur les supports les plus prisés. • Message réducteur : format souvent très strict. • Réactivité faible : temps nécessaire à la réalisation d'une campagne. • Moins efficaces pour les produits en phase de maturité et déclin que pour les produits nouveaux. • Moins efficaces pour fidéliser que pour recruter de nouveaux consommateurs. • Action qui, par définition, ne peut être cachée à la concurrence. • Communication à sens unique, ne permettant pas la réciprocité dans l'échange.
Communication hors médias (relations publiques, parrainage, mécénat, salons, mailing)	• Création rapide de notoriété, démultiplication par les retombées presse. • Impact sur l'image si le choix du support et l'opération sont bien en adéquation avec la cible (transfert des valeurs de l'événement sponsorisé sur la marque qui sponsorise). • Prétexte aux contacts personnels (relation personnalisée) avec la distribution et les partenaires divers.	• Selon les formats, les coûts peuvent être élevés. • Stratégie de niche notamment pour les salons, foires. • Spéculatif avec des effets pouvant être négatifs. • Effets difficilement mesurables. • Demande une vision à long terme : les actions sont trop souvent ponctuelles et ne donnent pas assez de vision à long terme.

Type de média	Avantages	Inconvénients
Marketing direct (vitrines, displays, prospectus, journaux)	• Ciblage très précis. • Effet rapide, mesurable, mais éphémère. • Prétest des messages facile. • Fidélisation. • «Ticket d'entrée» faible. • Moins visible, par la concurrence, que la publicité. • Bon support d'accompagnement d'autres actions.	• *Privacy*, lassitude croissante, réglementation. • Difficulté à toucher des audiences très larges et à constituer de très bons fichiers de prospects. • Nécessité d'un excellent suivi des opérations, importance de la qualité de la relation commerciale. • Souvent moins adapté que la publicité à la communication de marque.
Médias sociaux	• Un coût moins élevé que les médias traditionnels. • Possibilité de développer l'interactivité et l'engagement des utilisateurs. • Plus facilement mesurable (nombre de partages, nombre de vues, etc.). • Permet de garder une audience active entre les phases d'activation. • Réactivité accrue par rapport à l'actualité de la marque.	• Ils demandent du temps pour avoir un réel impact. • Le message se dissémine rapidement, mais dure moins longtemps. • Surexposition des utilisateurs aux marques dans des espaces «personnels» pouvant être vécue comme des intrusions.

Source : inspiré de Wikipédia, « Stratégie de communication ».

Une stratégie *social media* permet de multiplier la présence de la marque sur un support plébiscité par les consommateurs et ainsi d'augmenter significativement le nombre de «point de contact» ou *touch point* en anglais.

De plus, la quasi-gratuité des réseaux sociaux les rend très attractifs puisque la marque peut multiplier sa présence en créant des espaces sur les différentes plateformes sociales. Néanmoins, nous verrons que si la création d'un compte est gratuite, l'animation des espaces communautaires et la diffusion du positionnement ont, quant à elles, un coût qui varie significativement en fonction de la taille de la communauté et de la multiplication des comptes sociaux.

Intégrer un positionnement sur les réseaux sociaux à une stratégie de communication globale

La plupart des entreprises ne choisissent pas de communiquer sur un canal de communication unique, elles se servent des différents canaux pour renforcer leur visibilité et donc leur notoriété.

Il est important pour chaque entreprise de délimiter les périmètres de chacun des canaux de communication retenus. La stratégie de présence sur les réseaux sociaux ne doit pas se faire au hasard et doit être bien pensée en amont du positionnement sur l'un ou l'autre de ces supports. Le modèle Tomster©, élaboré par Emmanuel Vivier de Hub Institute, propose une véritable check-list des questions à se poser avant de se lancer.

Modèle Tomster©	Explication	Action à mener
Target À qui ?	Chaque réseau social a une audience qui lui est propre. Avant de se lancer, mieux vaut se positionner là où est l'audience et là où il y a une attente : – Auprès de quelles cibles (définition des cibles, du cœur de cible et de la cible large, de leurs freins/motivations) ? – Souhaite-on positionner chaque filiale d'une société ou bien d'un groupe ? – Veut-on créer un compte social par pays ou bien un compte global multilingue ?	Définir précisément la cible et ses usages et mettre en relation les résultats avec les utilisateurs des différents réseaux sociaux.
Objectives Pourquoi ?	Créer une page Facebook ou un compte Twitter n'est pas un objectif en soi. Il s'agit de dégager un ou plusieurs objectifs de campagne en les classant par ordre d'importance : – Souhaite-on rajeunir la marque, créer de la proximité avec la cible ? – Souhaite-on positionner la marque dans sa globalité, un produit ou un service particulier ? – Quels sont les objectifs en termes de communication ? Quelle perception l'utilisateur doit-il tirer du produit ?	Dégager un ou deux objectifs clés à se fixer. Ces objectifs doivent être atteignables. Une fois posés, ils permettront d'axer le positionnement en *social media* sur le bon objectif.

Modèle Tomster©	Explication	Action à mener
Message Quoi?	Les médias sociaux induisent une discussion avec les internautes, il s'agit d'une communication *one-to-many* (une marque publie un statut sur Facebook ou tweete) ou bien *many-to-many* (la marque s'insère dans une discussion). Pour que la prise de parole soit harmonisée, il faut participer à une « expérience contagieuse » qui devra être utile et personnalisée, interactive et différente : – Quel produit, service, action ? – Que veut-on promouvoir ? – Quel message souhaite-on faire passer ?	Définir les messages que l'on souhaite faire passer en rapport avec l'ADN de marque. Les messages définis permettront de bien personnaliser l'espace sur les médias sociaux.
Strategy Quand?	Contrairement aux médias traditionnels, la prise de parole sur les réseaux sociaux peut être annuelle. Cela permet de la maintenir entre les campagnes médias. Le Web social permet de capitaliser sur la communauté qui a été construite, il s'agit donc de l'entretenir sans rupture dans sa prise de parole : – Selon quel planning (périodicité, saisonnalité, etc.) ? – Existe-t-il dans le secteur des périodes plus propices à la communication ?	Penser « programme » et non plus « campagne », une relation interactive se construit sur la durée et dans une continuité de l'échange.
Technologies et *touch points* Où ?	Choisir les réseaux et les services que l'on souhaite mettre en place dans la communication *social media*. L'écosystème *social media* doit être cohérent dans son ensemble : – Où se trouve cette cible, sur quel média est-elle présente, quelle utilisation a-t-elle du support média ? – Y a-t-il un service particulier à proposer pour répondre aux usages de cette cible ? – Par quels moyens faire passer des messages adaptés à chaque cible, et en fonction du budget ?	Choisir les outils et point de contacts que l'on souhaite mettre en place.

Modèle Tomster©	Explication	Action à mener
Evaluate Comment?	Pour comparer les différentes actions sur les réseaux sociaux, il faut choisir des indicateurs qui permettront de se positionner quant à la réussite ou non d'une campagne de communication : – Quel(s) indicateurs permettent d'évaluer le positionnement *social media* ?	Trouver des indicateurs de mesure pertinents par rapport à la stratégie globale.
Ressources Combien?	Selon le budget, le *timing*, les ressources humaines (compétences, disponibilité, formation, etc.) et les contraintes organisationnelles (*guidelines*, procédures, outils existants, outils de coordination) et légales qui peuvent être allouées à la stratégie *social media*, il faut adapter ses choix dans la stratégie de positionnement : – Quel budget est alloué à l'activité sur les médias sociaux ? – Quel sera le futur budget ?	Prendre en compte les ressources et les contraintes organisationnelles.

Une fois que toutes ces questions ont été abordées et que le périmètre a été délimité, il est possible de se lancer.

CAS

LA STRATÉGIE DE COMMUNICATION D'OASIS

Revenons sur l'exemple Oasis, qui est à ce jour l'un des plus belles *success stories* sur les réseaux sociaux. La marque a su multiplier sa présence et développer sa notoriété en misant sur l'aspect communautaire.

En France, depuis plusieurs années, la marque fait partie du top 5 des marques en nombre de fans. Mais une telle *success story* ne s'est pas construite en un jour. La marque a multiplié ses points de contact avec sa cible (Facebook, YouTube, presse, points de vente, TV, etc.). Une fois sa stratégie de communication mise en place sur Facebook, la marque a appris à connaître sa cible et s'est ensuite appliquée à adopter les autres réseaux sociaux utilisés par cette cible. C'est ainsi que la marque a ensuite intégré Twitter à son écosystème *social media*.

Si nous reprenons le modèle Tomster©, voici ce que nous pouvons analyser de sa stratégie de positionnement sur les réseaux sociaux :

- *Target* : cible large avec un focus sur les cibles prescriptrices de tendances, les 15-25 ans.
- *Objectives* : créer de la proximité avec la marque et fédérer une communauté importante.
- *Messages* : « Soyez Be Fruit avec Oasis ».
- *Strategy* : animation régulière de la page Facebook autour de la personnalité des fruits Oasis en les réemployant pour rebondir sur les sujets d'actualité tout au long de l'année.
- *Technologies* et *touchpoints* : sur Facebook dans un premier temps puis élargissement aux autres réseaux sociaux utilisés par la cible des 15-25 ans : Twitter, YouTube, etc. Leurs espaces sociaux proposent de plus en plus de services adaptés à la cible, comme une boutique en ligne sur Facebook, la vente de T-shirts aux couleurs des fruits Oasis, etc.
- *Evaluate* : plus de 3 millions de fans Facebook et plus de trente mille sur Twitter, sans compter les autres réseaux.
- *Ressources* : plus d'1 million d'euros investis.

C'est la cohérence entre tous les supports de communication qui a permis d'ériger la marque en *love brand*.

Opter pour les réseaux sociaux dans une stratégie de communication, c'est se positionner dans le quotidien des fans. Contrairement aux médias traditionnels où la communication est simplement descendante, ici, une interactivité se crée entre la marque et sa communauté. En choisissant d'échanger au quotidien avec sa communauté, la marque lui permet de se sentir plus proche, de construire une relation fondée sur l'affect.

Adopter un positionnement en adéquation avec son image de marque

Ces espaces spécifiques et leurs évolutions constantes sur les réseaux sociaux posent plusieurs questions :

- Comment créer une identité dans un univers toujours en mouvement, qui ne cesse de renouveler ses codes ? Facebook a changé d'interface en moyenne une fois tous les un à un an et demi en apportant à chaque fois des nouveautés pour s'adapter aux usages et aux exigences des utilisateurs.

- Sur quelle régularité peut s'appuyer une marque, lorsque les médias sont pluriels, les voix atomisées, le design sans cesse renouvelé ?

Pour développer la notoriété d'une marque, l'interface joue un rôle majeur : c'est l'incarnation temporaire de la marque, un lieu de rencontre dans lequel elle interagit avec son client. Si vous respectez les différents codes propres à chaque réseau social, en personnalisant votre espace et en adoptant une communication adaptée à chaque support, alors les utilisateurs seront prêts à échanger avec vous. D'ailleurs, le client va bien au-delà de la simple rencontre : il déforme la marque, la manie, se l'approprie et même la remodèle.

Soigner son image de marque

Selon Décaudin (2003), l'image de marque correspond aux représentations mentales, évocations, associations attachées par un individu (ou par un groupe d'individu) à un produit, une marque ou un service.

Le *branding* s'appuie sur ce que la marque raconte à travers son produit, la *brand culture* qui est construite autour de lui. Ainsi l'identité d'une marque repose sur des éléments tangibles :

- Son **nom** : un nom évocateur, comme le nom «frigo» qui est devenu un raccourci populaire désignant un réfrigérateur, une chambre froide ou un combiné frigo-congélateur, alors que le nom est à l'origine une marque commerciale pour des réfrigérateurs.
- Son **logo** : ainsi un logo aisément reconnaissable et indissociable de la marque contribue à bâtir la notoriété de la marque et du produit.

> Par exemple, la marque Apple a été totalement assimilée à la pomme croquée présente sur tous les produits Apple. De fait, un objet simple comme une pomme est assimilé à une marque innovante et design : Apple. Plus le logo est assimilé et identitaire plus son poids dans la communauté est important.

- Son **argumentaire commercial propre** ne sera assimilé par le consommateur qu'à la suite d'un vécu signifiant (expérience de consommateurs, retombées médiatiques, campagnes publicitaires, événements de marque, etc.).

Le bruit caractéristique des Harley Davidson est devenu une caractéristique de la marque. Pour reprendre à nouveau l'exemple d'Apple, le bruit au démarrage d'un Mac est aussi devenu un signe identitaire très fort de la marque californienne.

De plus, cette création de valeur ne dépend pas uniquement des choix internes de la marque et ne peut pas être un phénomène entièrement contrôlé. Voici les différents facteurs qui influent sur elle :

- **L'entreprise** : elle demeure le premier moteur du *branding* par sa stratégie marketing, sa publicité et ses différentes initiatives pour créer un patrimoine d'évocations positives autour de sa marque.

En BtoB, une marque comme Rhodia a tout misé sur les réseaux sociaux professionnels Viadeo et LinkedIn, qui sont devenus l'image de marque de l'entreprise. Une marque comme Saranza utilise, quant à elle, Twitter pour construire une image de marque autour de la production de contenu spécifique et conversationnelle ainsi qu'une politique de SAV déportée sur ce réseau social.

- **la culture populaire** : des mythes populaires se créent autour des marques (par exemple, le mythe du père Noël et Coca-Cola) et les réseaux sociaux sont des lieux où la culture populaire s'échange et se crée (les places de marchés modernes en quelque sorte). Ils permettent de créer des rendez-vous avec les internautes, instituant ainsi des rites entre la marque et son audience.

- Le **consommateur** lui-même qui représente la source première de bouche-à-oreille sur le produit (par exemple, le scandale qui a touché Nike avec le travail des enfants) et les réseaux sociaux sont un véritable phénomène de masse.

- Les **leaders d'opinion** (presse, revues spécialisées, colloques de professionnels, influenceurs) : la marque doit faire connaître sa nouvelle identité aux cercles d'experts et la plupart sont présents sur les principaux réseaux sociaux.

Si les consommateurs et les influenceurs se trouvent sur les réseaux sociaux, pourquoi votre marque ne s'y trouverait pas ?

Se créer une identité sociale de marque

Le *branding* permet au consommateur de créer des référentiels qui lui permettent de juger facilement de la qualité ou non d'un produit. Il lui permet de se repérer et de choisir les produits qui lui renvoient des signes de caution ou de garantie. Le *branding* permet donc la création de valeurs supplémentaires autour des qualités intrinsèques du produit.

- **La valeur transactionnelle** : le *branding* a pour objectif de rassurer le consommateur et de lui donner confiance en la qualité des produits proposés. Il permet de faciliter l'achat en réduisant l'incertitude du consommateur face à un choix parmi plusieurs marques, en garantissant la qualité du produit ou bien son origine. La marque doit donc paraître comme un partenaire fiable auquel on peut faire confiance. Par exemple : les labels rouges ou bien le label « Produit en Bretagne ».

- **La valeur relationnelle** : la relation de proximité entre la marque et ses consommateurs est essentielle. À ce titre, la marque ne doit pas être une entité abstraite, souveraine et muette. Elle doit être à la recherche de contacts se traduisant par une relation partenariale entre la marque et sa clientèle.

> C'est ce qu'a réussi depuis son lancement Michel & Augustin, une marque qui a compris très tôt, grâce aux réseaux sociaux, l'importance de se rendre disponible et proche de sa communauté. En plus d'une excellente présence en ligne, cette dernière a créé un lieu physique dédié, la Bananeraie, où elle donne rendez-vous à sa communauté pour découvrir de nouveaux produits, participer à des actions ou des événements, etc.

- **La valeur expérientielle** : le *branding* aide les consommateurs à mieux utiliser le produit en partageant les expériences clients. Le particulier est guidé dans l'utilisation du produit en disposant d'un *know-how*, d'une initiation pratique. Ainsi des marques comme Audi ou Sony Music ont mis en place une véritable stratégie de SAV sur Twitter permettant d'accompagner leurs clients dans l'utilisation de leurs produits et de leurs services. À noter d'ailleurs que les médias sociaux les plus efficaces pour partager une expérience comme valeur de marque sont les plateformes vidéo. Pour atteindre une cible *mass market*, mieux vaut utiliser YouTube qui offre un potentiel de viralité non négligeable. Pour une approche plus BtoB ou « qualitative », nous conseillons plutôt la plateforme Vimeo.

D'ailleurs, l'utilisation combinée des deux plateformes n'est pas incompatible car celles-ci peuvent s'adresser à des publics distincts.

- **La valeur aspirationnelle et identitaire** : en achetant une marque, le consommateur achète bien plus qu'un produit. La marque est associée à un mode de vie et c'est ce mode de vie que le consommateur achète au travers du produit. La marque devient une projection du consommateur lui-même, au travers des codes, du style ou de l'image qu'elle transmet. La marque donne un sens particulier à la consommation, au-delà des produits consommés. Apprécier une marque, ce n'est pas seulement apprécier ses produits, mais également ses valeurs, son univers, ses prises de position culturelles. Cet aspect est notamment visible dans la lutte à laquelle Samsung et Apple se livrent sur le marché de la téléphonie portable et des tablettes numériques ; de même pour Coca-Cola et Pepsi Cola, avec leurs célèbres publicités de Noël. Pour toute marque, la valeur aspirationnelle et identitaire est un objectif à atteindre à long terme.

En adoptant les réseaux sociaux dans une stratégie de communication, l'entreprise est au moins certaine de répondre à deux besoins de l'utilisateur : créer une relation de proximité (valeur relationnelle) et créer une communauté de marque s'insérant dans le quotidien des internautes, en respectant leurs modes de vie (valeur aspirationnelle et identitaire). Il est également possible de diffuser des tutoriaux, de laisser les consommateurs échanger entre eux, se renseigner, confronter leurs avis et leurs expériences (valeur expérientielle), tout en surveillant les échanges.

CAS

BEATS BY DRE

La marque américaine Beats by Dre a réussi à conjuguer les quatre valeurs précédemment citées. En créant le concept de Beats Army, la marque a donné un nom et une identité propre à sa communauté. Ce nom est en relation avec les valeurs et l'image de la marque. Il est décliné en très grande partie sous forme de *hashtag* sur Twitter et Facebook. La valeur aspirationnelle et identitaire se trouve donc dans le nom de la communauté et permet de faciliter le lien entre ses membres et la marque.

Grâce à cela, Beats by Dre peut développer plus facilement une valeur relationnelle de tout premier plan : on fait partie d'un même groupe, on partage une identité commune et, donc, des valeurs communes. De plus les égéries de la marque, comme David Guetta, sont présentées comme membres de cette armée virtuelle. Membres d'une même communauté, la Beats Army, on échange ses expériences et ses conseils, on échange avec la marque qui anime le groupe : c'est bien une valeur expérientielle. Enfin, la marque américaine introduit la valeur transactionnelle en ajoutant le *hashtag* #beatsarmy sur chacune des publications qu'elle consacre à un produit spécifique.

Capitaliser sur sa culture d'entreprise

La culture de marque (*brand culture*) se décline dans trois types de contenus associés à la marque :

- l'histoire et les anecdotes autour de la marque ou des produits ;
- les images associées à la marque (logo, mais d'autres images) ;
- les associations d'idées (la marque a besoin d'être incarnée dans au moins un produit phare).

> La marque Archos continue d'être incarnée par son premier baladeur à disque dur, le Archox Jukebox 6000, qui révolutionnait par sa technologie la façon d'écouter de la musique (possibilité de stocker de nombreuses chansons). Ce produit est resté dans les esprits même s'il a été depuis retiré du marché (obsolescence).

La culture de marque s'élabore dans la durée et une marque ne peut pas la contrôler complètement. En effet, sur les réseaux sociaux, les internautes s'approprient la marque et la modèle pour la faire évoluer. Il s'agit de réadapter ses choix en fonction des événements qui surviennent autour de la marque. Une entreprise qui cherche à développer sa notoriété se doit donc de faire partie intégrante des échanges qui se construisent autour d'elle.

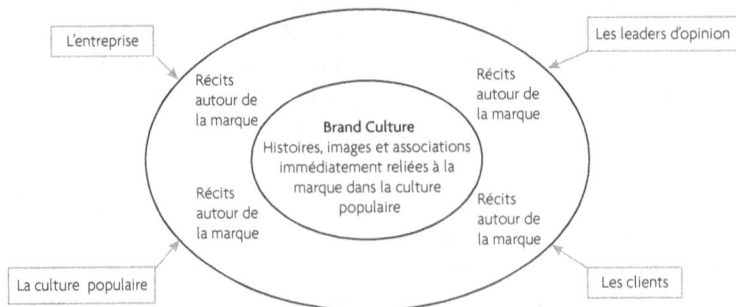

Matrice brand culture par Daniel Bô, blog brandconso.fr

Willy Braun, directeur général de Brocooli, pousse encore plus loin la transposition de ces différents éléments sur les réseaux sociaux. Il utilise un concept anglais, difficilement traduisible : le *pattern*. Selon sa définition, «*un pattern c'est, à la fois, et selon les contextes, un modèle, une structure, un motif, un patron (comme en couture), un schéma. C'est une sorte de regroupement de plusieurs éléments distincts, mais reliés par un "je-ne-sais-quoi" qui dépendra de la situation*».

La répétition du *pattern* d'une marque permet à une marque d'être reconnue, peu importe la situation, par un consommateur. Ce concept rejoint directement la notion de *branding*, mais va plus loin encore. En effet, ce qui provoque la pertinence et l'intérêt durable pour une marque, ce sont les variations de ces motifs. En d'autres termes, une marque peut se déployer et grandir en déclinant son *pattern*, ce qui lui permet de garder une cohérence entre les actions menées, son apparence et ses réponses sur la durée. Ainsi, une marque, un produit, un service, ont tout intérêt à décliner leur identité et à les adapter sur les différents supports sociaux sur lesquels ils vont s'installer.

Un *pattern* nécessite de coupler une approche macro (créer une stratégie globale cohérente) et micro (imaginer des déclinaisons locales). Un *pattern* de marque crée ainsi de la consistance entre les artefacts (*a*), les comportements (*b*) et les concepts (*c*) :

(*a*) Les artefacts rassemblent logos, noms, slogans, couleurs, icônes, formes, sons, odeurs et produits d'une marque.

(*b*) Les comportements désignent les réponses, les actions, les événements d'une marque.

(*c*) Les concepts sont les multiples réflexions et visions liées à l'organisation.

Un *pattern* de marque crée plus de valeur que la répétition en apportant de la cohérence entre des médias disparates et une pertinence continue qui s'adapte et répond à une audience plurielle. Il connecte un produit, une audience et une expérience. Il structure l'identité de marque ; il lui permet de se faire connaître durablement et efficacement.

LA GALAXIE *SOCIAL MEDIA* DE RED BULL

Ainsi, sur le Web social, Red Bull a décliné son identité autour des sports extrêmes, en créant une identité adaptée à chacun des réseaux mais en restant cohérente dans son ensemble.

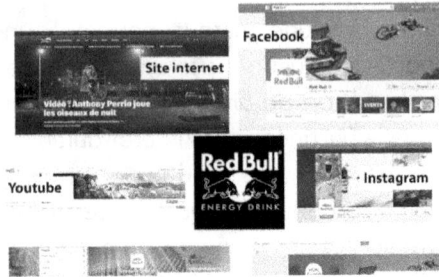

Cette déclinaison des *patterns* de la marque en fait un ensemble cohérent avec un message clair : Red Bull fédérateur de communautés autour des sports extrêmes et du dépassement de soi. Grâce à sa stratégie de sponsoring et de partenariat, le contenu est assez dense pour être adapté à chaque support.

Le fait de multiplier les points de contact tout en gardant une cohérence graphique et dans ses patterns permet aux utilisateurs de reconnaître immédiatement la marque et de s'approprier les espaces créés autour d'elle.

Si ce message est évident dans le cas de Red Bull, car cette image est travaillée depuis des années, le processus d'installation d'une image peut prendre du temps. Multiplier sa présence et son *branding* augmentera peu à peu la notoriété de la marque, à condition bien entendu de faire connaître cette présence.

Les moyens à mettre en œuvre pour se lancer

Si les réseaux sociaux sont, en apparence, des outils gratuits, il est important de ne pas y démultiplier sa présence sans une logique de positionnement pensée en amont et un budget maîtriser. S'installer sur un support demande un coût humain (en temps passé) et un coût financier (faire connaître sa présence).

Choisir le bon support pour son activité

La première étape pour bien développer sa notoriété de marque consiste à choisir le bon support de diffusion.

Twitter et Facebook représentent les réseaux sociaux les plus généralistes et les plus populaires en termes de nombre de membres. Pour toucher une cible large, ces deux réseaux semblent les plus adaptés à condition de bien respecter les différentes contraintes de ces plateformes pour le positionnement d'une marque (voir module 1).

Si la plupart des marques choisissent, en priorité, Facebook pour communiquer, il se peut qu'un autre réseau social soit plus pertinent pour l'entreprise. En effet, dans le carnet de contacts des utilisateurs Facebook, peuvent se mélanger un réseau personnel et un réseau privé. Il sera alors très difficile pour les entreprises BtoB de cibler l'utilisateur dans son usage professionnel puisque la plateforme est avant tout perçue comme une plateforme de réseau personnel. Donc, par exemple, si l'activité d'une entreprise est principalement orientée vers le BtoB, il est fortement conseillé de commencer par les réseaux professionnels LinkedIn et Viadeo.

> La société Iveco, constructeurs de véhicules industriels a depuis longtemps établi une présence sur LinkedIn : *http://www.linkedin.com/company/iveco*, pour pouvoir toucher une cible professionnelle large. Ce n'est que très récemment que l'entreprise a également créé une page sur Facebook : *https://www.facebook.com/IVECO*, face à l'émergence des profils professionnels sur le support. L'entreprise possède plus de 13 000 *followers* sur LinkedIn tandis qu'elle a déjà plus de trente-trois mille fans sur sa page Facebook, pourtant plus récente.

Mais encore une fois, cela dépend du métier de l'entreprise. LinkedIn et Viadeo ne sont pas forcément des modèles imposés pour le BtoB.

> Dassault Systèmes, la branche logicielle du groupe Dassault, possède une page internationale Dassault Systèmes : *http://www.facebook.com/DassaultSystemes* de plus de cent dix-sept mille fans alors qu'il existe une communauté Facebook très importante autour de ces logiciels, la page Dassault Systèmes Academy : *http://www.facebook.com/3DSeducation* de plus de trois cent quatorze mille fans.

Avec plus de 2,5 milliards de *check-in* tous les jours et avec des millions d'autres à venir, il est devenu essentiel pour les hôtels d'être présents sur Foursquare pour trouver de nouveaux clients et nouer des liens plus étroits avec les leaders d'opinion de leur secteur.

> Four Seasons a été une des premières marques d'hôtels de luxe à utiliser des services de localisation tels que Gowalla et Foursquare. Les clients peuvent recevoir des recommandations de voyage sur leurs mobiles à travers ces services.

Il en est de même pour tous les petits commerces de proximité en recherche de recommandations pour leurs enseignes mais qui n'ont pas forcément le temps et les ressources pour s'installer sur les réseaux comme Facebook et Twitter.

Les commerces de proximité pourront également se concentrer sur Instagram qui permet de mettre en avant des contenus photographiques très faciles à réaliser et sans perte de temps, avec un résultat presque professionnel, grâce aux systèmes de filtres. La page Instagram d'un petit commerce permet de mettre en avant ses clients les plus fidèles mais aussi de relayer des promotions, la nouvelle décoration du commerce, l'arrivée d'une nouveauté, etc.

Pour le BtoC, les médias sociaux recommandés restent Facebook ou Twitter. Les carrefours d'audience que représentent ces deux réseaux permettent de toucher une cible large et de développer rapidement sa notoriété. Une entreprise organisant beaucoup d'événementiels privilégiera Twitter qui permet, grâce aux *live tweets*, une retranscription quasiment en temps réel de ces événements.

> Des marques de presse comme *Le Monde* (@lemondefr) ou France 24 (@FRANCE24) retranscrivent toute la journée les événements qui se déroulent dans le monde, quasiment en temps réel. En revanche, certaines marques, sujettes à polémiques, évitent Twitter car la plateforme ne permet pas de modérer les contenus.

Dans le cas de la presse, le réseau social YouTube est tout indiqué puisqu'il permet de diffuser des vidéos d'actualité.

> Les marques d'*entertainement* comme Go Pro, la célèbre caméra à embarquer qui permet de réaliser des vidéos de sports extrêmes, privilégieront également la plateforme YouTube. La marque a d'ailleurs dédié une chaîne YouTube à ses plus belles réalisations : *http://www.youtube.com/user/GoProCamera*.

Les entreprises d'e-commerce, quant à elles, privilégieront Pinterest qui leur permet de réaliser de véritables catalogues de produits en ligne.

> Rue du Commerce a créé un catalogue de produits classés par thématiques depuis sa page Entreprise : *http://pinterest.com/rueducommerce/*.

Il est essentiel, dans un premier temps, de choisir un support, de s'y installer, puis d'étendre sa présence à d'autres supports. Il n'existe pas un bon réseau social pour telle ou telle entreprise ; il s'agit de trouver le support où la stratégie choisie sera la plus facile à aborder et à mettre en œuvre.

Le choix de l'objet à positionner

Les marques internationales doivent, en premier lieu et avant tout lancement, se demander si elles vont adopter un positionnement global (international) ou bien un positionnement local (par pays). Même si la plupart des réseaux sociaux proposent la traduction automatique des contenus publiés, la barrière de la langue peut devenir un réel frein pour l'utilisateur et pour la bonne compréhension de votre positionnement. Cela est d'autant plus vrai pour les marques qui ne possèdent pas encore une forte notoriété sur les réseaux sociaux, puisque ces derniers ne seront pas en mesure de reconnaître ses patterns.

> Samsung a choisi de positionner sa gamme mobile sur Facebook autour d'une page globale (internationale) nommée Samsung mobile : *http://www.facebook.com/SamsungMobile* et des pages spécifiques pour la plupart des pays dans lesquels l'entreprise se trouve, comme Samsung Mobile France : *http://www.facebook.com/SamsungMobileFrance*.

Cette première technique permet de proposer du contenu dans la langue des utilisateurs afin de le rendre plus facilement compréhensible.

En revanche, pour sa gamme de robots ménagers Home Appliance, Samsung a opté pour une page Facebook internationale nommée «Samsung Home Appliances»: *http://www.facebook.com/SamsungHomeAppliances* qui contient du contenu dans les différentes langues. Même si la présentation de la page reste en anglais, la marque a opté pour des contenus visuels «neutres», c'est-à-dire sans texte.

Des plateformes comme Facebook ont d'ailleurs mis à disposition des marques une nouvelle fonctionnalité, les *global pages*, qui permettent de créer une galaxie de pages autour d'une marque internationale.

Établir sa présence: le cas des marques ombrelles

La galaxie sociale qui sera créée autour d'une marque, d'un groupe, d'un produit ou d'un service permettra à l'entreprise de capitaliser sur l'un ou l'autre de ces éléments mais il lui sera difficile de revenir en arrière. Il n'y a pas de réponse universelle à chaque question que nous posons ici, il s'agit de décider quelle option s'adapte le mieux à l'entreprise qui sera positionnée.

Une fois ce premier choix réalisé, il est important de garder à l'esprit que la communication de produit ou de marque consiste à mettre en valeur ce que le client achète. On distingue deux niveaux de communication:

- **la communication produit** qui consiste à communiquer sur les performances du produit, sur les arguments de vente qui le différencient des produits concurrents;
- **la communication de marque** qui consiste à communiquer sur les valeurs véhiculées par la marque, son identité, son histoire.

Airbus a choisi de segmenter sa présence sociale sur Facebook selon ses activités. Si la page fan de l'entreprise est la plus importante, il existe, par exemple, une page dédiée au recrutement et aux ressources humaines, une page dédiée à l'A-380, le nouveau long courrier de la marque européenne, etc.

L'avantage de segmenter ainsi ses pages Entreprise sur Facebook est de permettre par la suite un meilleur ciblage en termes de recrutement et de mieux cibler sa communauté en lui proposant du contenu plus adapté et plus en adéquation avec ses attentes.

Dans certains cas et pour certains secteurs, il arrive que la notoriété des produits soit plus forte que la notoriété de la marque ou du groupe. C'est ce que l'on appelle des «marques ombrelles». Sur le site *http://www. definitions-marketing.com*, la marque ombrelle est définie comme «*une marque utilisée simultanément pour un ensemble de produits hétérogènes. La marque ombrelle peut être utilisée à l'échelle d'un groupe ou conglomérat (Honda, Samsung) ou au niveau d'une gamme (Haribo)*».

> Pour des groupes comme Unilever ou Kraft, les marques commerciales sont souvent plus connues que le groupe lui-même. Nous connaissons tous Miko, Axe ou Dove alors que peu d'entre nous sont capables de dire qu'Unilever se cache derrière ces marques, même si le logo est souvent apposé sur les packagings.

CAS

LE CAS KINDER ET FERRERO

Le groupe Ferrero possède la marque Kinder qui, elle-même, regroupe plusieurs produits comme Kinder Surprise ou encore Nutella.

Dans la stratégie de positionnement sur les réseaux sociaux, il faudra choisir si l'on souhaite rassembler la communauté sous la marque ou bien sous le nom du produit. Si nous regardons le spectre de la marque Kinder sur Facebook, il existe une multitude de pages autour des produits avec des résultats plutôt impressionnants :

- Kinder : 1 154 890 fans – 1 550 personnes en parlent ;
- Nutella : 17 398 741 fans – 34 218 personnes en parlent ;
- Ferrero Rocher : 17 922 590 fans – 30 374 personnes en parlent ;
- Kinder Bueno : 3 465 981 fans – 2 622 personnes en parlent ;
- Kinder Surprise : 4 046 020 fans – 7 484 personnes en parlent.

Et si l'on regarde de plus près, on se rend même compte qu'il existe des pages «régionales» (par pays) :

- Kinder France : 929 114 fans – 6 069 personnes en parlent ;
- Nutella : 643 763 fans – 24 580 personnes en parlent ;
- Ferrero Rocher : 145 350 fans – 10 730 personnes en parlent ;
- Kinder Bueno : 957 237 fans – 9 636 personnes en parlent.

Si l'on compare ces pages, on remarque que la page Kinder n'est pas forcément la page ayant le plus de «j'aime» que ce soit au niveau mondial ou par région (pays).

Enfin, si l'on analyse ces différents scores, on peut en conclure que, pour une entreprise avec des marques aussi fortes et des produits aussi renommés, la multiplication des pages est une bonne stratégie, puisque cela permet de toucher un spectre large de consommateurs, selon leurs préférences. D'ailleurs, le fait de multiplier les pages par pays permet de relayer les diverses campagnes nationales qui peuvent différer. Par exemple, pour Kinder Bueno, l'égérie est Wilfried Tsonga largement relayé sur la page France, alors que la page Kinder Bueno Mondiale n'en fait aucune mention.

Si Kinder a choisi de multiplier les pages d'autres géants ont choisi le même axe : les groupes Coca-Cola ou LVMH (67 000 fans alors que Louis Vuitton et Dior en ont plus de 7 millions). En revanche, il s'agit de ne pas démultiplier les pages si cela n'est pas nécessaire. Par exemple, le groupe L'Oréal a une page centrale (L'Oréal Paris) et des pages pour les quelques produits phare (Casting Crème Gloss, L'Oréal Men Expert ou encore Studio Line), mais pas pour chacune des sous-marques. Il est essentiel de ne pas oublier qu'il faut avoir les ressources nécessaires pour démultiplier les pages de la sorte. Par exemple, Carrefour a une page France mais n'a pas démultiplié ces pages par magasin.

Faire connaître sa présence

Nous l'avons vu dans le module 1, les médias sociaux mettent à disposition des possibilités d'achat d'espace. En plus de la visibilité naturelle que vous allez développer avec la communauté existante et l'afflux de fans/abonnés sur les plateformes, de nombreux outils permettent, en achetant de la visibilité, de dynamiser le trafic de la cible que vous visez. Les leviers particulièrement recommandés pour développer la notoriété restent les publicités permettant de diffuser le logo de la marque, une accroche et un lien vers le compte Entreprise comme le font très bien :

• les Facebook Ads ;

• la promotion d'un compte Twitter.

On pourra alors lancer des campagnes de publicité sur Facebook ou Twitter (module 4 de ce livre), créer des stratégies de buzz (module 10) et aussi activer des influenceurs pour mettre en avant son contenu (module 9).

FOCUS SUR LES SOLUTIONS D'ACHATS DE FANS ET DE *FOLLOWERS*: LE MIROIR AUX ALOUETTES

Avec l'explosion des réseaux sociaux sont apparus de nouveaux services qui proposent de fournir, contre paiement, des *followers* sur Twitter ou des fans sur Facebook, sous forme de pack. Pour ne pas leur faire de publicité, nous ne citerons pas d'exemple de service mais nous attirons votre attention sur la démarche non éthique et illusoire de ce type d'offre. Ne cherchez ni engagement, ni logique conversationnelle, ni relai de leur part, et encore moins un relais d'influence sur leur communauté. Ces *followers* ou fans sont des personnes fantômes ou des personnes n'ayant aucun rapport de près ou de loin avec vos centres d'intérêt.

Mis à part à faire croître de manière virtuelle votre nombre de *followers* ou de fans, ils ne serviront en aucun cas votre image de marque ou votre territoire de communication.

LES HUIT POINTS À RETENIR POUR DÉVELOPPER SA NOTORIÉTÉ SUR LES RÉSEAUX SOCIAUX

1. Ne foncez pas tête baissée! Commencez par vous poser les bonnes questions avec la méthode QQOQCP. Votre stratégie de marque doit être bien définie pour avoir une vision claire du positionnement à adopter sur les réseaux sociaux.

2. Ne multipliez pas les supports de façon inefficace! Mieux vaut maîtriser un réseau social où votre cible est présente plutôt que démultiplier votre présence et ne pas être en mesure de fournir du contenu à chacun de ces supports.

3. Allez là où votre cible se trouve! Ce n'est pas parce que Facebook est le réseau leader que c'est un incontournable! Il se peut, dans les cas de cibles BtoB par exemple, que votre positionnement sur un support «grand public» rende votre communication peu efficace, ou qu'une communauté spécifique nécessite une activité sur un réseau social de niche.

4. Faites des choix stratégiques cohérents avec votre marque en fonction des ressources dont vous disposez et de vos objectifs sur le long terme. Si votre produit est plus connu que votre marque et qu'il a vocation à perdurer dans le temps, capitalisez dessus!

5. Pensez sur le long terme. Développer sa notoriété sur les médias sociaux demande de la patience et une vision sur le long terme. Ne pensez pas qu'à peine votre espace social créé, votre cible va venir instantanément vous rejoindre. Il faut vous faire connaître, créer de la proximité avec elle.

6. La notoriété s'achète, même sur les réseaux sociaux! Créer un espace social pour votre marque ne suffit pas. Les réseaux sociaux sont certes gratuits lors de la création d'un compte mais pour toucher votre cible efficacement, il faudra créer du contenu et prévoir également de l'achat média, des campagnes de publicité.

7. Il ne faut pas négliger l'aspect « valeur ». Une bonne notoriété repose sur des valeurs solides auxquelles votre communauté peut s'identifier facilement et qu'elle peut faire partager à son propre réseau communautaire.

8. Les publicités ciblées sur les réseaux sociaux sont aussi importantes dans la construction et le développement de la notoriété. Bien comprendre leurs mécanismes et surtout bien réfléchir sur le contenu et les cibles est une étape nécessaire et fondamentale.

Générer du trafic

OBJECTIFS

- *Déterminer les mécaniques permettant de générer du trafic (augmenter le nombre de visiteurs) sur les différentes plateformes digitales mais aussi dans les points de vente physiques.*
- *Faire connaître le positionnement de l'entreprise et comprendre comment générer davantage de trafic global en utilisant les réseaux sociaux et le Web.*

Dans un environnement économique complexe, les médias sociaux peuvent constituer un véritable avantage concurrentiel grâce à leur potentiel de génération de trafic direct. Une bonne stratégie et une bonne gestion de sa présence peuvent multiplier le nombre de visites sur un site Web, le nombre de fans sur une page Facebook, le nombre de lecteurs d'un blog, le nombre de clients d'une boutique e-commerce mais aussi et surtout le nombre de clients dans des points de vente physiques.

Nous venons de le voir, bâtir une image de marque et développer sa notoriété de marque est un travail de longue haleine qui consiste à faire parler de soi, à diffuser l'image que l'on cherche à se construire. Si des marques comme Dior ou Adidas ont pu bâtir leurs images sans la diffuser auprès d'un très large public, c'est qu'elles ont bénéficié d'un investissement sur des années qui a conduit les consommateurs à les élever au statut de *love brand*.

Créer un compte pour son entreprise sur les réseaux est, au début, une coquille vide. Leur gratuité est donc toute relative puisque pour faire connaître son entreprise, il faut remplir, animer le réseau et le diffuser au plus grand nombre. Cela a un coût.

Les mécaniques comportementales pour générer du trafic

Le trafic, c'est le nombre de personnes qui visitent l'entreprise de manière physique ou virtuelle ; c'est une donnée mesurable grâce à des outils numériques, comme Google Analytics – qui permettent de suivre les différents indicateurs de trafic sur votre site Internet ou sur les applications Web – ou encore Facebook Insights – un outil spécifique permettant de mesurer le trafic enregistré sur une page Facebook ou une application/site Internet comportant des fonctionnalités issues de Facebook.

Les différents canaux de diffusion

Une opération de génération de trafic désigne une action marketing dont le but est de générer des visites sur une plateforme Web, sans forcément avoir un objectif de transformation immédiate, mais plutôt un objectif sur le long terme. Le but est de faire découvrir un site Web, un produit, un service ou exposer les visiteurs à une marque ou à une opération en particulier.

La multiplication des plateformes Web complexifie la construction d'un univers, puisque les possibilités sont infinies, comme d'ailleurs le sont les canaux de communication : de nouvelles plateformes se créent sans cesse et viennent s'ajoutent à plusieurs centaines d'autres réseaux sociaux existants.

Ces supports de diffusion peuvent être répartis en trois types de canaux de communication, que l'on appelle également médias :

- *Owned media* (média propriétaire) : représente les médias que la marque/ l'entreprise possède totalement (site Web, blog, magazine, application, newsletter, et par extension les pages sociales). Sur ces supports, la marque a le contrôle du message qu'elle diffuse.
- *Paid media* (média acheté) : représente les médias temporaires et canaux payants, que la marque doit acheter pour pouvoir les utiliser, comme des bannières Web, les affiches, les spots TV, et par extension les publicités Facebook par exemple. Il s'agit d'une visibilité que la marque achète, en louant un espace auprès d'un prestataire publicitaire.
- *Earned media* (média gagné) : représente les canaux de communication gérés et animés par des tiers sans rapport avec l'entreprise, dont le contenu est

librement publié par les possesseurs, comme les blogs, les articles de presse, les publications sur les réseaux sociaux autour de la marque des internautes. Dans ce type de média, les clients et/ou les journalistes deviennent eux-mêmes les supports de communication de la marque, sur laquelle ils expriment un avis et une opinion, qui n'est pas possédée ni achetée par la marque en question. Cependant, la marque a peu de contrôle sur ce type de média, dont le contenu est libre et les responsables supposés indépendants.

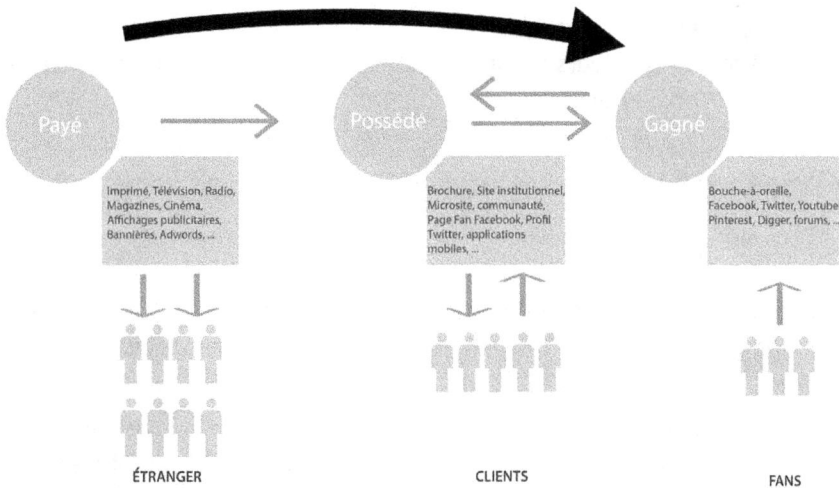

Payé	Possédé	Gagné
Imprimé, Télévision, Radio, Magazines, Cinéma, Affichages publicitaires, Bannières, Adwords, …	Brochure, Site institutionnel, Microsite, communauté, Page Fan Facebook, Profil Twitter, applications mobiles, …	Bouche-à-oreille, Facebook, Twitter, Youtube Pinterest, Digger, forums, …
ÉTRANGER	CLIENTS	FANS

Source : *Online Marketing Institute*.

Savoir gérer ces différents types de médias permet de mieux contrôler sa stratégie et mieux influencer le comportement des clients, des prospects et de la communauté. Les internautes sont indépendants, ils prennent eux-mêmes la parole, ils interagissent directement avec les marques, c'est pourquoi il est essentiel de maîtriser leur activité sur le Web et de bien les diriger – et notamment vers les réseaux sociaux de l'entreprise –, qu'ils soient prospects, clients, fans, inconnus ou ennemis.

Consulter les médias sociaux est devenu un réflexe pour le consommateur avant d'acheter ou d'engager toute action, avec une entreprise en particulier. L'internaute a besoin d'être rassuré, d'être dirigé, d'être convaincu de la pertinence de l'entreprise et, une fois que la décision d'achat est prise, le processus d'achat doit être le plus facile possible (voir le module 8).

Il faut savoir que 81 % des consommateurs consultent Internet avant de réaliser un achat (*source*: Médiamétrie), mais seuls 38 % d'entre eux font confiance aux sites Web des marques (*source* : Nielsen, avril 2012 ; ETO, juin 2012). En revanche, toujours selon l'étude Nielsen, on note que :

- 80 % des consommateurs font confiance aux médias viraux (réseaux sociaux, forums, comparateurs...) ;
- 58 % des internautes inscrits sur les médias viraux donnent leurs avis sur les marques et leurs expériences de consommation ;
- 80 % des internautes ont déjà recommandé l'achat d'un produit.

La prise de parole des consommateurs sur Internet modifie les interactions entre les marques et leurs clients. Il devient donc essentiel que les marques maîtrisent la conversation.

Construire un écosystème de marque cohérent

Si l'on veut générer un maximum de trafic sur les plateformes et surtout entre les plateformes elles-mêmes, l'objectif est de créer un univers digital cohérent et facile à comprendre, afin que l'internaute puisse naviguer rapidement entre les différentes plateformes et qu'il puisse passer du virtuel au réel sans frictions, et *vice versa*.

Comme nous l'avons abordé dans les modules précédents, une entreprise efficace sur les médias sociaux doit construire un *hub* social cohérent : le *naming* (même pseudo, adresse personnalisée pour tous les réseaux, pour uniformiser le *branding* textuel), l'univers graphique (garder la même charte graphique, les mêmes logos, les mêmes codes couleur, pour uniformiser le *branding* visuel), le *storytelling* (garder la même tonalité, le même discours, pour ne pas perturber les internautes).

L'objectif est donc de mettre en place des mécanismes qui attirent l'attention des clients pour générer plus de trafic. Avec l'accroissement du trafic, davantage de prospects sont exposés à l'entreprise/marque, et donc à ses produits/services. Davantage de trafic sera converti en plus de passages à l'acte (l'internaute exprime un intérêt, il clique, il consulte, il achète).

Il y a quelques années, l'entreprise évoluait dans un univers à dimension unique : la dimension physique. Aujourd'hui, les réseaux sociaux sont des tremplins pour générer du trafic physique, et les points de vente physique sont des tremplins pour générer du trafic virtuel, le tout dans un cercle vertueux de visibilité et de promotion des produits/services de l'entreprise. Il faut donc construire des ponts solides entre le réel et le virtuel, afin de créer du trafic du physique vers le virtuel, du virtuel vers le physique mais aussi du virtuel (Web) vers le virtuel (social) et du virtuel (social) vers le virtuel (Web). Tous ces éléments sont interdépendants et leur maîtrise permet de mieux contrôler la stratégie de l'entreprise et le comportement attendu des consommateurs.

Avec la multiplication des supports de communication et notamment l'usage du mobile, l'utilisateur a tendance à «picorer» parmi les contenus proposés. Multiplier les sources de contenu permet également de répondre à toutes les demandes des utilisateurs. Selon George Bailey, «*le zapping conduit à une diversité d'interactions pour stimuler la concentration de ses publics*». En d'autres termes, plus une marque propose de supports de communication différents, plus les interactions seront riches, répondant ainsi aux différents usages et besoins des utilisateurs. Ainsi, un univers virtuel cohérent présente un certain nombre d'avantages que George Bailey énumère comme suit :

- fluidifier l'accès à l'écosystème de la marque en multipliant les points d'entrée ;
- stimuler la participation de l'utilisateur à des expériences marquantes ou la réalisation d'étapes clés dans sa construction ;
- regrouper ces éléments au sein d'un *hub* qui fait, à la fois, sens (meilleure visibilité de l'agrégat) et histoire (récit personnel de son aventure et de ses perspectives).

En diversifiant les points de contact, les marques s'assurent que l'utilisateur pourra, dans n'importe quel contexte, échanger avec elles.

Le but est de rendre la plus fluide possible l'expérience Web entre l'utilisateur et la marque, pour que les allers-retours entre les différentes plateformes soient facilités et que l'internaute soit incité à revenir sur les plateformes, à partager les contenus auprès de ses contacts et à continuer une dynamique positive de génération de trafic. Un écosystème fluide passe par l'intégration d'un maximum de fonctionnalités et d'outils que nous allons détailler dans ce module, le tout dans une cohérence globale et en lien avec la stratégie de la marque.

Générer du trafic entre un site Internet et les médias sociaux

Dans un premier temps, il s'agit de créer des ponts entre les différentes composantes digitales d'une entreprise, que ce soit des moteurs de recherche vers les réseaux sociaux, d'un site Internet vers les réseaux sociaux ou bien des réseaux sociaux vers les autres composantes de l'écosystème digital.

L'importance du référencement dans les moteurs de recherche

Si les réseaux sociaux sont très bien référencés sur Internet, il arrive qu'une page entreprise ne ressorte pas dans les moteurs de recherche en raison de son faible nombre d'abonnés ou de la création récente de la page.

Les moteurs de recherche (Google, Yahoo, Bing) qui proposent des résultats (liens) aux recherches des internautes, sont une des sources de trafic les plus intéressantes. L'objectif est que les pages officielles d'une entreprise apparaissent parmi les premiers résultats lorsqu'un internaute tape une requête directement avec le nom de l'entreprise, le nom d'un produit ou un secteur d'activité. Pour que vos plateformes sociales soient bien référencées, il faut d'abord qu'elles soient conséquentes (avec une communauté importante) et/ou que les descriptions soient correctement remplies (avec le maximum d'informations, de liens vers les autres plateformes, les mots-clés sur les produits et le secteur d'activité). Les moteurs de recherche repèrent ainsi que votre page Facebook est la plus pertinente concernant la requête de l'internaute ; il en est de même pour un compte Twitter ou les autres réseaux.

> Si l'on tape « Red Bull » sur Google, la chaîne YouTube (2,7 millions d'abonnés), la page Facebook (39,8 millions de fans) et le compte Twitter (1,1 million d'abonnés) de la marque arrivent parmi les premiers résultats, ce qui montre l'importance que prennent ces plateformes dans les moteurs de recherche qui donnent une part de plus en plus importante aux médias sociaux dans les résultats.

C'est donc le contenu de la page qui va influer sur les résultats de recherche. Plus le contenu présent sur les plateformes sociales est riche, publié de façon régulière, accompagné des bons mots-clés, des expressions fréquentes chez les consommateurs, de *hashtags*, etc., plus le référencement naturel sera fort, puisque les moteurs de recherche considéreront le contenu comme pertinent et assez régulier/important pour être retenu.

C'est là qu'un blog peut être très utile. Plus une entreprise publie de contenus sur son secteur, ses produits, son actualité, etc., plus les tweets ou les articles de blogs ont de chance d'être affichés sur Google, Yahoo ou Bing lors d'une recherche d'un internaute. Plus l'entreprise est active sur les médias sociaux et sur un ou plusieurs blogs, plus elle s'installe dans son secteur d'activité et occupe le terrain des moteurs de recherche. Lorsqu'un internaute cherchera à se renseigner sur un type de produit, il sera ainsi exposé et dirigé vers les plateformes sociales de l'entreprise, ce qui augmentera le trafic de clients potentiels.

Générer du trafic d'un site Internet vers les réseaux sociaux

Si nous analysons les mécanismes de génération de trafic en dehors du référencement payant, les sites Internet demeurent des supports de communication essentiels pour les marques. De plus, ils ont l'avantage d'être des outils propriétaires (*owned media*) permettant de capitaliser sur l'image de marque tout en garantissant un contrôle des messages diffusés par l'entreprise elle-même.

Mis à part les sites d'e-commerce qui renouvellent leurs produits régulièrement, les sites Internet des marques (hors presse et média) demeurent, la plupart du temps, des vitrines qui reflètent la stratégie de communication décidée en amont. Ils sont, en général, peu modifiés, les actualités de marque étant plutôt rares ; les utilisateurs ne reviennent pas régulièrement, sauf quand un besoin spécifique survient ou que les sites possèdent un contenu interactif, comme une e-boutique ou une fonctionnalité utilitaire. Si les internautes peuvent partager, sur les réseaux sociaux, le contenu présent sur les sites, ceux-ci ont souvent peu d'intérêt en eux-mêmes.

En revanche, nous l'avons vu, les sites Internet des marques peuvent être accompagnés d'un blog idéalement intégré au site Web (par exemple blog. votresiteweb.com), telle une rubrique d'actualités. Les blogs permettent de générer du contenu « frais » qui sera diffusé vers les réseaux sociaux et ainsi boostera le référencement. La plupart des blogs de marques relaient des actualités autour des produits, des partenariats ou du sponsoring, de l'événementiel, des articles de presse, des articles d'experts, etc. Les stratégies de contenus sur les blogs ne sont souvent pas très éloignées des stratégies de contenu sur les réseaux sociaux mais elles diffèrent par leur forme. Ainsi, les blogs d'entreprise prennent souvent l'apparence d'une compilation d'articles de presse. À la différence des blogs personnels, ils n'ont pas vocation à générer de l'argent, mais plutôt du contenu pour entretenir l'image de marque, le référencement et inciter le partage sur les réseaux sociaux.

CAS

LE BLOG BEN & JERRY'S

Sur le blog Ben & Jerry's directement intégré sur le site Internet de la marque : benjerry.fr, différents types de contenus sont proposés :

- la rubrique « Les vacheries » qui publie des anecdotes sur la marque, des informations exclusives comme le fait que Ben et Jerry's ont fait de la prison ;
- la rubrique « Miam Miam » qui propose des visuels appétissants des nouveaux produits de la gamme avec des descriptions alléchantes ;
- la rubrique « Où ça ? » qui propose des réductions, des offres spéciales, des bons plans et des lieux de sortie autour de la marque ;
- la rubrique « Environnement » qui propose des vidéos et des articles autour de la prise de position de la marque sur le sujet de l'environnement ;
- la rubrique « Ferme numérique » qui propose des services numériques pour les consommateurs (application mobile, fonds d'écrans, relais des concours autour du numérique, etc.) ;
- la rubrique « Free Cone Day » qui offre une fois par an, en avril, des glaces et relaie cet événement au travers de son blog ;
- la rubrique « Jeux » qui offre des glaces dans le cadre de sortie de films, de concerts, de soirées spéciales, etc. ;
- des recettes autour des glaces Ben & Jerry's.

Sur chacun des articles du blog, l'utilisateur a la possibilité de partager l'information sur les réseaux sociaux.

Le blog permet donc de compléter le site, en permettant de différencier l'information « corporate » de l'information plus événementielle, plus ludique, plus temporaire. Cela évite les mises à jour et permet de bien dissocier les valeurs intrinsèques de la marque des opérations plus événementielles qui correspondent à un besoin à un temps t : sortie d'un nouveau produit par exemple ou rebond sur une actualité comme un film ou un festival.

Pour générer du trafic depuis un site Web vers les réseaux sociaux, il ne faut pas oublier d'insérer des liens vers les présences sociales, idéalement sur toutes les pages, soit dans le *header,* soit dans le *footer,* avec les logos et les liens. Lorsque l'internaute clique, ces liens redirigent vers les pages correspondantes. On peut également insérer directement le bouton «Like» de Facebook ou «Follow» de Twitter afin que les visiteurs puissent rejoindre la communauté en un clic.

Il est également possible de socialiser son site Web pour faciliter les interactions, c'est-à-dire de lui implémenter la technologie d'un ou plusieurs réseaux sociaux tels que Facebook, Twitter ou Google pour récupérer les informations des utilisateurs. Ainsi, si le site Web d'une entreprise permet aux visiteurs de créer un compte pour utiliser certaines fonctionnalités du site (consultation de données, achat d'un produit), on peut faciliter ce processus en utilisant le login des réseaux sociaux, grâce aux Facebook Connect, Twitter Connect ou encore Google Connect. Cette manipulation simple permet aux utilisateurs de créer un compte sans effort et de transmettre, en un seul clic, sa photo de profil, son nom, son e-mail et d'autres informations de base (ville, intérêts, amis) pour alimenter son compte.

> Allociné utilise le Facebook Connect pour permettre à ses utilisateurs de s'inscrire ou de se connecter à leur compte en un seul clic. Cela évite de saisir son identifiant et son mot de passe, de créer un nouveau mot de passe et permet de récupérer les informations essentielles au moment de l'inscription (nom, prénom, e-mail).
>
> Airbnb possède également ce Facebook Connect pour l'inscription et la connexion des utilisateurs. Mais Airbnb va encore plus loin en prenant en compte la liste des intérêts de chaque utilisateur (pages «likées»), la liste des amis de chaque utilisateur pour favoriser la location d'appartements entre des utilisateurs qui disposent d'amis en commun (pour davantage de confiance). Toutes les données des utilisateurs sont exploitables, du moment qu'ils acceptent ce partage.

Chacun des différents réseaux sociaux propose une documentation exhaustive pour faciliter l'intégration de leurs boutons et de leurs fonctionnalités sur n'importe quel site Web. L'optimisation des plateformes pour augmenter le trafic doit être réalisée dans le cadre d'une stratégie globale et mise en place par les équipes techniques qui sont en charge du développement et de la maintenance des plateformes Web (en interne ou en externe auprès d'une agence). Il suffit d'intégrer quelques lignes de code à la structure technique du site actuel. L'usage de ces fonctionnalités est gratuite et flexible. Il est recommandé d'utiliser les outils dédiés des différents médias sociaux, dont les liens sont rappelés ci-dessous :

- Facebook : *https://developers.facebook.com/docs/guides/web/#plugins* ;
- Twitter : *https://dev.twitter.com/docs/follow-button* ;
- Pinterest : *http://business.pinterest.com/widget-builder/#do_pin_it_button* ;
- Google + : *https://developers.google.com/+/web/badge/* ;
- LinkedIn : *https://developer.linkedin.com/plugins/follow-company*.

Sinon, il est également possible d'utiliser des modules de partage social existants, très performants et qui nécessitent peu de manipulations techniques, comme ShareThis, AddThis ou Digg qui intègrent facilement aux pages Web les boutons de partage de tous les principaux réseaux sociaux.

Les avantages de la socialisation d'un site Web sont multiples :

- La création d'un compte utilisateur est rapide ; elle ne prend que quelques secondes (le temps d'un clic et du chargement des données) et donc diminue le nombre de personnes qui ne créent pas de compte utilisateur par manque de temps ou par découragement.

- La récupération des informations et des données est plus complète et plus facile, car la transmission est automatisée et non plus manuelle.

- Les fonctionnalités du site peuvent être adaptées pour optimiser la navigation et proposer une expérience sociale aux utilisateurs : se connecter à leurs amis sur le site, parler à leurs contacts, trouver des contacts ayant les mêmes intérêts (likes), rechercher des contenus en fonction de leurs intérêts ou des informations sociales. Plus le site est interactif, plus les utilisateurs y passeront du temps.

- Les commentaires peuvent être gérés *via* un module dédié Facebook ou Google (ou Disqus éventuellement) ; de ce fait les utilisateurs n'auront pas besoin de créer un compte pour commenter vos contenus/articles mais le feront avec leur compte habituel. De plus, leur commentaire pourra être partagé automatiquement sur leurs profils, afin de gagner en viralité et en visibilité auprès de leurs contacts.

LE E-COMMERCE

Pour l'e-commerce, quelques techniques permettent d'augmenter le trafic sur ses plateformes sociales tout en optimisant l'expérience et la navigation du visiteur.

Par exemple, on peut inciter les clients à visiter ou à s'abonner à ses pages sociales lors de la commande. Une technique performante consiste à offrir une réduction en échange d'une interaction du client. Par exemple, 5 % de réduction sur la commande si le client « like » la page Facebook, 5 % de réduction sur la commande si le client s'abonne au compte Twitter, etc. Cela permet d'offrir une récompense au client et d'augmenter son trafic ainsi que sa base de fans de manière simple et rapide.

Une des premières marques à utiliser ce système a été Kiel James Patrick (une marque de textile et d'accessoires), qui au moment de la finalisation de la commande, juste avant la saisie des informations bancaires, propose de « liker » sa page Facebook et/ou s'abonner à son compte Twitter, chaque option activant une réduction de 5 % sur le total de la commande.

Autre exemple, à la fin de la commande, on peut mettre en place des boutons de partage pour que le client diffuse sa commande à ses contacts. Airbnb pratique cette technique en proposant de publier le logement que l'on vient de louer sur son profil Facebook. De nombreuses marques vestimentaires proposent de tweeter sa commande à ses amis pour partager son enthousiasme. Cela permet de partager un lien avec les contacts du client, de viraliser la commande et d'exposer sa marque et sa boutique e-commerce à une cible élargie. De plus, si une personne partage sa commande avec ses amis, sa communauté va être davantage intéressée par le contenu sachant qu'il s'agit d'une personne proche et connue, et qui est suffisamment satisfaite pour partager sa commande.

Générer du trafic des réseaux sociaux vers un site Web

Pour générer du trafic et attirer toujours plus de visiteurs, les médias sociaux sont extrêmement performants pour transférer une partie de leur trafic vers d'autres sites Web et inciter les internautes à prolonger leur expérience Web avec une marque.

Sur les médias sociaux, tout d'abord, il est indispensable de renseigner l'adresse du site Web officiel de l'entreprise dans la description principale de chaque page/compte officiel, afin de renvoyer facilement les utilisateurs des réseaux sociaux vers le site.

Ensuite, l'animation régulière des plateformes sociales va permettre de rediriger les internautes vers le site Web. Au moment de publier des actualités et des contenus sur ses différentes présences sociales, il est conseillé d'inclure le plus souvent possible un lien vers le site Web de la marque, vers la fiche du produit concerné, vers une actualité plus détaillée, vers tout autre contenu hébergé sur le site Web, plus complet que les médias sociaux, dont le contenu est, de fait, succinct. Par exemple : « Connaissez-vous notre nouveau produit XYZ ? Il est exceptionnel ! Découvrez-le ici : *www.votrelien.com* » ou toute autre formulation (que ce soit sur Facebook, Twitter ou un autre réseau), qui inclut une phrase d'accroche, une explication rapide de l'actualité ou du contenu et un lien vers le site Web si l'internaute veut en savoir plus. À titre d'exemple, au 1er trimestre 2013, Pinterest a représenté 24,96 % du trafic apporté par les médias sociaux aux sites e-commerce (*versus* 17,51 % au 4e trimestre 2012) selon un récent rapport de Monetate.

Dans l'idéal, il faut inciter la communauté à se rendre sur le site Web officiel, afin de tenter de convertir ces prospects en clients et d'augmenter le taux de transformation. L'objectif est d'attirer les fans et des abonnés de ces plateformes sociales grâce à un contenu intéressant, une accroche commerciale attirante, une incitation à cliquer, pour que les internautes trouvent un réel intérêt à se rendre sur le site Web. Plus les incitations aux clics sont pertinentes, régulières, non agressives, amusantes, intéressantes, ludiques, plus les clics seront nombreux et plus le trafic sur le site Web sera important.

> Sarenza utilise sa page Facebook pour publier les photos des nouvelles chaussures et des nouveaux accessoires en vente sur son site. Sur chaque contenu publié, un lien vers la page de l'article accompagne la photo et incite les fans à cliquer pour avoir plus d'informations sur le produit et éventuellement passer à l'achat.

Nous l'avons vu, une autre façon de dynamiser le trafic sur son site Web est de disposer d'un blog. Cela permet d'avoir un espace interactif où le contenu est actualisé très régulièrement, avec beaucoup d'informations pour la communauté, des articles utiles et intéressants. Il est important que chacun de ces articles contienne des liens vers les autres pages du site

Internet pour faciliter la navigation dans l'écosystème digital de la marque. Il existe désormais des outils très simples d'utilisation pour créer des blogs d'entreprise comme Tumblr qui s'apparente à un réseau social de blogging. Les derniers articles, messages ou contenus multimédias publiés sur un site Internet ou sur un blog s'affichent dans un fichier RSS (XML). Sans entrer dans des considérations techniques, le contenu émanant du site ou du blog de l'entreprise s'inscrit dans un flux de données pouvant être lu par des outils extérieurs. Ainsi tout le contenu publié sur le site ou le blog peut être diffusé en temps réel sur les réseaux sociaux ou bien par des outils automatiques permettant de diffuser ce contenu quasiment sans intervention de votre part ou bien par votre *community manager* (nous recommandons tout de même la seconde solution, plus personnalisée). Ainsi, tous les contenus qui apparaîtront sur le blog ou le site seront repostés immédiatement sur la page Facebook ou le compte Twitter (dans la limite des 140 caractères pour ce dernier).

Les leviers pour générer du trafic

Avec un trafic supplémentaire, davantage de prospects sont exposés à l'entreprise/marque et donc à ses produits ou ses services. Davantage de trafic sera converti en passage à l'acte (l'internaute exprime un intérêt, il clique, il consulte, il achète).

Les campagnes de médiatisation

Pour générer du trafic online, une multitude de techniques que l'on qualifie d'organiques (car elles mettent en place des mécanismes naturels que l'entreprise gère manuellement) existent. Cependant, un des moyens les plus efficaces reste l'utilisation de solutions publicitaires qui permettent de présenter un contenu à une audience massive en échange d'une rémunération du média publicitaire. De plus, à la différence des médias traditionnels (TV, radio, presse), les médias sociaux peuvent cibler très précisément l'audience désirée, en utilisant les données personnelles transmises par les utilisateurs (intérêts, démographie, âge, genre, etc.) et donc d'avoir des publicités très ciblées, avec de nombreux critères. Ces publicités sont aussi plus efficaces, car elles touchent exactement le public recherché.

Sur Facebook, les publicités appelées Facebook Ads peuvent soit rediriger les internautes vers la page Facebook officielle, soit vers n'importe quelle adresse Web. Cela permet d'inciter les utilisateurs à visiter les plateformes, qu'ils soient déjà fans ou non. Afin de synthétiser et surtout d'accompagner les PME – plus que les grands groupes – dans leur communication et dans leur campagne sur Facebook, le géant social a mis en place un programme appelé : «En route vers le succès» qu'il est possible de découvrir à l'URL suivante : *https://www.facebook.com/SolutionsEntreprises*. Il est possible de retrouver tout un lot d'astuces et de conseils pratiques, ainsi que de solliciter l'équipe de *community managers* et d'experts afin de leur poser les questions souhaitées. Il existe aussi une série de vidéos tutorielles pour vous accompagner dans vos premiers pas.

Autre solution, plus intéressante : promouvoir le contenu. Par défaut, et grâce à un algorithme complexe et tenu secret Facebook n'affiche le contenu d'une page qu'à 16 % des fans les plus enclins à recevoir tel contenu. Socialbakers a pu analyser le *reach* du contenu sur Facebook (chiffres 2012). Selon la taille de la page, ce *reach* varie, mais on observe qu'il reste assez faible. Pour que le contenu soit davantage visible, auprès de vos fans et même auprès des amis de vos fans, il faut utiliser une solution payante. À chaque publication (que ce soit du texte, une photo, une vidéo, etc.) peut être associé un budget pour booster la visibilité. Selon le budget alloué, Facebook indique le nombre de personnes qui seront exposées au contenu. Cela permet d'augmenter considérablement la visibilité ; la plupart de vos fans seront exposés au contenu et, selon l'option choisie, le contenu sera également affiché aux amis de vos fans, pas encore abonnés à votre page. Dans ce cas, votre contenu (texte, photo, etc.) sera affiché sur son flux d'actualité avec la mention : «Votre ami Y et votre ami Z sont fans de telle page ou ont aimé tel contenu.»

Sur Twitter, nous avons vu qu'il existe trois solutions publicitaires permettant de générer du trafic auprès des abonnés mais aussi et surtout auprès des utilisateurs, pas encore abonnés au compte de l'entreprise, mais qui correspondent à son ciblage.

De manière générale, on peut utiliser toutes les solutions publicitaires proposées par les différents médias, ce qui permettra de toucher une population ciblée, d'augmenter les interactions et le trafic généré sur les plateformes ou sur une adresse Web spécifique.

> **Trois exemples de campagne sur Facebook en 2013.** La redoute.fr propose une campagne pour la rentrée des classes : «Craquez pour les nouveautés Chaussures de La Redoute !»

La Société générale relaie un article de son blog *https://idees. societegenerale.fr* : « Assurance vol mobile et mp3 gratuite avec la carte bancaire So Music ».

Bpifrance propose aux utilisateurs Facebook de rejoindre sa communauté : « Accédez à nos offres et études dédiées aux entrepreneurs. Cliquez pour nous suivre. »

Pour mesurer ce trafic provenant des médias sociaux, il existe plusieurs outils. L'intérêt est d'analyser quelle est la part des médias sociaux dans les sources de trafic (par exemple, 25 % du trafic du site Web provient de Facebook, 10 % de Twitter, etc.) et surtout de surveiller l'évolution de cette donnée sur le long terme, avec l'objectif de toujours améliorer la part de visiteurs venant sur le site Web en provenance des médias sociaux, ce qui montre que l'activité sociale de la marque a un impact sur le trafic Web.

Par exemple, il est possible d'utiliser Google Analytics ou d'autres outils de mesure de trafic Web qui permettent d'analyser les sources de trafic. Mais une tactique efficace consiste à utiliser l'outil Bitly pour raccourcir les liens (par exemple, *bit.ly/abcdef* redirigera les internautes vers *www. votresite.com/votrepage*). L'intérêt de cet outil est qu'il est possible d'analyser toutes les statistiques liées à ce lien : le nombre de clics, l'évolution du nombre de clics en direct, de quels réseaux sociaux, de quelle région géographique proviennent les clics, desktop ou mobile, et encore d'autres métriques intéressantes qui mesurent la performance d'un lien et l'ampleur du trafic généré d'un lien partagé vers les réseaux sociaux, qui redirige les internautes vers votre site Web.

La marque de surf Quiksilver utilise cette technique de raccourci d'URL sur toutes ses plateformes sociales. La marque utilise l'outil Bitly avec une adresse personnalisée (*quik.to*). Cela permet d'avoir une adresse Web courte et esthétique. On peut aussi analyser les statistiques sur chaque lien publié. En moyenne, Quiksilver génère 95 % de ses clics sur Facebook, 4 % des clics proviennent de Twitter et 1 % de Google +. Autre statistique que l'on peut extraire : 20 % des clics sur les liens de Quiksilver (en moyenne) proviennent d'utilisateurs américains, 9 % d'utilisateurs brésiliens et 6 % d'utilisateurs français. Cette technique est très efficace, simple d'utilisation et permet de suivre très facilement les clics sur les liens publiés sur les réseaux sociaux.

Les jeux-concours

Afin d'acquérir plus de fans, plus d'abonnés, et gagner en notoriété, on peut mettre en place des opérations spéciales, comme des jeux-concours. Le public apprécie de participer à des jeux grâce auxquels il peut gagner des lots. On retrouve beaucoup de ces jeux-concours sur Facebook. Mais avant de s'aventurer dans ce genre d'opérations, il est recommandé de prendre connaissance des règles imposées par Facebook à l'adresse *www.facebook.com/page_guidelines.php* pour être informé des différentes contraintes. Notamment, les concours peuvent être organisés sur un onglet ou une application Facebook dédiée et le concours ne doit pas impliquer Facebook (c'est l'entreprise qui l'organise, rien ne doit laisser penser que c'est en partenariat avec Facebook).

Pour vous faciliter la création de A à Z d'un jeu-concours Facebook, nous vous conseillons deux plateformes qui s'occupent de tout (de la création du jeu jusqu'au dépôt du règlement chez l'huissier) :

- **Kontest** (*http://kontestapp.com/fr*) : cette plateforme permet de créer facilement des jeux-concours sous forme de quiz, de concours photo, de tirage au sort, de loterie et d'instant gagnant, etc. Sa force est de proposer un éditeur de jeux-concours très simple d'accès et une intégration rapide sur Facebook ainsi que sur le site Internet. En quelques clics vous pouvez vous lancer ;
- **Socialshaker** (*http://www.socialshaker.com/*) propose globalement les mêmes services et est également très pratique et efficace.

Ces deux outils étant clés en main, il faut respecter des gabarits bien définis.

CAS

BAREMINERALS ET L'APPLICATION SOCIALSHAKER

BareMinerals, pour le lancement de son nouveau fond de teint Compact BareMinerals READY® et son pinceau Visage Précision, a lancé un jeu-concours sur Facebook grâce à l'application Socialshaker sur Facebook. Sous la forme d'un quiz avec un principe de tirage au sort permettant de gagner un des quarante kits en jeu, la marque a souhaité faire l'acquisition de nouveaux fans et ainsi de nouveaux prospects pour la marque. Une campagne média a aussi été lancée pour augmenter la visibilité du jeu. Grâce à une mécanique virale de parrainage d'amis Facebook, les utilisateurs sont incités à inviter leurs amis pour augmenter leurs chances de gagner.

Selon Socialshaker, les gains pour la marque ont été les suivants :
- 24 541 nouveaux fans acquis sur toute l'opération ;
- 72 652 invitations qui ont été envoyées aux ami(e)s des participant(e)s.

Comme pour tous les jeux-concours, l'important reste la dotation ou, du moins, le «bénéfice» que les participants vont en retirer. Plus la récompense est attractive, plus le taux de participation sera élevé et l'acquisition de fans/*followers* importante.

> Une marque comme Faguo l'a bien compris lorsqu'elle a lancé son jeu-concours permettant de faire gagner un voyage en Europe aux internautes les plus créatifs ; les perdants recevaient tout de même un bon de réduction par e-mail à la fin du jeu. Cela a permis à la marque d'obtenir une base d'acquisition de fans rapide, car pour participer au jeu-concours il fallait absolument devenir fan de la page Facebook de la marque.

Sur les réseaux sociaux, la dotation peut être moins conséquente car la démarche pour participer est moins impliquante ; en quelques clics l'internaute peut participer, alors qu'avec les canaux traditionnels, il doit envoyer un courrier. Offrir un plus grand nombre de dotations (à plus faible valeur) pour générer plus d'heureux qui viendront partager cette expérience avec le reste de la communauté est aussi une possibilité qui fonctionne très bien.

Générer du trafic physique

Une opération de création de trafic physique concerne toutes les actions marketing mises en place pour amener les clients dans un point de vente physique.

Du virtuel au réel : le *drive-to-store*

La majorité des entreprises disposent de points de vente physiques (à l'exception des entreprises dont les revenus se font exclusivement online).

Encore une fois, les réseaux sociaux sont utiles pour dynamiser le trafic physique d'une entreprise. Mesurer quel impact la stratégie de marketing social a sur l'activité physique et l'évolution des prospects et/ou clients de l'entreprise peut être un très bon indicateur de sa performance.

Faire connaître ses points de vente

Plus les internautes seront informés de la présence offline d'une entreprise, plus ils seront amenés à lui rendre visite physiquement. Si les informations sur l'adresse des points de vente, sur la localisation d'une opération spéciale ne sont pas assez nombreuses et précises, il sera impossible de générer du trafic. Il faut donc équiper le site Web et les pages sociales de toutes les informations nécessaires à l'augmentation du trafic physique.

Étape 1: renseigner ses points de vente

L'adresse de tous les points de vente physiques (magasins propres, distributeurs, partenaires) doit être renseignée sur le site Web (sur une page dédiée ou dans le pied de page), mais aussi sur toutes les pages sociales. Que ce soit dans la description de la page Facebook, la description du compte Twitter, la description de la page Google +, ces adresses doivent être renseignées soit directement, s'il n'y en a qu'une seule, soit avec un lien vers le site Web s'il en existe plusieurs.

> Sur la page Facebook de McDonald's France se trouve un onglet «localisation» qui permet de localisation très rapidement et facilement la totalité des restaurants de la marque, grâce à une carte interactive.

Étape 2: le concept du store finder

Un service de localisation en ligne (également connu sous le nom de *store finder* ou *store locator*), souvent présent sur les sites Internet des entreprises à des emplacements multiples, permet aux visiteurs du site de trouver les lieux de l'entreprise à proximité d'une adresse ou grâce au code postal ou dans une région choisie. On retrouve fréquemment ce type de service sur les sites Internet des chaînes de détaillants, les hôtels, les restaurants, et d'autres entreprises à qui la géolocalisation apporte un avantage indéniable dans l'amélioration de leur cycle de vente. La plupart de ces outils fonctionnent avec des services de localisation tels que Google Maps ou Bing, afin que l'utilisateur ait un visuel cartographique précis et facile à analyser.

Ces outils sont facilement maniables grâce à leur API, ce qui permet à toute entreprise de bénéficier gratuitement de cette technologie.

Outre la possibilité de trouver le point de vente, l'utilisateur peut aussi avoir accès à un certain nombre d'informations importantes sur chaque emplacement, y compris son adresse, son numéro de téléphone, les heures d'ouverture, les services spécifiques, le plan d'accès, les promotions actuelles, les infrastructures dédiées (parking, accès handicapés, etc.).

Il est possible de proposer ce type de service de géolocalisation sur les médias sociaux et en particulier Facebook en hébergeant la carte interactive dans une application Facebook accessible directement depuis la page.

Étape 3 : utiliser les réseaux sociaux basés sur la géolocalisation

La création d'une page Foursquare semble idéale pour une entreprise locale (un magasin, un restaurant, une boutique unique, un événement fixe), afin d'officialiser la présence sur le réseau et de donner le maximum d'informations aux utilisateurs de la plateforme.

> Big Fernand, un restaurant indépendant de burgers à Paris, a créé sa page Foursquare lors de son lancement et propose un avantage aux personnes qui se signale (*check-in*) sur leur page Foursquare : en donnant sa carte de visite, on peut gagner un menu gratuit par tirage au sort.
>
> On peut également citer les hôtels Starwood qui offrent à leurs clients deux cent cinquante points sur leur carte de fidélité à chaque *check-in* dans un de leur hôtel, après vérification d'une réservation effective. Cela permet à la chaîne d'hôtel de gagner en visibilité parmi les contacts des clients, tout en leur offrant une récompense attractive, dans une stratégie gagnant-gagnant.

Google dispose également d'un service de géolocalisation social, un pont entre Google Maps et Google +. Il s'agit de Google Places. Vous pouvez créer ou prendre le contrôle de votre magasin (ou restaurant, café, etc.) sur la plateforme, y renseigner vos horaires, votre adresse, votre site Web, vos autres présences sociales, vos photos, vos événements, et bien d'autres éléments. Les internautes peuvent laisser des commentaires et des photos. Google Places est encore plus consulté que Foursquare, il permet d'apparaître dans les résultats de recherche Google, et est très populaire. À ne pas oublier donc.

Un autre réseau social très intéressant pour faire découvrir les points de vente : Yelp. Les utilisateurs y partagent leurs bonnes adresses, laissent leurs commentaires (avis positifs ou négatifs), attribuent une note à chaque lieu avec éventuellement des photos. Toutes ces informations sont partagées publiquement. Si la page Yelp est correctement gérée, en précisant le maximum d'informations (adresse, horaires d'ouverture, promotions, opérations spéciales, etc.), les utilisateurs auront davantage tendance à venir.

> Lou Malnati's, une célèbre chaîne de pizzerias de la région de Chicago, incite tous ses clients à mettre des commentaires sur la page Yelp de ses restaurants. Dans chacun de ses points de vente, un lien spécifique est imprimé sur chaque ticket de caisse, redirigeant vers la page du restaurant en question, pour que les clients puissent publier et partager en quelques instants leurs impressions et commentaires sur la marque.

Sur Twitter, la communication géolocalisée est moins évidente. Cependant, des techniques permettent d'identifier les utilisateurs qui sont à proximité d'un des points de vente et potentiellement intéressés par les produits et/ou les services. L'objectif est ensuite de rentrer en contact avec ces personnes pour leur parler de l'entreprise et les inciter à venir. Pour cela, on utilise une veille par mots-clés (veille automatique ou veille manuelle).

> Avec un compte entreprise sur Twitter, il est possible d'effectuer des recherches parmi les tweets publiés par l'ensemble des utilisateurs. Si vous êtes une boutique de maillots de bain à Cannes, on pourra rechercher tous les tweets ayant comme mots-clés « Cannes » et repérer les personnes qui indiquent leur présence à proximité (par exemple : « Je suis à Cannes, c'est super ! »/« Bien arrivés à Cannes, on va se baigner ! »/« On vient d'arriver sur la plage de Cannes, mais j'ai oublié mon maillot de bain ! »). Avec le compte de votre entreprise, vous pouvez aller envoyer un tweet de réponse à chacune de ces personnes, pour les inciter à venir dans votre magasin (par exemple : « Bienvenue à Cannes, si jamais vous avez besoin d'un beau maillot de bain, venez nous voir ! »/« Amusez-vous bien sur la plage et n'oubliez pas de venir voir notre nouvelle collection »). Cela permet d'interagir de manière sympathique et amicale avec les utilisateurs potentiellement intéressés par votre entreprise et susceptibles de venir dans votre point de vente à court terme.

Si l'entreprise est active sur un maximum de réseaux sociaux, en facilitant la navigation/recherche des utilisateurs, en publiant le maximum d'informations et en interagissant directement avec les autres utilisateurs, alors le trafic offline pourra être dynamisé, directement en provenance des réseaux sociaux. Les internautes qui auront été séduits par votre entreprise, pourront confirmer leur intérêt pour vos produits et/ou services en se rendant directement au point de vente.

Relayer les opérations en point de vente et proposer des offres exclusives

Maintenant que les internautes peuvent trouver facilement l'adresse de l'entreprise ou la liste de ses magasins ou distributeurs, il est important de communiquer sur les opérations spéciales, pour diriger la communauté du virtuel vers le réel.

Pour tout événement ou opération spéciale de l'entreprise (soldes, promotions, exclusivités, événements), il est essentiel de communiquer sur l'existence d'un tel événement en utilisant sa présence sur le réseau, en publiant une actualité Facebook, en publiant un tweet, etc. Le contenu publié pour inciter et motiver les internautes à se déplacer doit contenir le maximum d'informations (qu'est-ce que c'est, où l'événement a-t-il lieu, comment s'y rendre, etc. ?). On peut aussi les attirer avec des réductions exclusives pour les internautes.

> Vous indiquerez sur votre compte Twitter que vos abonnés peuvent profiter de 10 % de réduction sur leur menu à la pizzeria en apportant un code de réduction spécifique (cela marche également avec un message codé à communiquer aux responsables sur place).
> Par exemple, lors de la fête de l'Amour, Starbucks France a décidé d'offrir à ses abonnés Twitter une réduction alléchante, en annonçant qu'une boisson était offerte pour une achetée, lorsque le code secret était prononcé en caisse (le code était « Sea, sex and Starbucks »).
>
> Sur Foursquare, la marque Gap proposait aux internautes qui achetaient sur son site de cliquer sur le bouton « Add to Foursquare » présent sur chaque fiche produit. Celui-ci permettait à ces utilisateurs d'être alertés sur leur smartphone à chaque fois qu'ils se trouvaient à proximité d'une boutique Gap qui vendait le produit qu'ils avaient sauvegardé. Une campagne publicitaire était associée pour générer du trafic.

En dehors des opérations événementielles, il existe des solutions qui permettent de mettre à disposition de la communauté des bons de réductions qui lui sont réservés. HighCo Data propose, par exemple, de créer des bons de réduction virtuels uniques, téléchargeables une seule fois par les membres d'une communauté. Il est à noter que 5 % à 30 % des personnes ayant téléchargé un bon de réduction l'utilisent réellement par la suite.

> Gloria a créé une application Facebook où l'utilisateur doit au préalable devenir fan de la page pour pouvoir accéder au bon de réduction unique qu'il pourra directement télécharger depuis l'application. En croisant avec le FID, numéro unique de chaque utilisateur sur Facebook, il ne sera pas possible à cet utilisateur de télécharger le bon une seconde fois. Les bons de réduction utilisés étant ensuite enregistrés lors de l'achat par les magasins partenaires, il est possible de savoir exactement combien de personnes sont venues par ce biais dépenser le bon de réduction.

Le virtuel est également un très bon tremplin pour booster le trafic en magasin ou dans tout autre lieu physique où la marque est impliquée (événement de sponsoring, événement corporate, salon, opération spéciale).

Du réel au virtuel

Le mobile devient un outil majeur, les clients l'utilisent directement dans les points de vente, pour regarder les avis des consommateurs sur un produit, pour comparer les prix, mais aussi éventuellement pour suivre l'actualité de la marque sur les réseaux sociaux pour trouver des réductions, des conseils ou d'autres informations pratiques. Une étude d'Our Mobile Planet confirme ce fait: 75 % des Français utilisent leurs smartphones dans les magasins, et 23 % les utilisent en point de vente pour se renseigner sur les produits et sur la marque.

Relayer la présence sur les réseaux sociaux dans le point de vente et la communication *print*

Si les utilisateurs se renseignent depuis leurs mobiles sur les magasins dans lesquels ils se trouvent, il devient essentiel de créer des synergies avec les plateformes digitales pour rediriger l'utilisateur vers les espaces de communication que l'entreprise maîtrise. Par exemple, si l'utilisateur surfe depuis son mobile et arrive sur un forum d'utilisateurs mécontents, il pourra reporter son acte d'achat à plus tard ou simplement rebrousser chemin. En revanche, si l'utilisateur découvre qu'il existe un compte Twitter, alors naturellement l'utilisateur se dirigera vers cette source d'information.

Il faut donc trouver des moyens de montrer que l'entreprise est présente sur les réseaux X, Y et Z. Cela peut se faire grâce à des affiches apposées sur les vitrines et/ou à côté de la caisse avec les logos (Facebook, Twitter, etc.) et les adresses Web ou les noms/pseudos correspondants. Cela mettra le(s) point(s) de vente aux couleurs des présences sociales de la marque et incitera les clients à se rendre sur ces plateformes. Le personnel pourra également être briefé pour communiquer aux clients le fait d'être présent sur un ou plusieurs réseaux, au moment de la sortie du client (par exemple : «Au revoir et n'oubliez pas de nous rejoindre sur notre page Facebook»).

> Le centre commercial Velizy-2 est particulièrement performant dans cette stratégie. Partout dans le centre commercial et, notamment, à chaque entrée/sortie de grandes affiches de plus de 2 mètres de hauteur récapitulent les différentes présences sociales du centre avec les logos et les URL des réseaux où il est présent, incitant les visiteurs à rejoindre la communauté. Les clients ont immédiatement l'information que le centre est présent sur les réseaux sociaux et ils sont informés qu'ils peuvent y trouver des contenus utiles et pratiques.

Cette communication peut être étendue à tous les supports offline à disposition.

- **Les supports de communication** *print* : packagings, affiches, prospectus, etc. Une marque comme C & A a d'ailleurs promu, dans ses points de vente, sa présence sur les réseaux sociaux d'une manière originale : au Brésil, la marque a mis en avant sur les cintres de sa boutique un panneau numérique où l'on peut voir le nombre de «like» qu'un vêtement a reçu sur Facebook, et cela en temps quasi réel. L'opération a été baptisée «Fashion Like» ;

- **Les événements** (partenariats, événements corporate, événements business, etc.).

- **Les campagnes publicitaires offline** (panneaux publicitaires, publicités dans la presse, spots TV, presse et autres formats de publicité que l'entreprise utilise, afin de motiver les personnes à se connecter à la marque sur ses présences sociales.) On voit de nombreuses marques utiliser un *#hashtag* dans leurs publicités TV, comme Yop, Audi ou Nike. Cela permet aux utilisateurs de connaître le *hashtag* officiel de la marque, et de pouvoir l'utiliser dans leurs publications ultérieures ou dans l'immédiat, ce qui contribue à augmenter le trafic online sur les plateformes sociales (les utilisateurs vont cliquer sur le *hashtag* et se rendre sur le compte Twitter ou la page Facebook, etc.).

On peut donc, dans l'idéal, marquer l'ensemble des supports de communication physiques et tous les autres supports disponibles : tickets de caisse, cartes de visite, etc. Tous les objets (qu'il s'agisse de produits ou non) peuvent servir à la mise en avant des présences sociales. Celle-ci peut prendre la forme d'un simple logo Twitter ou d'une phrase d'accroche complète et du lien vers toutes les présences sociales de l'entreprise, selon la place disponible sur le support.

> La marque de biscuits apéritifs Curly profite du packaging de ses produits pour ajouter un encart vers sa plateforme communautaire créée pour l'occasion (avec sur cette plateforme sociale des liens vers Facebook, Twitter et YouTube), en incitant les consommateurs à se connecter à la marque sur les réseaux sociaux.
>
> Lou Malnati's utilise ses tickets de caisse pour suggérer à ses clients de suivre l'entreprise sur Facebook et Twitter (avec les liens correspondants), technique facile à mettre en place et distribuée automatiquement à tous les clients.

Les nouvelles technologies : QR codes et technologies NFC

En proposant des dispositifs adaptés, avec une technologie abordable, on peut assez facilement rediriger du trafic physique vers l'écosystème virtuel (Web et médias sociaux).

Le premier outil est l'utilisation du **QR code**. Les QR codes sont des codes-barres uniques que l'utilisateur scanne avec son smartphone et qui le dirigent vers une adresse Web. Ils peuvent être utilisés pour mettre en avant des pages sociales ou une opération spéciale, comme un jeu-concours sur la page Facebook, le blog de la marque ou son compte Instagram. Faciles à générer grâce à plusieurs outils gratuits sur le Web, ils peuvent être affichés partout sur les points de vente et/ou sur les produits. On peut, bien sûr, inviter les visiteurs à les scanner («Scannez ce QR code pour jouer sur notre page Facebook et gagner des cadeaux!»). Les QR codes ont d'ailleurs un taux de pénétration de plus de 65 % dans la population française équipée de smartphones quand il s'agit de trouver des informations sur des produits.

> BNP Paribas a installé, sur la majorité des vitrines de ses agences bancaires, des autocollants avec un large QR code, et le texte: «Devenez fan de BNP Paribas.net sur Facebook! Toute l'année des offres exclusives et des bons plans ciné et tennis.» Le QR code est grand, visible de tous les passants et redirige directement vers la page Facebook de la marque, que la personne qui a scanné le QR code n'a plus qu'à liker.

Comme nous l'explique Blandine Silverman, directrice mobile France de ComScore, les QR codes sont très performants:

> «Les QR codes représentent pour les responsables marketing une formidable opportunité d'engager les consommateurs un peu plus vers l'achat. En donnant accès à des informations produits ou des contenus connexes plus détaillés, les QR codes sont devenus une source d'information essentielle pour les consommateurs dans leurs processus d'achat d'un produit ou d'un service particulier. La majorité des consommateurs étant aujourd'hui équipée d'un smartphone, les distributeurs peuvent améliorer le taux de conversion en magasin en donnant un accès facile *via* le mobile à des informations produits auxquelles les clients auraient également pu accéder depuis un ordinateur.»

La seconde technologie qu'il est possible d'employer pour créer un pont entre le réel et le virtuel est la technologie NFC (*near field communication*). Elle permet à un objet ou une infrastructure d'interagir avec un smartphone. Elle est fréquemment utilisée lors d'événements et d'opérations spéciales au cours desquels les visiteurs sont invités à connecter leurs smartphones (ou d'autres objets fournis par l'entreprise comme des badges, pour permettre à ceux qui n'ont pas de smartphones NFC d'utiliser la technologie). On peut employer cette technologie pour publier un contenu sur le profil Facebook du visiteur, après son accord (photo de l'événement, check-in, texte, lien, etc.), pour publier un tweet sur le compte du visiteur lorsqu'il est à un endroit précis ou effectue une action précise, etc. Les utilisations sont infinies et peuvent booster la visibilité de la marque sur les médias sociaux. De nombreuses agences sont spécialisées dans la gestion de ces dispositifs.

Lors des soirées Axe Boat organisées par la marque de déodorants Axe, tous les invités doivent à l'entrée de la soirée connecter leur badge (qui sert de pass) à leur compte Facebook et/ou Twitter. Ensuite, tout au long de la soirée, grâce à un dispositif NFC sophistiqué, les photos sont publiées automatiquement sur les profils des invités photographiés, avec le logo de la marque et le *hashtag* dédié. Cela permet de donner davantage de visibilité et de viraliser l'événement.

LES HUIT POINTS À RETENIR POUR GÉNÉRER DU TRAFIC DANS SON ÉCOSYSTÈME DE MARQUE

1. Les contenus que vous publiez sur les réseaux sociaux ne sont pas systématiquement référencés dans les moteurs de recherche, mais, en publiant régulièrement du contenu sur ces derniers et en ayant de grandes communautés, votre présence remonte dans les listes des moteurs de recherche.

2. Les réseaux sociaux sont de véritables relais de votre communication Web traditionnelle et vous permettent de générer du trafic vers votre site, votre blog ou votre point de vente physique. Ils vous permettent de diffuser l'information en temps réel qui vient compléter le contenu Web traditionnel relatif à votre marque. Bien employés, ils peuvent devenir une source de trafic puissante au sein de votre univers de marque.

3. Facilitez le partage de l'information ! En incluant des boutons de partage sociaux sur votre site Internet, vous permettez à l'utilisateur de partager facilement le contenu de votre site ou de votre blog. Ainsi, il recommande l'information à ses pairs, lui donne du crédit, facilite la viralité de l'information et génère ainsi une nouvelle source de trafic.

4. Créez des passerelles au sein de votre galaxie Web : intégrez les boutons « sociaux » sur votre site, relayez vos articles de blog ou les nouveautés sur votre site, sur vos comptes sociaux. L'utilisateur s'y retrouvera mieux et pourra naviguer selon son souhait au sein de votre galaxie.

5. Laissez la parole à vos utilisateurs même sur votre site Internet et proposez du contenu adapté ! Quel que soit le support de communication utilisé, laissez vos consommateurs s'exprimer (commentaires, réponses, feedback, formulaire de contact, etc.).

6. Le trafic, venant des smartphones comme l'iPhone ou le Samsung Galaxy S4, a de plus en plus d'importance dans les statistiques de consultation du site. Il faut donc l'optimiser pour le rendre ergonomique à ce type d'outil : le *responsive design* peut être, par exemple, une bonne réponse.

7. Être présent sur les réseaux sociaux ne veut pas dire pour autant oublier les relais physiques de communication : il ne faut pas hésiter à afficher votre présence sociale dans le magasin, sur les packagings des produits, dans le restaurant, etc., afin d'inviter le consommateur à interagir avec vous. Afficher vos réseaux sociaux et votre présence Internet permet de créer un trafic plus important et souvent plus qualifié.

8. Utilisez les nouvelles technologies à votre disposition : les QR codes, par exemple, connaissent une forte notoriété auprès du grand public qui sait maintenant les identifier et les consulter. De la simple URL à un contenu plus riche (enquête de satisfaction, etc.), le QR code devient un outil qui permet d'acquérir du trafic supplémentaire sur son site Internet ou bien sa boutique e-commerce, par exemple.

Engager la conversation et gérer sa communauté

OBJECTIFS

- *Maîtriser les techniques de marketing relationnel sur les réseaux sociaux : entrer dans la conversation, générer et contrôler les échanges autour de ma marque*

Les réseaux sociaux sont des outils très pratiques pour initier la discussion entre les internautes. Les marques ont, pendant des années, abordé des stratégies de communication descendantes, prendre part aux échanges et engager la conversation devient une nouvelle forme de marketing.

Il ne suffit pas de se créer une présence sur les réseaux sociaux et de générer du trafic vers ces plateformes, il faut mettre en œuvre une véritable stratégie qui se pense sur le long terme. Créer une communauté active prend du temps, ce qui implique de travailler sur le long terme, et non de faire du *one shot* comme lors d'une simple campagne télévisuelle.

Parler de ce que son audience désire

Le contenu marketing publié par une marque sur un espace communautaire doit être adapté et pertinent aux yeux des membres de la communauté. Se contenter de vanter les mérites et les qualités d'un produit ou d'un service serait une erreur. Il faut faire preuve d'imagination et extrapoler le contenu existant.

Les internautes sont devenus de plus en plus exigeants face à la quantité d'informations qu'ils reçoivent quotidiennement et, en particulier, sur leurs fils d'actualités. Ils sont sans cesse exposés aux marques et à la publicité. Leurs comptes sociaux réunissent de plus en plus d'amis et ils deviennent fans d'un nombre croissant de pages. Il convient donc d'augmenter leur part d'attention au travers de contenus toujours plus attractifs.

Les différentes cibles de communication

Selon le *Mercator*, la définition d'une «cible de communication» est la suivante:

> «C'est un ensemble d'individus ou d'organisations à qui on veut communiquer pour atteindre un objectif précis. Quand il y a plusieurs cibles de communication, il faut distinguer celle(s) qui est (sont) stratégique(s).»

On distingue également le «cœur de cible» qui correspond à la cible prioritaire visée par la marque et pour laquelle on conçoit des actions spécifiques.

> Freedent, marque de chewing-gum du groupe Wrigley, possède une cible large: les 14-50 ans, en revanche son cœur de cible est représenté par les 20-30 ans, prescripteurs de tendances et qui influencent le choix au moment de l'acte d'achat du produit. On distingue également la cible acheteuse qui est représentée par les parents (mères de plus de 35 ans).

Afin de mieux comprendre les attentes d'une communauté, voici cinq types d'utilisateurs que vous pouvez rencontrer sur vos comptes sociaux.

- **L'utilisateur fan** de la marque qui vient montrer son enthousiasme et le transmettre aux autres utilisateurs. Cet utilisateur impliqué peut critiquer les choix de l'entreprise s'ils ne sont pas en adéquation avec sa propre vision, il convient donc de le «chouchouter» et de lui apporter des réponses efficaces.

- **L'utilisateur curieux**, en recherche d'information, qui contribue à la qualité des échanges. Pour cet utilisateur, la réactivité est primordiale: il veut comprendre et participe à ce type de support pour son interactivité (étancher sa soif de connaissance rapidement).

- **L'utilisateur insatisfait** qui connaît les produits ou les services, mais n'en est pas satisfait, il transmet donc son expérience aux autres utilisateurs et cherche à avoir des réponses. Il sera difficile de le faire changer d'avis mais il faudra le rassurer: son message a bien été entendu mais l'entreprise n'a pas forcément réponse à tout.

- **L'utilisateur râleur** n'est jamais content; il critique, il est coléreux et n'hésite pas à insulter. Il est important de vite le canaliser avant qu'il n'entraîne les autres internautes (voir module 2).

- **L'utilisateur transparent**, celui qui suit, lit et participe sans se faire remarquer. Il s'agira de trouver un moyen de l'impliquer pour qu'il sorte du flou et trouve sa place au sein de votre communauté.

- **L'utilisateur neutre ou «dormant»** qui suit mais ne participe pas aux discussions, voire qui a adhéré à votre communauté mais ne suit pas votre actualité.

Pour initier la conversation, il est essentiel de composer avec ses différentes cibles de communication, de les faire cohabiter, tout en sachant que ces utilisateurs ne reflètent pas forcément les clients de l'entreprise dans le monde réel, mais qu'il n'est pas possible de les exclure d'une stratégie de communication sur les réseaux sociaux.

Les différentes attentes de la communauté

Une fois qu'un internaute a rejoint une communauté en adhérant à la page entreprise, on peut identifier plusieurs niveaux d'activité. Inaactiv a réalisé une typologie des utilisateurs de Facebook mais celle-ci peut être étendue à tous les autres réseaux sociaux :

- Niveau 1 : **la masse des utilisateurs** qui ne savent pas que l'entreprise existe ni même qu'elle a une page Facebook ou un compte social.

- Niveau 2 : les **inactifs** représentés par les utilisateurs qui sont venus une fois sur la page, ont cliqué sur «j'aime», mais ne reviendront jamais.

- Niveau 3 : les **lecteurs passifs** qui suivent les actualités sans prendre part aux discussions.

- Niveau 4 : les **cliqueurs**, c'est-à-dire les utilisateurs qui cliquent de temps à autre sur le bouton «like» de l'une des publications pour signifier qu'elle les a intéressés.

- Niveau 5 : les **partageurs**, des utilisateurs qui partagent votre contenu à leur réseau d'amis.

- Niveau 6 : les **commentateurs** qui commentent et donnent leurs avis sur la page et contribuent ainsi à la conversation.

- Niveau 7 : les **contributeurs** qui apportent du contenu en rapport avec votre marque pour susciter de nouveaux échanges.

- Niveau 8 : les **animateurs** qui interviennent dans les échanges entre les membres de la communauté et contribuent à son animation.

- Niveau 9 : les **ambassadeurs** qui évangélisent autour de la marque au-delà même de sa communauté.

Pour répondre aux exigences de tous ces utilisateurs, il est nécessaire d'alterner les types de contenus proposés afin d'éviter d'être trop répétitif et de couvrir une cible plus large. On peut aussi publier des vidéos, des images, des publications, des articles, des URL de site externes, etc. Grâce à son format universel qui reprend le *pattern* de la marque et suscite ainsi davantage d'intérêt, l'image est souvent le contenu qui permet de générer le plus d'engagement.

Du marketing classique au marketing du dialogue

Quelles sont les bonnes méthodes pour bien gérer sa communauté, pour contrôler une bonne dynamique sur ses plateformes sociales et offrir un contenu intéressant à ses fans ? Il faut surtout connaître ce qui intéresse les internautes, ce qu'ils souhaitent trouver.

La démarche conversationnelle

Avant l'avènement d'Internet et des réseaux sociaux, la capacité d'expression des clients était réduite : ils pouvaient envoyer un courrier ou téléphoner au service consommateur ou bien en parler à leur entourage. Pour connaître les avis des consommateurs, les marques commandaient des études qualitatives et quantitatives. Or celles-ci représentent un canal d'expression extrêmement encadré et interrogent un panel réduit, censé représenter la totalité des consommateurs ciblés.

Aujourd'hui, les internautes n'attendent plus qu'on leur donne la parole : ils la prennent. Les clients échangent, s'écoutent, au travers des supports de communication mis à leur disposition et se font confiance. En analysant ce qui se dit de la marque ou de l'entreprise, où et comment on en parle, vous découvrirez que même si vous n'êtes pas encore présent sur un support, votre cible parle déjà de vous.

Selon le *Mercator*, la définition d'un objectif de communication passe par la réponse à trois interrogations :

- La communication est au service de quel objectif marketing ?

- Pour changer quels comportements et/ou quels états mentaux ?
- De qui (quelle est la cible de communication) ?

> Les produits Taillefine sont des produits laitiers frais et allégés en sucre et en matières grasses. Les produits ont été déclinés en barres de céréales permettant de couper les petites faims. Sur ce marché, l'objectif de communication de Taillefine pourrait être formulé ainsi : «La communication de la marque vise à accroître ses parts de marché (objectif marketing) en convainquant les jeunes femmes, soucieuses de leurs poids, clientes occasionnelles de marques concurrentes : Spécial K (cible de communication), qu'elles doivent essayer Taillefine comme coupe-faim en raison de ses qualités diététiques et énergétiques (objectif de communication de marque)».

Il y a donc trois questions à se poser pour définir la façon de s'adresser à une cible : quelle est-elle ? Quel est l'objectif ? Quel message souhaite-t-on faire passer ?

Les techniques pour bien animer sa communauté

L'animation d'une communauté sur un réseau social passe par la capacité de l'internaute à pouvoir interagir sur le contenu publié. Il convient donc de lui donner la possibilité de s'exprimer et de le pousser à participer et à entrer dans les discussions autour de la marque, du produit ou du service. La marque qui propose le contenu doit donc, à son tour, s'engager.

Le fait de positionner une marque sur les réseaux sociaux et d'inciter à l'échange ne suffit pas à amorcer la conversation. Les individus ne parleront jamais spontanément et naturellement de la marque sauf s'ils ont quelque chose à en dire. Si les fans peuvent être achetés, en revanche, les conversations, les avis et les commentaires, eux, ne le peuvent pas. C'est donc le rôle du *community manager* de provoquer une conversation entre la marque et sa communauté en permettant aux membres de cette communauté d'échanger entre eux. Il doit veiller à ce que les échanges autour de l'entreprise restent cohérents avec l'ADN de la marque qu'il représente. Pour y parvenir, il doit adapter le contenu de la marque pour respecter les codes de la plateforme, les attentes de la communauté et veiller à le mettre en relief pour capter l'attention des membres.

Voici une liste d'actions qu'un animateur de communauté peut mettre en place pour donner la parole aux internautes :

- **Ouvrir le dialogue** : cela peut paraître évident mais la plupart des marques étant habituées à communiquer selon une logique descendante, elles ne savent pas poser des questions ouvertes à leurs communautés. Même si les internautes n'attendent pas qu'on leur donne la parole pour exprimer leurs avis, ils apprécient qu'on les sollicite pour contribuer à la vie de la communauté. L'incitation à la parole se fait le plus souvent par un appel au commentaire, mais aussi par des appels à contributions ou des rendez-vous récurrents. Facebook propose, par exemple, la possibilité de réaliser gratuitement des sondages auprès d'une communauté.

    Sur Twitter, ouvrir le dialogue avec un internaute est facilité puisque les entreprises ont la possibilité de solliciter directement un utilisateur en utilisant l'arobase.

- **Avoir un dialogue ancré dans la réalité et l'actualité** : sur ce type de plateforme, les échanges d'avis sur des sujets d'actualité sont fréquents. Les communautés de marque recherchent une connexion émotionnelle et cherchent donc à être en phase

BNP Paribas Net
March 26

La prolongation du Printemps du Cinéma se termine aujourd'hui. Si vous n'avez pas encore utilisé vos contremarques, c'est le moment d'en profiter !

Une idée du film que vous allez choisir ?

Like · Comment · Share — 84 · 50 · 2

Danette
Sunday

ça va swinger ! Bonne fête à toutes les mamans !

AUJOURD'HUI ON FAIT LA FÊTE POUR TOUTES LES MAMANS

Like · Comment · Share — 103

2,248 people like this.

avec l'actualité pour renforcer le sentiment de proximité. Cet ancrage dans le quotidien peut se modéliser de plusieurs façons : le soutien d'une cause, l'appropriation d'un sujet d'actualité ou encore souhaiter une bonne journée, par exemple.

• **Être réactif et avoir du répondant** : donner la parole aux internautes c'est bien ; leur répondre, c'est encore mieux ! Les internautes recherchent les échanges personnalisés, c'est pourquoi il s'agit d'apporter des réponses aux demandes de renseignements ou aux avis postés. Cela leur donnera l'impression d'être pris en considération et la marque bénéficiera d'une plus forte crédibilité.

• **Opter pour l'humour** : animer une communauté, c'est la distraire, l'émer-veiller, la faire rire pour la fidéliser et créer un besoin. Un peu comme la célèbre plateforme communautaire «Vie de merde» qui a généré des millions de connexions. Sur cette plateforme, les membres sont invités à venir raconter une anecdote de leur quotidien en respectant un cer-tain code : l'anecdote doit commencer par «aujourd'hui» et elle doit se finir par «VDM». Tous les jours, les milliers de membres appartenant à la communauté viennent lire les anecdotes des autres membres et doivent voter : «Je valide, c'est une VDM» ou bien : «Tu l'as bien mérité.» Les membres d'une communauté sont friands de contenus amusants et légers. L'essentiel est d'adapter l'humour à l'ADN de la marque : on ima-gine mal une banque faire de l'humour avec un lolcat.

- **Adopter une démarche communautaire** : la marque ne se contente plus de s'adresser à sa communauté ; la communauté fait partie de la marque et, à ce titre, celle-ci doit la remercier pour son succès, son implication, voire même, si nécessaire, donner une plus grande visibilité aux meilleurs contributeurs.

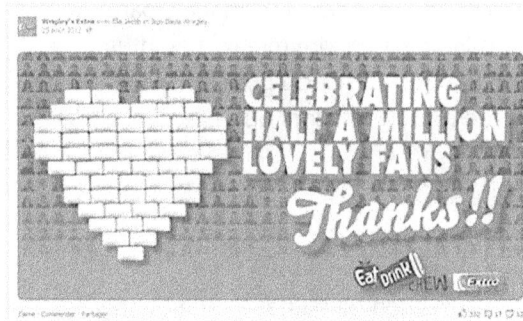

- **Diffuser du contenu exclusif** : vous pouvez également proposer des exclusivités aux fans autrement appelés «des "plus" communautaires» (défilés en avant-première, nouveau spot publicitaire, etc.). Ces différentes actions permettront de récompenser la communauté pour sa fidélité et ses échanges.

- **Récompenser les fans** en proposant des expériences de marque adaptées, des services et des jeux-concours : les médias sociaux ne réinventent pas la poudre. Ce qui marche sur les autres supports a toute sa raison d'être sur ce nouveau média. Ainsi les jeux-concours permettent d'augmenter le taux de conversation puisque les membres de la communauté sont récompensés. Le tout est de proposer des dotations en rapport avec la marque pour éviter d'avoir une communauté «opportuniste» uniquement attirée par l'appât du gain.

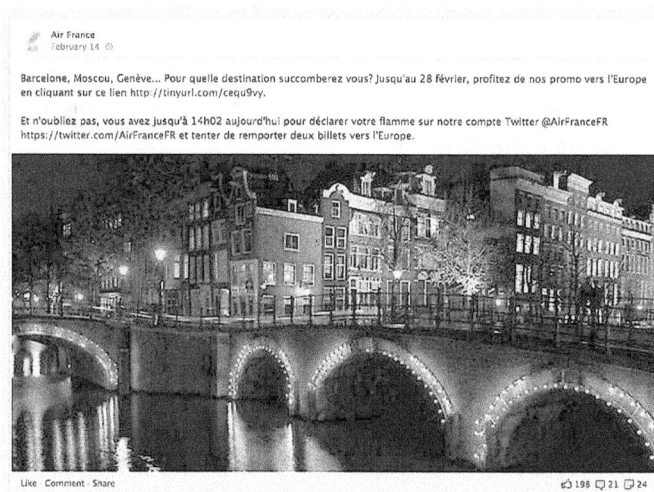

- **Publier des avis et des conseils** : une stratégie conversationnelle réussie passe par la plus-value apportée dans les échanges. En proposant des avis et des conseils, la communauté est incitée à partager ses expériences et les retours des clients.

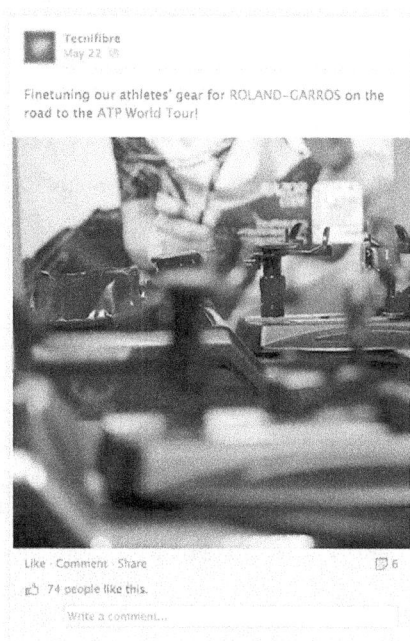

Entretenir de l'animation

Pour générer de la conversation, il est important d'assurer une animation régulière de cette communauté.

L'émergence des réseaux sociaux a conduit les entreprises à réfléchir, non seulement aux actions et aux stratégies possibles pour prendre part à ce phénomène, mais également à l'organisation à mettre en place pour le gérer. Or les forces ne sont pas toutes égales. Si certaines entreprises ont les moyens de recruter des compétences en interne, d'autres doivent faire appel à des ressources externes ou intervenir en autodidactes.

Définition du *community manager*

Le *community manager*, littéralement «gestionnaire de communauté» ou encore «animateur de communauté», est l'élément central d'une bonne stratégie *social media*. Le rôle du *community manager* est de prendre la parole sur les médias sociaux au nom d'une marque pour dissuader, rassurer et montrer sa présence. Il ne va pas intervenir en censeur, mais plutôt remettre en perspective la discussion, être pédagogue, tout en faisant respecter les règles de bienséance, voire les règles juridiques. Il est un véritable membre actif de la communauté et, à ce titre, il devient un peu son porte-parole au sein de l'entreprise.

Le *community manager* a donc pour vocation à surveiller, influencer, contrôler et défendre la réputation d'une marque ou d'une société sur Internet ou sur d'autres canaux ou médias à dimension communautaire. Si les échanges sont libres, l'entreprise est néanmoins responsable de ce qui se dit sur ses espaces communautaires.

Le métier de *community manager* nécessite de réelles qualités relationnelles et rédactionnelles et une parfaite connaissance des usages des réseaux sociaux et des tendances actuelles. Être *community manager* demande de la polyvalence et de la transversalité : modération, veille, maîtrise des outils informatiques, connaissance du produit, connaissance des stratégies de communication de l'entreprise, connaissances du SAV, etc. Il est au centre de tout et doit connaître un maximum de choses pour être le plus réactif possible dans l'animation de sa communauté.

Le choix du *community manager*

Ce choix dépendra également de la structure organisationnelle actuelle de l'entreprise et de son passif sur les réseaux sociaux. Par exemple, existe-t-il déjà une communauté qui manifeste un fort mécontentement ou bien l'entreprise souhaite-elle repositionner sa communauté autour d'un produit nouveau ?

Plusieurs options se présentent : soit internaliser la compétence en recrutant parmi les ressources internes (attention à bien former ou à vérifier que les profils existant ont les compétences requises), soit externaliser cette compétence. Dans ce dernier cas, le métier de *community manager* peut être exercé dans trois cadres différents :

- **Chez l'annonceur** : seules les structures les plus importantes avec des marques multiples peuvent se permettre d'internaliser le *community management*. C'est aussi le cas de petites start-up cherchant à développer rapidement un réseau social propre ou bien à gagner en notoriété. Dans ce type de structure, il arrive également que le *community manager* soit multicasquette et que ce métier ne soit pas son métier principal mais une tâche annexe à ses missions (un chef de produit par exemple).

- **En agence** : les agences de publicité ou de communication ont rapidement compris l'intérêt d'ajouter les réseaux sociaux dans les dispositifs proposés à leurs clients. Il existe trois types d'agence : les agences généralistes dites « agences 360° » qui intègrent les différents métiers de la communication (*print*, RP, packaging, etc.) et intègrent souvent une brique digitale (sous forme de partenariat, sous-traitance ou internalisée), les agences digitales qui maîtrisent les métiers du Web et les agences hyperspécialistes qui se sont créées autour des nouvelles tendances comme les médias sociaux.

- **En freelance/indépendant** : de par la nature même du métier qui peut être complètement dématérialisé et effectué à distance, de nombreux *community manager* ont fait le choix d'être freelances ou indépendants, de travailler à leur compte pour une ou plusieurs entreprises.

Quel que soit le choix retenu, un changement de *community management* peut être dommageable pour une marque : le *community manager* fait partie de la communauté et un trop grand changement dans la communication de l'entreprise peut être perçu comme une trahison qui pourrait entraîner le désintérêt de la communauté.

Le rôle du *community manager*

Les missions qui lui sont confiées peuvent être plus ou moins larges en fonction de son rôle hiérarchique au sein de l'entreprise et de son rattachement à telle ou telle direction (marketing, communication, etc.).

Être le connecteur entre l'entreprise/marque et sa communauté

Le *community manager* ne s'adresse pas uniquement à sa communauté dans son ensemble, mais personnellement à chacun de ses membres. Il doit donc personnaliser la relation, l'adapter. Si les médias classiques permettent de communiquer indistinctement auprès d'une «masse», sur les réseaux sociaux, chacun des membres de la communauté choisit de répondre ou de suivre l'entreprise.

DÉFINITION DES MÉDIAS DE MASSE ET DE LA « MASSE »

On appelle « médias de masse » ou *mass media* en anglais, les médias capables d'atteindre et d'influencer une large audience.

La masse, telle que nommée ici, correspond à un vaste public tel que ciblé par les annonceurs en vue de diffuser leur message, pour un coût relativement raisonnable.

Le *community manager* doit identifier les thèmes sur lesquels les internautes souhaitent échanger et amener de nouveaux sujets pour enrichir la conversation. Avec l'aide des autres services, il doit aussi dresser une liste des sujets à aborder et des questions à se poser dans la conversation :

- **Les produits et services** : sur quels produits ou services l'entreprise souhaite-elle communiquer ? Quels sont leurs avantages ? Quels sont les arguments de vente ? Quels nouveaux produits vont être ou ont été lancés ? Dans le cas d'un choix stratégique où l'entreprise a choisi de positionner directement le produit ou le service et de capitaliser sur lui : quels attributs souhaite-elle mettre en avant ? Quels produits annexes ou accessoires peut-elle mettre en avant autour du produit ?

- **La marque** : l'identité, l'histoire, les valeurs, le mécénat, les équipes/talents, les partenariats, etc., de l'entreprise. Il est également possible de communiquer sur les articles de presse autour de la marque : qui en parle, etc.

- **L'actualité** : quel type d'actualité peut être abordé par la marque : sponsoring sportif ou autre, événements (salons, foires, etc.) ?
- **L'humour** : sur quels sujets humoristiques peut-elle rebondir ?
- **Les dates calendaires** : autour de quelle(s) date(s) l'entreprise souhaite-elle communiquer : fête des Mères, Saint-Patrick, fête de la Musique, Noël, etc.
- **La communauté** : sur quels événements autour de la communauté doit-on rebondir : le nombre de fans atteint, les remerciements, etc. ?

Le *community manager* doit faire vivre la communauté en l'animant, divulguer la bonne parole dans un langage propre aux réseaux sur lequel il diffuse ce message, mais aussi auprès des autres ressources internes de l'entreprise :

- Communiquer, solliciter les membres pour qu'ils interagissent.
- Intéresser les membres pour qu'ils deviennent actifs.
- Solliciter et créer des relations avec les ambassadeurs et les influenceurs.

> Allo Resto a lancé sa dernière campagne autour de la célèbre Katsuni, car le *community manager* l'a interpellée sur Twitter alors qu'elle cherchait une idée de repas pour le soir. En s'insérant dans la conversation, suite à un simple tweet posté sur le compte de la star, la conversation s'est engagée et la Katsuni a finalement été livrée à son domicile par l'enseigne.
>
> La marque va jusqu'à renseigner quand son *community manager* est en congé. Avoir, comme Allo Resto, un *community manager* en interne est une réelle force car celui-ci a une connaissance parfaite de l'entreprise et peut régler très rapidement d'éventuels problèmes, gérer la mise en place d'opérations en direct, etc.

Assurer l'animation et l'entretenir

Le *community manager* doit définir la fréquence de prise de parole de la marque sur les médias sociaux, sans s'enfermer dans une fréquence de publication donnée. Bien sûr, cette fréquence doit être adaptée en fonction des besoins de conversation de la communauté.

Fréquence indicative de prise de parole à mettre en œuvre
sur Facebook en fonction de la taille de la communauté

Type de page	Fréquence de publication recommandée	Commentaires
Marques de moins de 100 000 fans ou bien sans *community manager* dédié.	2 à 5 posts par semaine.	Exceptions possibles si la marque a des annonces à faire légitimant une entorse (lancement de produit, gestion de crise, etc.). Les entorses doivent être ponctuelles.
Marques de plus de 100 000 fans ou avec un *community manager* dédié.	1 post par jour, voire 2, étalés dans la journée.	Réaliser un mix entre les différents messages à publier pour ne pas «lasser» l'utilisateur.
Agence média, presse/TV ou radio.	2 à 12 posts par jour.	L'utilisateur doit pouvoir profiter d'un fil d'actualité assez riche pour rester informé.

Sur les autres plateformes sociales, une animation encore plus régulière est requise, par exemple, sur Twitter, nous conseillons un tweet par jour *a minima* pour maintenir l'attractivité. Il en est de même pour Pinterest, Instagram, etc. (voir module 6, p. 135). En revanche, sur des plateformes spécifiques comme YouTube, l'entreprise n'aura pas forcément une vidéo à proposer par jour, le compte sera animé uniquement lorsqu'une nouvelle actualité intéressante sera mise en ligne. Il en est de même pour LinkedIn et Viadeo.

L'animation c'est aussi une panoplie d'outils qui se construit en fonction des besoins de l'entreprise et de son organisation interne. Mais il est important de créer des processus de validation et de mettre en place des documents référents pour permettre à une autre personne de maintenir l'animation si la personne responsable venait à s'absenter.

Assurer la modération des interactions

Si les plateformes sociales possèdent souvent leurs propres systèmes de modération (mots-clés les plus fréquemment signalés tels que les insultes, le racisme, etc.), il arrive que certains commentaires ou certaines réactions de membres passent au travers des mailles du filet et puissent être contraires aux bonnes mœurs ou nuisibles à la marque.

La liberté d'expression, la volonté de dialogue et d'échanges avec les membres de la page ou encore la notion de transparence veulent que cette modération soit la plus rare possible. Mais laisser des messages indésirables sur une page d'entreprise ou de marque (ou autre) ne fait pas très sérieux et ne donnera pas envie aux internautes de s'y attarder.

À quoi sert une charte de modération ?

Nous vous proposons une liste de thématiques ou de sujets à éviter *a priori* :

- Les thématiques récurrentes en modération : les insultes, le racisme, l'homophobie, les drogues, le sexe, la misogynie, l'alcoolisme, la violence, les sujets « instables » comme la politique ou les sujets d'actualité auxquels vous ne souhaitez pas associer votre marque (licenciement, produit français, éthique, développement durable, etc.).

- Des mots-clés en rapport avec les produits de l'entreprise (des ingrédients néfastes ou soumis à polémique, etc.).

- Pour aller plus loin, la marque peut aussi choisir de mettre le nom de ses concurrents dans la liste afin d'éviter tous dialogues stériles.

Une fois cette liste dressée, il s'agit de réagir à ces différents cas s'ils adviennent. Sur Facebook, il est possible de renseigner les différents mots-clés que vous ne souhaitez pas voir apparaître dans les paramètres d'administration de la page. Nous recommandons d'utiliser la fonction « modération élevée », elle vous permettra de modérer automatiquement tous les termes contenus dans votre liste. Cela ne veut pas dire que l'internaute ne pourra pas publier un message contenant l'un de ses mots-clés, mais son message sera mis en « indésirable » sans qu'il s'en rende compte (ni ses amis d'ailleurs) et cela laisse le temps au *community manager* de répondre sans que le débat prenne de l'ampleur ou qu'un avis néfaste reste trop longtemps sur la page, tout un week-end par exemple. Le *community manager* peut tout simplement choisir de rendre le contenu modéré public et d'y répondre.

Si Facebook possède un niveau avancé en ce qui concerne la modération, ce n'est pas le cas de toutes les plateformes sociales. Sur Twitter, par exemple, aucune modération n'est possible (quasi-impossibilité de modérer un tweet de tiers). Il s'agit donc d'être vigilant selon le support sur lequel se positionner. Par exemple, une marque soumise à la législation Évin pourra difficilement utiliser un réseau comme Twitter sur lequel il est impossible de modérer du contenu non-Évin. Sur les autres réseaux, la modération peut souvent être faite manuellement.

Quand modérer son espace communautaire ?

Pour Olivier Caïra, une communauté se distingue d'un simple groupe d'utilisateur par l'entraide entre ses membres. Il arrive parfois qu'il ne soit pas pertinent d'intervenir systématiquement, même porté par le désir de bien faire : « *Il faut laisser les membres discuter entre eux. N'intervenez qu'en cas de débordement ou pour rectifier des erreurs dommageables. Pour le reste, soyez indulgents et bienveillants.* »

Mais les réseaux sociaux étant des espaces de communication libres entre la marque et sa communauté, il est très important d'être réactif en cas de nécessité. Les avis négatifs ne sont pas forcément néfastes, à condition de les encadrer pour éviter le fameux *bad buzz*. Par exemple, un utilisateur trop agressif envers la marque ou bien envers les autres membres de la communauté est un problème qui doit être réglé très rapidement pour éviter l'effet « boule de neige ».

Cas possibles avec les règles de modération à mettre en place

Les cas possibles	Action à mettre en place
1. Quelqu'un publie une insulte à l'encontre de votre marque ou d'un autre utilisateur	Suppression immédiate de la publication. Si la personne réitère son action, il est recommandé de supprimer encore et d'expliquer à l'utilisateur que les entraves aux bonnes mœurs ne sont pas admises.
2. Une personne critique ouvertement l'entreprise ou la marque	Si la critique est constructive, nous recommandons de ne pas supprimer le post. Néanmoins, une réponse adaptée, argumentée et sans langue de bois devra y être apportée dans la mesure du possible (maniée avec précaution et définie en amont). Il est très important de fournir une liste des « sujets chauds » avec des éléments de réponses, voire des réponses déjà validées que le *community manager* pourra poster et enrichir.
3. Un individu évoque directement un produit concurrent	• La personne dénigre la marque du concurrent ou bien dénigre votre marque au travers de celle du concurrent. Dans ce cas nous recommandons de supprimer le post et d'expliquer votre démarche à l'utilisateur. • La personne compare ou bien évoque le produit concurrent sans agressivité, dans ce cas nous recommandons de le laisser, mais nous suivrons de près les réactions entraînées.

Les cas possibles	Action à mettre en place
4. Quelqu'un vient faire la promotion de sa page ou de son service.	• Effacer le message rapidement sans justifier au fan car il va de soi que toute publicité est interdite sur une page de marque. • Exceptions possibles s'il s'agit d'un partenaire ou bien si c'est dans le cadre d'un sponsoring.
5. Une question ou une remarque complètement décalée par rapport à la page est postée	La question est ici de savoir la récurrence de ce genre d'interventions. Tant que cela ne concerne que des cas isolés, nous proposons de laisser ces posts.
6. Suggestion par rapport au produit, remarque «neutre» sur une pub un produit (type j'aime, j'aime pas)	Laisser le message, mais ne pas y répondre.
7. Demande de partenariat	Redirection vers le service en charge ou bien réponse directe.
8. Plainte consommateur	Rediriger vers le service consommateur ou apporter directement une réponse sur la page.

Il est important d'enrichir constamment ce document en fonction des nouveaux cas.

Les règles de base de la modération

Vous devez gérer le négatif avec transparence et honnêteté :

• ne jamais avancer masqué ;

• ne pas rejeter systématiquement les critiques ;

• valoriser les intervenants en tant qu'experts ;

• établir un contact personnel, une réponse adaptée si nécessaire.

Prenons les principaux cas énoncés dans le tableau ci-dessous et détaillons-les.

Dans le cas d'une **insulte** à l'encontre de la marque ou d'un autre utilisateur : dans la majeure partie des cas, le contenu posté par l'utilisateur est automatiquement modéré. Mais la question se pose de savoir quand commence l'injure, par exemple. Selon les différentes susceptibilités, une réponse cinglante peut être vécue comme une injure par un autre membre de la communauté. Cela dépend des cultures.

> Un utilisateur s'adressant à un autre lui écrit : « T'es vraiment nul à ch… ». Dans ce cas précis, mieux vaut modérer le commentaire pour éviter que le second membre de la communauté surenchérisse ou réagisse mal à ce commentaire.

Dans le cas, d'une **critique ouverte** de l'entreprise ou la marque : mieux vaut apporter une réponse à l'internaute pour que les autres internautes puissent découvrir eux aussi la réponse et interagir. Dans de nombreux cas, d'autres membres de la communauté viennent même défendre l'entreprise contre l'utilisateur mécontent. Dans ce cas, il vous faut rester garant du respect des règles de bonnes conduites dans les échanges entre ces membres.

> Exemple : « Je n'aime pas cette pub. C'est une pub débile qu'on n'a même pas envie de regarder. C'est vraiment nul. »
> Réponse : « Bonjour xxx. Merci beaucoup d'avoir partagé votre avis avec nous. En ce qui concerne cette publicité et notre nouvelle mascotte, nous avons gardé l'esprit des anciens : des êtres attachants ! Nous vous invitons à leur laisser une chance, beaucoup de surprises à venir. Bonne journée. » Il est important de rester très poli pour ne pas envenimer la conversation.

Dans le cas d'une **comparaison** avec un produit concurrent. Si vous n'êtes pas impliqué dans un procès pour diffamation envers vos concurrents, rien ne vous oblige à supprimer ce type message. Les internautes peuvent comparer deux produits dans la limite du respect des bonnes mœurs.

> Par exemple : « Je préfère VOTRE MARQUE, elle est tellement meilleure ! CONCURRENT c'est beurk ! »

Dans le cas, d'un **contenu sans aucun rapport avec votre marque, vos produits ou vos services** : les échanges dans une communauté partent d'un postulat implicite reposant sur le fait que ces espaces sont régis par une ligne éditoriale claire. Pourtant, il arrive que certains utilisateurs postent une remarque ou une question totalement décalée par rapport à la ligne directrice et aux échanges en cours. Il arrive même que le sujet soit en rapport avec l'un de vos concurrents ou avec un sujet n'ayant rien à voir avec votre marque.

> Un utilisateur vient poster «joyeux anniversaire» destiné à un membre de sa famille. Le message a l'air personnel, certainement une erreur de manipulation. Deux options s'offrent à vous, soit vous lui signifiez son erreur, soit vous supprimez le post qui ne vous concerne pas du tout et qui n'amènera aucun échange.

Il s'agit de modérer pour éviter de surcharger la page avec des messages qui pourraient tromper des visiteurs intéressés par la vraie teneur de la page.

Pour les remarques neutres, mieux vaut répondre directement en fonction de vos produits.

> Par exemple : «Pourquoi nous la changer notre [nom de l'égérie]?» Réponse : «Je vous comprends, vous savez. Vous avez passé plusieurs années à faire connaissance avec l'ancienne égérie, à jouer sur Facebook, à relever des défis et des missions, etc.! Mais prenez le temps de découvrir la nouvelle et vous verrez, vous ne serez pas déçu! Parole de [nom égérie]»

Le cas des questions relatives au **service après-vente** : si les demandes sont peu nombreuses et que le *community manager* a la capacité de les traiter directement, cela permet de créer plus de réactivité auprès des consommateurs. En revanche si les demandes se multiplient, que les ressources internes ne peuvent pas répondre dans un délai raisonnable ou que les utilisateurs postent leurs données personnelles (information de commande) sur la page, une modération ou un renvoi vers le service téléphonique ou le mail compétent est vivement conseillé.

Les huit points à retenir pour un *community management* efficace

1. Ouvrez la discussion : le principe de base d'une conversation réussie est la capacité d'une marque à ouvrir le dialogue pour générer un plus grand engagement de la part de ses utilisateurs.

2. Le *community management* est un métier à part entière qui ne saurait être sous-traité à une personne non compétente ou non formée. C'est à cette personne que vous allez confier le dialogue avec les consommateurs et les prospects, alors mieux vaut choisir un « vrai professionnel » qu'un « bricoleur ».

3. Dotez-vous des moyens financiers et humains pour animer vos communautés. Animer une communauté demande du temps, des outils et des personnes compétentes.

4. Le *community manager* entretient l'animation ! Ne pensez pas qu'il fera croître de façon significative la taille de votre communauté. Le *community manager* est là pour converser avec votre communauté et accessoirement la faire croître mais pas l'inverse, ce n'est pas un magicien et il ne peut pas remplacer une campagne média de recrutement.

5. Le *community manager* doit être autonome : définissez avec lui les règles de modération à mettre en place et impliquez les différentes équipes autour de lui afin de lui laisser une plus grande latitude d'action en cas de problème ou de nouveaux cas à traiter.

6. Le *community manager* doit établir de grandes lignes de conversation validées avec les différentes équipes. Même s'il se doit de s'adapter à l'actualité de votre entreprise ou à l'actualité en général, un planning conversationnel permet de garder de grandes lignes directrices sur le long terme.

7. Le *community manager* doit s'adapter à sa communauté et au contexte auquel il fait face. Un bon *community manager* est en veille permanente et fait remonter les informations aux différents services.

8. Il est le garant de la pérennité de la communauté et doit la modérer. Les échanges se font sous la responsabilité de votre entreprise, vous devez garantir un bon respect des règles.

Storytelling et *brand content*

....

OBJECTIFS

• *Créer de l'empathie autour de la marque en racontant
une histoire à son audience pour mieux la capter et l'impliquer.*

....

Une marque, aujourd'hui, ne vend pas qu'un produit ou un service, elle vend aussi une histoire, une personnalité et une image spécifique. Cette histoire doit être travaillée, modelée, sculptée pour s'adapter à la stratégie de l'entreprise, la rendre attractive, plaisante et vendre une expérience de marque intéressante. Année après année, la marque construit un idéal dans l'imaginaire des consommateurs.

Prenons des exemples simples. Imaginez-vous des marques comme Coca-Cola ou Red Bull exister sans leur histoire ? Pour vous, Coca-Cola, c'est simplement une bouteille avec de l'eau et du sucre ou beaucoup plus ? Red Bull une simple canette qui donne de l'énergie ou beaucoup plus ? Les marques qui réussissent le mieux ne sont pas forcément celles qui disposent du produit parfait, ce sont celles qui racontent la plus belle histoire, qui fédèrent les consommateurs autour d'une promesse, autour d'une aventure passionnante qui leur plaît, pour donner un univers à leur produit.

Une entreprise ne devrait-elle pas passer davantage de temps à développer son histoire que ses produits ? Notamment sur les médias sociaux, puisque l'on dispose d'outils qui facilitent la création d'une histoire et sa diffusion massive auprès de sa communauté.

En France, selon une enquête Ipsos de 2013, 20 % des internautes estiment qu'un contenu amusant et intéressant les incite à suivre une marque sur les réseaux sociaux (ce chiffre monte à 36 % aux États-Unis par exemple, ou même 51 % en Indonésie).

Une histoire qui fait vendre

Cette nouvelle tendance, apparue au milieu des années 1990 aux États-Unis, s'appelle le *storytelling*. Elle fait partie intégrante du *brand content*.

Il s'agit d'une création de contenu, en surplus de l'activité principale de l'entreprise, qui sert à optimiser l'image d'une marque et à immerger les consommateurs dans son histoire.

Nouveau territoire de communication

Le *brand content*, c'est le contenu (matériel ou immatériel) qu'une marque produit hors de ses produits ou de ses services principaux. C'est un contenu qu'elle crée mais qui n'est pas vendu aux consommateurs, un contenu qui vient en soutien de sa communication et qui sert à alimenter son image de marque. Cela peut prendre la forme d'événements, de sponsoring, de publicités télévisuelles, et, aujourd'hui, de tout ce qui passe par le Web et les médias sociaux, comme les blogs et les contenus publiés sur Facebook, Twitter et autres. Comment faut-il appréhender cette création de contenu sur les médias sociaux ? En quoi cela peut-il aider à booster la communication ?

Le *storytelling* est la manière de scénariser une prise de parole et un *brand content* et de créer une histoire autour de la marque ou autour des valeurs de la marque pour séduire une communauté et l'emmener dans une aventure de marque, plus attractive qu'un discours commercial classique. Le *storytelling* part d'abord d'une idée simple. Pour Chip Heath, professeur de psychosociologie des organisations à l'université de Stanford, et Dan Heath, conseiller en formation des dirigeants à l'université de Duke, il existe six conditions pour qu'une idée aboutisse à une histoire.

« Simplicité » : identifier le noyau dur d'une idée et réduire cette idée à son message le plus simple

Selon le principe du « téléphone arabe », plus le message est long et contient d'idées différentes, moins ces dernières seront retenues et comprises. Et plus le cercle est grand, plus le phénomène prend de l'importance. Comme le disait Léonard de Vinci, « la simplicité est la sophistication suprême ».

> McDonald's raconte une histoire très simple à travers ses publicités et de sa communication Web : « Chez McDonald's, venez comme vous êtes. » Dans son histoire, la marque démontre que, peu importe le statut social ou bien le mode de vie de ses clients, tout le monde a sa place chez McDonald's.

« Inattendu » : trouver une idée inhabituelle pour créer un effet de surprise

Nous sommes surexposés aux messages publicitaires et il est rare de se rappeler tous ceux auxquels nous avons été exposés pendant une journée. Plus l'histoire racontée sera inattendue, plus elle déclenchera d'émotion chez la cible : une alerte « mentale » permet de capter son attention et de s'assurer une meilleure mémorisation du message.

> La nouvelle campagne de communication de la marque Kiss Cool met en scène un homme déguisé en chien-assis sur un canapé. Pour illustrer le « deuxième effet Kiss Cool » du célèbre bonbon à la menthe, le corps du chien s'allonge de sorte qu'à l'autre extrémité du corps, apparaisse une deuxième tête humaine déguisée en chien. L'idée est tellement surprenante que les réactions sont vives et la publicité facilement mémorisée pour illustrer le « deuxième effet Kiss Cool », qui caractérise le produit.

« Crédibilité » : fournir une idée acceptable et possible

Les rumeurs se répandent très vite sur Internet, mais pour qu'une idée émerge, il faut que sa source soit crédible. De même, l'idée elle-même doit reposer sur des faits réels pour ne pas mécontenter l'audience.

> Carambar a annoncé début 2013 la fin des blagues imprimées sur le papier d'emballage des produits. Pour donner de la crédibilité à l'information, la marque a envoyé un communiqué de presse officiel expliquant pourquoi la marque arrêtait de produire les blagues Carambar. Ce communiqué a rendu l'idée crédible et a contribué à sa large diffusion sur Internet et dans les journaux d'information télévisés. Le jour où la marque a annoncé que cette annonce était « la plus grosse blague Carambar » des milliers de fans et de professionnels ont crié au scandale. Pour éviter cet effet pervers, mieux vaut que la crédibilité repose sur la véracité de l'information.

«Concret»: l'idée doit répondre à un besoin

Lorsque l'on raconte une histoire, la mémoire fait appel à des repères concrets. Par exemple, le récit va être étayé de détails précis qui vont permettre de donner des repères à la personne qui l'écoute. Le point d'accroche d'une histoire est essentiel puisqu'il permet de faire référence à nos propres expériences antérieures.

> La dernière campagne Nescafé s'articule autour d'une idée : «Les vraies rencontres font les vrais amis.» L'association de cette idée avec le moment «café» permet au récepteur du message de s'imprégner du message en faisant appel à son propre vécu : «partager un café avec un ami».

«Émotion»: aider la cible à visualiser l'importance d'une idée

Chaque jour, le récit de notre existence s'enrichit de diverses anecdotes de la vie courante. Ces anecdotes reposent sur du «vécu» qui permet de donner un sens à l'histoire racontée. Dans cette logique, la personne qui incarne le récit permet de créer un lien très fort avec l'audience, ce même récit s'enrichit de diverses anecdotes qui viennent renforcer l'affect. Pour faire ressortir une idée, les marques doivent mettre en scène un «héros» lui-même incarné par un membre de la société (par exemple Steve Jobs pour la marque Apple) ou bien un personnage fictif (par exemple Crédito, le personnage vert de Cetelem) ou encore le client lui-même (chez Ikea, les consommateurs sont des héros du quotidien). Ce personnage ou cet avatar vient renforcer la proximité entre le message et le récepteur du message.

«Scénario»: mettre en scène une idée à travers un récit

La sixième règle découle des autres. Pour que l'histoire naisse, elle doit respecter les différents critères ci-contre. L'idée doit être mise en scène à travers une histoire ou des histoires articulées autour d'un fil rouge.

CAS

LE STORYTELLING SELON GROUPAMA

Prenons l'exemple de Groupama et sa célèbre Cerise. Tout le *storytelling* de la marque est fondé sur ce personnage facilement reconnaissable par sa robe à pois verts qui intervient dans des scènes du quotidien qui peuvent arriver au plus grand nombre (panne de voiture, chute physique, dégât matériel comme des lunettes cassées, une famille qui s'agrandit et qui nécessite une voiture plus grande, etc.).

Si nous reprenons les six conditions de Chip Heath et Dan Heath pour l'existence d'une idée, et que nous les transposons dans l'exemple de Groupama :

- Simplicité : « Groupama, toujours là pour moi ».
- Inattendu : une femme avec une robe à pois verts dans un monde aussi « sérieux » que l'assurance.
- Crédibilité : un organisme d'assurance qui propose des solutions contre les tracas du quotidien.
- Concret : les scènes du quotidien retracées (panne, dégât, perte, achat, etc.) font appel à des situations vécues par tous.
- Émotion : Cerise incarne la marque et la rend plus proche de ses consommateurs en les aidant dans des situations difficiles.
- Scénario : facilement reconnaissable avec sa robe blanche à pois verts, Cerise évolue au fur et à mesure des sujets d'actualité ou des problèmes qui peuvent arriver dans une vie. Elle propose des solutions concrètes au consommateur. L'actrice qui incarne le personnage est amenée à changer, un peu comme James Bond, s'adaptant ainsi à un nouveau public. La marque a changé d'actrice et toute une histoire est racontée autour de ce renouvellement en invitant les fans de la page Facebook à se joindre à un événement Facebook : le pot d'arrivée de la nouvelle Cerise. Une application Facebook permet de faire découvrir à la communauté le visage de la nouvelle actrice, pour un renouvellement tout en douceur.

L'objectif d'un *storytelling* est de créer du contenu en permanence, tout au long de la vie d'une marque, en accord avec son ADN, avec ses valeurs et la personnalité qu'elle veut donner à sa communication. En racontant une histoire, on adopte une tonalité, et c'est cette tonalité qu'il faut travailler, selon que la marque souhaite se donner une image sérieuse et corporate, ou amusante et décalée, ou ludique et passionnante. Il existe un unique *storytelling* par marque, chaque entité dispose de sa propre tonalité.

Développer l'empathie

Pour séduire les consommateurs, une marque doit raconter une histoire cohérente, intéressante, séduisante, qui correspond à leurs valeurs et à leurs attentes. Si elle parvient à leur plaire autant qu'un film ou un livre, ils s'attacheront d'autant plus à elle et seront d'autant plus enclins à lui rester fidèles. Selon la définition d'e-marketing, « le *storytelling* est l'art d'utiliser des mots et des actions pour révéler les éléments et les images d'une histoire interactive encourageant l'imagination des auditeurs ».

Sur le digital, le *storytelling* remanie les codes anciens et les fait évoluer pour créer toujours plus de proximité avec l'internaute.

- Sur le digital, **l'internaute peut être acteur du récit**, il peut le faire évoluer en fonction de ses attentes et il peut y avoir différentes fins et issues possibles. Pour intéresser une cible, il faut proposer un contenu divertissant, même s'il s'éloigne du produit ou d'une prise de parole commerciale, répétitive et inintéressante.

> Dans sa dernière campagne de publicité, Mercedes-Benz laissait l'internaute prendre le volant de sa voiture Class A. Celui-ci était invité à venir écrire la fin de la campagne publicitaire en twittant avec le *hashtag* #Youdrive. Pour décider de la fin de la publicité, il devait twitter « #hide ou #escape » pour piloter la voiture et décider de la route à prendre pour se rendre à un concert en déjouant les pièges et obstacles sur la route.

- **L'utilisateur doit accepter de croire à l'histoire racontée par la marque.** Pour l'agence Socult, le spectateur effectue une opération mentale par laquelle il met son incrédulité en suspens en acceptant de laisser de côté son scepticisme le temps de prendre connaissance de l'histoire.

> Dans sa dernière campagne « braquage à la française », Renault a mis en scène des simulations de prises d'otage de clients venant tester une nouvelle voiture. Pour ne rien laisser au hasard, les braqueurs étaient déguisés en clowns, des billets étaient éparpillés, la nervosité et l'agressivité étaient palpables, de sorte que les personnes prises au piège vivent l'aventure pleinement. Des vidéos étaient ensuite postées sur YouTube. L'internaute, quant à lui, était invité à venir participer à un jeu-concours sur les réseaux sociaux pour mener sa propre enquête

en ligne et démasquer le cerveau du gang. Cet exemple illustre bien la nécessité pour l'internaute de se plonger dans l'histoire pour y participer même s'il n'est pas lui-même la victime du braquage.

- **Les barrières entre le monde réel et le monde virtuel se confondent en maintenant l'utilisateur dans l'histoire.** Par exemple, l'utilisateur est capté par une histoire racontée quotidiennement sur une page Facebook ou un compte Twitter et se sent impliqué. Il peut suivre les aventures d'un héros au jour le jour.

Marmara met en scène son avatar « Matt l'animateur » sur les réseaux sociaux et le met en scène dans des situations de la vie quotidienne : Fête de la musique, sortie du dernier film de Superman, épreuve de baccalauréat en philosophie, etc. En s'ancrant dans le quotidien de l'utilisateur, ce dernier s'approprie le personnage et se sent impliqué dans l'histoire qu'il raconte.

- **Un personnage doit permettre de faire le pont entre l'histoire et le spectateur :** une bonne histoire passe avant tout par de bons personnages. L'internaute pourrait ressentir les mêmes sentiments que le personnage mis en scène. Dans certains cas, il peut même contrôler le personnage, comme les jeux vidéo par exemple.

Magnum dans sa campagne « Pleasure hunt across the Internet », a mis en scène une femme que l'internaute pouvait faire circuler de site en site pour ramasser des glaces et gagner des points. Afin de promouvoir les mini-magnums, celui-ci était invité à se promener à travers une dizaine de pages Web, comme YouTube ou Spotify, pour récolter autant de chocolats que possible et ainsi gagner le plus de points et enfin faire partager son score à ses amis.

La grande force du *brand content* est de donner à une communauté le contenu qu'elle désire, et non pas de la forcer à regarder du contenu trop corporate. Le *storytelling* permet de favoriser l'engagement émotionnel. Mais le récit ne doit pas être déconnecté de la marque et de la cible, il doit être élaboré avec précision et son personnage doit retranscrire les valeurs et comportements attachés à la marque. Il faut travailler ce *brand content* sur le long terme, afin de fidéliser l'audience et d'immerger la communauté dans une expérience de marque.

Les histoires racontées créent de l'émotion, ce qui permet à la marque d'obtenir un avantage concurrentiel et, à terme, de générer des achats. Le destinataire doit vibrer et devenir le porteur de l'histoire pour la partager à son tour avec son réseau et jouer sur l'effet de viralité.

Les bonnes raisons de faire du *storytelling*

Faire vivre une expérience

Raconter une histoire autour d'une marque, c'est sortir d'une relation tendue entre un consommateur et une entreprise ; c'est rentrer dans une relation à double sens, une relation fondée sur le partage d'un contenu intéressant et captivant. Il ne s'agit plus de publicité agressive, mais d'une communication douce et interactive. La marque permet à sa communauté de participer à son expérience, c'est un voyage en immersion dans l'univers de communication de la marque qui veut faire plaisir à son audience et installer une relation de confiance.

Révéler ce qui rend le message unique

Chaque marque est unique, mais les consommateurs ne le savent peut-être pas toujours. La communication peut aider une entreprise à se démarquer. Peut-être son produit – ou son service – est-il similaire à ce qui existe sur le marché ? C'est justement l'image de marque qui fait la différence. Faire du *storytelling*, c'est assumer son positionnement et convaincre sa communauté que l'entreprise est pertinente dans le domaine et qu'elle répond à ses attentes en lui proposant un message qui lui correspond, différent des autres. En effet, l'entreprise se démarque par une tonalité propre, un style graphique qui lui est propre.

Créer un lien émotionnel avec la communauté

Comme on l'a vu précédemment, le *storytelling* est surtout un moyen de se rapprocher d'une communauté, de nouer une relation émotionnelle avec elle, de sentir ce qu'elle a envie de lire, de regarder, d'écouter, d'expérimenter, et de lui offrir ce qu'elle souhaite trouver sur les plateformes de la marque. Ce n'est plus une approche purement commerciale puisqu'il s'agit de tisser un lien durable, à long terme, avec sa communauté, de lancer une dynamique positive, pour se forger une identité de marque forte. Le *storytelling*, c'est l'art de convaincre par l'émotion. Mieux vaut une histoire émouvante qu'un discours argumenté.

Donner du sens aux informations

Évidemment, partager sur les médias sociaux du contenu informatif est peu intéressant et peu attractif si l'on considère la masse d'informations qu'un internaute a à sa disposition. C'est pourquoi en scénarisant les informations que l'entreprise donne et en embellissant ce qu'elle a à dire, elle attire la curiosité de son audience, et l'incite à lire/à regarder le contenu jusqu'au bout. Même un contenu informatif et pratique peut être présenté de façon à correspondre à l'image de marque et à l'émotion que l'on veut provoquer.

Motiver l'audience à adhérer à votre cause

Donner du contenu à son audience n'a pas pour seul but de lui faire plaisir et de ne rien obtenir en retour. C'est une manière douce de rallier les consommateurs à l'univers de l'entreprise, de les séduire et de leur montrer que l'entreprise possède une image qui leur correspond. C'est alors que l'audience devient une communauté, qu'elle devient proactive et s'investit dans la vie de la marque. Il sera alors possible de stimuler ses émotions, ses passions, ses intérêts, mais surtout travailler sa préférence de marque, pour que celle-ci devienne une évidence de consommation.

Inciter au partage

C'est bien connu, chacun partage ce qu'il aime, ce qui le fait vibrer. Malheureusement, peu de personnes partagent l'actualité d'une marque ou d'une entreprise. Mais si l'on travaille à rendre le contenu d'une marque pertinent et intéressant pour qu'il touche l'audience de façon durable, alors cette audience va partager ce contenu et ces informations avec ses amis, même si, *in fine*, elles ont un but commercial. Et l'avantage des médias sociaux est que ce partage se fait en temps réel, rapidement et de façon virale. Une marque a donc tout à gagner à propager un contenu intéressant, qui ne touchera pas seulement sa cible, mais aussi ses amis et son entourage.

Mécaniques du *storytelling* : travailler la forme

La structure du *storytelling* sur les médias sociaux

Si nous reprenons la structure narrative classique d'un récit, elle se construit comme suit :

- Situation initiale : qui est là au départ ? Où cela se passe-t-il ? Quand ?
- Élément déclencheur de péripéties ou élément perturbateur : quel élément déclencheur entraîne-t-il un changement de situation ?
- Péripéties ou nœud : que fait le personnage ou que font les personnages, bref, que se passe-t-il ? Comment cela se passe-t-il ?
- Dénouement ou éléments de résolution : quel événement ou action permet de solutionner la situation ?
- Situation finale : comment la situation va-t-elle continuer ? Quelle est la morale ? Comment boucler la boucle ?

Dans le cas de la narration numérique, la structure est la même : des péripéties sont créées, par l'intermédiaire d'un post Facebook par exemple, et ce post peut lui-même générer de nouvelles péripéties par l'intermédiaire des commentaires des fans Facebook.

Dans ce cas précis, un certain nombre d'actions des internautes peuvent intervenir dans le processus de narration (aimer un statut, commenter, partager). Les marques ont elles aussi les mêmes possibilités d'interagir avec les internautes dans le processus de narration (« liker » le commentaire d'un fan, y répondre, retweeter, etc.). Pour Marie Pestel de XfoisY, « désormais, les individus se racontent comme des marques et les marques comme des individus ».

Il s'agit donc de décliner une narration classique en l'adaptant aux réseaux sociaux et à leurs contraintes :

- Sur Facebook, le récit est intrinsèque au post : les internautes échangent sur un post précis.
- Sur Twitter, et notamment grâce aux *hashtags*, une histoire peut être racontée par un tweet ou une série de tweets et transmis à d'autres twittos. Chaque personne peut apporter sa contribution à la péripétie.
- Sur Foursquare, le récit passe par la narration des lieux, la narration d'un parcours de vie, etc.

• Il est également possible de faire vivre une expérience à l'internaute au travers des différents supports, en l'amenant à se déplacer entre toutes les composantes de l'univers digital.

Le schéma actanciel, créé par A. J. Greimas en 1966, rassemble les rôles (les actants) et les relations qui permettent de former la narration d'un récit par actes.

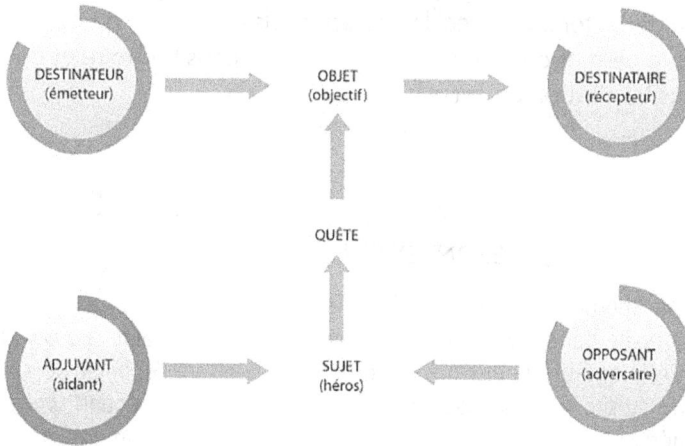

Le modèle actanciel décrit le processus dans lequel un personnage, le héros, poursuit la quête d'un objet. Les adjuvants représentent les personnages, événements ou objets aidant le héros dans sa quête tandis que les opposants représentent les personnages, événement ou objets négatifs qui nuisent à la quête.

Dans une narration numérique, les adjuvants peuvent être représentés par la communauté de la marque et les opposants par les concurrents ou les détracteurs de cette même marque. La quête possède un objectif, un but émanant d'un destinateur (émetteur) au bénéfice d'un destinataire.

À la différence de la narration classique, la narration numérique est non linéaire et les événements peuvent être relatés dans un tout ordre de celui dans lequel ils ont été créés.

Ces différentes parties sont reliées par trois axes:

• l'axe du désir ou de la quête porté par le sujet et l'objet;

• l'axe de la communication qui relie le destinateur et le destinataire;

• l'axe du pouvoir concentré entre les adjuvants et les opposants.

> Dans le cas d'Apple, la marque Apple (le destinateur) représentée par Steve Jobs (le héros), qui cherche à promouvoir ses produits Apple (objet). Les fans et la communauté de la marque (adjuvants) participeront à la vie des produits, à leur promotion en opposition aux marques concurrentes comme Samsung, HTC (les opposants).

La seconde différence avec la narration classique est que la narration numérique permet de faire intervenir le public dans l'histoire et de l'impliquer dans l'évolution de cette histoire.

CAS

SPONTEX ET LE HÉRISSON

La marque Spontex raconte l'histoire d'un hérisson amoureux de son éponge Spontex. Le site de la marque est organisé comme un véritable site de rencontre où chaque internaute peut trouver, comme le hérisson, l'éponge de ses rêves. Une partie du site relate la *love story* du hérisson avec une section spéciale « Les exs du hérisson » et deux sections « Blog » permettant à l'internaute de venir enrichir le contenu : « Les dieux du ménage » (photos de scènes de ménage) et une section « Le blog de Zoé » qui publie des articles autour du ménage sur lequel les internautes peuvent venir échanger. L'histoire d'amour entre le hérisson et l'éponge est ensuite déclinée sur différents réseaux sociaux :

- la page Facebook qui propose des posts réguliers, en fonction de l'actualité avec le hérisson comme héros ;
- un compte Pinterest où les internautes peuvent venir partager leurs photos d'éponge et de hérissons.

En interagissant sur les contenus proposés par la marque Spontex (le destinateur), le hérisson (le héros) et son histoire d'amour avec l'éponge Spontex (l'objet) ont permis à des milliers d'internautes de se passionner pour ces petites histoires du quotidien. Les internautes (les adjuvants) qui sont représentés par une communauté jeune ne sont pas forcément les consommateurs directs du produit, la cible visée étant les adultes (les destinataires). En racontant cette histoire sur les réseaux sociaux, la marque Spontex a conquis un large public. Le contenu est ciblé selon les réseaux, ce qui permet d'être en adéquation avec le public. L'histoire a même dépassé les frontières des réseaux sociaux puisque l'histoire d'amour est désormais mise en avant sur les packagings permettant de s'adresser aux destinataires du récit (les clients finaux) et de différencier les produits de la concurrence (les opposants). Ces derniers proposent des produits similaires, parfois même moins chers, mais la relation d'affection permet de dépasser ses barrières à la consommation.

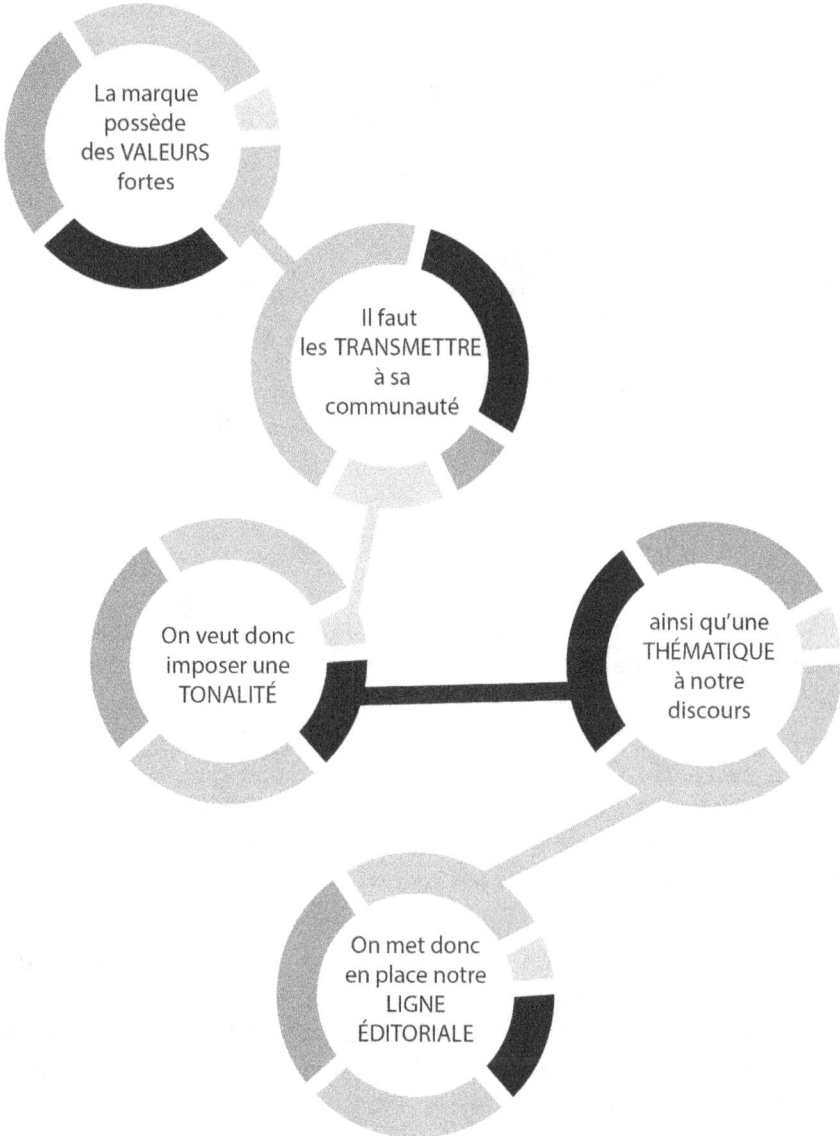

La marque possède des VALEURS fortes

Il faut les TRANSMETTRE à sa communauté

On veut donc imposer une TONALITÉ

ainsi qu'une THÉMATIQUE à notre discours

On met donc en place notre LIGNE ÉDITORIALE

Respecter un planning éditorial solide

Avant de travailler le contenu, il faut déterminer une ligne éditoriale, établir un planning, choisir les plateformes de diffusion, et englober le tout dans une signature de marque forte. Pour le contenu, il faut déterminer quel type de contenu sera diffusé sur les médias (texte, photo, vidéo, son) et quelle histoire sera mise en scène en fonction des objectifs et de l'univers de communication. On appelle cela une «galaxie de plateformes de diffusion».

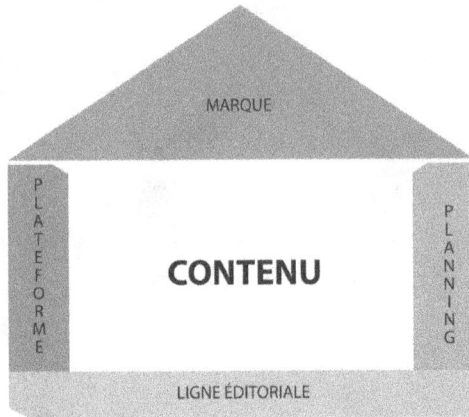

Il s'agit d'un ensemble interconnecté de plateformes officielles qui délimitent l'étendue de la présence d'une marque sur le Web. On peut évidemment ne disposer que de deux réseaux ou de plusieurs. Chaque galaxie est propre à chaque marque et personnalisable. L'intérêt n'est pas d'avoir le plus de plateformes possibles, mais de ne garder que celles qui sont pertinentes pour son entité. Il faut toujours avoir à l'esprit la structure de cette galaxie, savoir combien de réseaux l'on possède, savoir lesquels sont les plus importants et comment ils sont interconnectés.

Il est essentiel d'uniformiser ces plateformes. Le *brand content* doit être reconnaissable par la communauté. En basculant d'une plateforme à une autre, un utilisateur ne doit pas être perdu et doit se sentir en permanence dans l'univers de la marque. C'est pourquoi on s'attachera à garder le même logo, la même identité graphique, les mêmes couleurs principales, éventuellement le même slogan, et l'ensemble de ce qui peut permettre à la marque d'uniformiser ses plateformes pour construire une galaxie facilement identifiable.

Un conseil précieux est de ne pas diffuser de contenu au hasard, de façon aléatoire. Il faut avoir une stratégie claire et fixée à l'avance.

Un planning cadré

On tâchera donc de déterminer à quelle fréquence publier son contenu, et sur quelles plateformes le diffuser, en essayant d'équilibrer ces éléments selon la quantité de contenu dont on dispose. Ce planning permet à tous les intervenants de la marque de savoir précisément ce qui va être diffusé à toute la communauté, d'avoir une visibilité sur le contenu et de pouvoir y greffer les différentes opérations externes qu'il faut lier aux plateformes Web.

Il est judicieux d'établir ce planning :

- sur l'année (avec tous les événements forts de la marque, même offline) ;
- sur le mois (avec les différentes thématiques abordées) ;
- sur la semaine (avec ce qui sera publié quotidiennement et sur quelles plateformes) ;
- sur la journée (éventuellement, s'il y a beaucoup de contenu, à quels horaires publier).

Type de post	Description	Fréquence
Post usuel	Dates importantes dans l'année + politesse (bonjour, etc...	20 fois par an
Post communautaire	Nombre de fan, avantage communauté, mise en avant de fan	10 fois par an
Post de marque/secteur	Actualité en rapport avec la marque ou le secteur (changement logo, article sur la société...) => difficulté d'obtenir du like/partage mais nécessaire	5 à 10 fois par an
Post produit	Présentation nouveau produit, article sur un produit, témoignage d'utilisateur (non commercial)	5 à 10 fois par an
Post commercial	Bon plan, offre spéciale	À utiliser de façon très occasionnelle
Post animation simple	Post autour de la vie de la marque dépend de la stratégie de com choisie, jeux concours organisés, ...	Le plus souvent possible en fonction de la taille de la communauté
Post animation complexe	Post plus élaboré de type devinette	1 à 2 fois par an
Post humoristique	Rebondir sur l'actualité, humour, anecdote interne, ...	2 à 3 fois par an

N'oublions pas, néanmoins, que la patience est la clé du succès lorsque l'on fait du *storytelling*. Les visiteurs ne seront pas convertis en clients sur le moment même ; c'est une stratégie à long terme. Le but premier du *storytelling* est de booster l'image de marque, de travailler la notoriété de la marque, de faire grandir sa visibilité, de lancer une dynamique positive, de se forger une place de leader et d'expert dans son secteur.

C'est sur le long terme que la marque va pouvoir émerger en tant que référence dans son domaine et qu'elle va faire la différence avec ses concurrents pour, au fur et à mesure, s'imposer en tant que leader de communication et, finalement, l'emporter dans l'esprit des consommateurs.

Définir des fréquences de publication

Par défaut, la fréquence de publication conseillée est de trois fois par semaine sur Facebook, au minimum une fois par jour sur Twitter, au moins une fois par mois sur le blog. Les autres plateformes doivent être alimentées selon le contenu disponible. Il faut diffuser le maximum d'informations et de contenu, tout en pensant à ne pas surcharger les fans et à ne pas les harceler. Il faut savoir ne pas être trop présent et créer de l'attente.

> On déconseille de publier du contenu avant 8 heures du matin et après minuit. Pour une cible jeune et étudiante, on publiera le soir et le week-end. Pour une cible plus adulte, on publiera en journée (heures de bureau).

Il est important de ne pas s'enfermer dans une fréquence de publication donnée. La plus grande force des réseaux sociaux réside dans l'imprévisibilité et ultraréactivité. L'information étant diffusée quasiment en temps réel, l'utilisateur de ce type de support perçoit très positivement la réactivité des marques. Celle-ci peut d'ailleurs devenir un argument de communication comme l'a fait Oasis avec ses personnages rebondissant sans cesse sur l'actualité. Place à l'impromptu et à l'imprévisible pour réserver plus de surprises aux utilisateurs !

La saisonnalité joue également un rôle essentiel. Ainsi, les événements marquants, comme les fêtes calendaires, les sorties de films, les rendez-vous sportifs, pourront être prévus mais les événements spontanés exigeront une grande réactivité.

Le secret d'une bonne animation de communauté réside dans la régularité qui permet de maintenir un niveau d'engagement stable et durable. Un rythme d'animation adapté permettra à votre marque de bâtir une relation durable avec les internautes.

Contrairement aux médias traditionnels, les longs silences de communication ne sont pas les bienvenus sur ces supports, car ils rompent l'interaction en cours, le lien de confiance créé.

CAS

LE *STORYTELLING* DE LA PAGE L'ORÉAL FRANCE SUR FACEBOOK

Sur la page L'Oréal France, deux posts par jour ouvré sont publiés en moyenne. La marque propose très régulièrement des mises en situation de « produits » selon l'actualité, la saisonnalité ou bien les actions événementielles (produits présents dans la Glossy Box par exemple). De nombreux conseils beauté sont partagés avec la communauté qui peut elle-même partager ses propres astuces et obtenir des conseils.

Par exemple, en été, la marque propose de nombreux posts en rapport avec cette période :

- L'été est une période dangereuse pour la peau : comment la protéger des effets néfastes du soleil (mise en avant de la gamme solaire, rituel de protection de la peau, les « bons gestes à adopter »).

- L'été est aussi une période où de nombreux mariages sont célébrés (coiffure à se faire le jour J, rituel de soin des cheveux pour le mariage, etc.).

- L'été est une période colorée : mise en avant de vernis et autres maquillages permettant de se mettre aux couleurs estivales.

- Des clins d'œil aux actualités de la marque (présence de produit dans la Glossy Box, nouveaux produits disponibles, etc.).

- Des rebonds sur l'actualité (fête de la Musique, fête des Pères, etc.).

En hiver, la marque propose des actualités autour du froid et de ses effets négatifs sur la peau. Cela permet à la communauté d'avoir toute l'année des avis sur-mesure.

Grâce à l'animation régulière de sa page Facebook et à son *brand content*, la marque a des échanges quotidiens avec sa communauté, lui permettant de maintenir son audience entre chaque campagne publicitaire télévisuelle et de développer son engagement sur le long terme.

Ne pas hésiter à attribuer un budget dédié

C'est une bonne chose d'avoir à disposition des éléments innovants, attractifs et adaptés à sa marque, mais l'essentiel reste néanmoins que le contenu soit visible ; il ne doit pas se perdre dans la jungle du Web, au risque de perdre du temps et surtout de l'argent. Inutile de rappeler que si le contenu est uniquement vu par le *community manager* et quelques autres personnes de l'entreprise, il est inutile.

Si, au départ, un investissement financier n'est pas forcément nécessaire – car créer une page est gratuit –, tôt ou tard un budget doit être alloué pour développer sa présence et affirmer une stratégie forte. Comme tout média, Facebook et les autres sont rémunérés et les annonceurs doivent payer pour avoir davantage de visibilité. Publier une photo sur Facebook sans budget revient à être vu par seulement 10 % à 15 % (en moyenne) des fans (c'est ce qu'on appelle l'*edge rank*, l'algorithme de Facebook qui sélectionne uniquement les meilleurs contenus à afficher sur la page d'accueil des utilisateurs) (voir module 4). Pour atteindre davantage de visibilité, le contenu doit être sponsorisé. Il faut donc prévoir un budget pour rendre le *brand content* visible par la communauté et par la cible. Ce budget sera fixé, par exemple, à chaque publication Facebook pour accroître le *reach* auprès de son audience (de quelques euros à quelques centaines d'euros selon la taille de l'entreprise et l'importance de l'information).

Pour l'instant, les autres réseaux (Twitter ou Tumblr) n'attirent que des multinationales dans la mesure où leurs tarifs ne concernent que des campagnes massives. Leurs prix ne sont pas particulièrement élevés – ils restent dans la moyenne du Web –, mais ils ne s'intéressent qu'aux marques qui veulent toucher plusieurs millions de personnes. Tumblr facture en moyenne 75 000 euros par campagne, tandis que Twitter, s'il cherche à se rapprocher des petites entreprises, ne s'intéresse pas, pour l'instant, aux budgets inférieurs à 5 000 euros. Évidemment, tous les médias sociaux souhaitent peu à peu se diriger vers les petites et moyennes entreprises, pour généraliser leurs offres publicitaires, mais pour l'instant seul Facebook reste accessible à tous. Donc, si vous êtes une PME, concentrez plutôt votre budget sur Facebook ; en revanche si vous représentez une grande marque, n'hésitez donc pas à vous rapprocher des réseaux comme Twitter ou Tumblr : vous y rejoindrez de grands annonceurs comme Coca-Cola, Christian Dior, Adidas, Microsoft et autres (voir aussi module 1).

Mécaniques du *storytelling* : travailler le fond

Établir une ligne éditoriale

La ligne éditoriale est un élément central pour l'élaboration du *storytelling* ; c'est la pierre fondatrice sur laquelle s'édifie la structure du *brand content*. Sans ligne éditoriale, on ne peut pas avoir de contenu structuré et pertinent sur le long terme.

Une ligne éditoriale permet de déterminer le périmètre thématique du discours d'une marque. Plus concrètement, il s'agit d'un document à garder en interne dans son entreprise et à transmettre à tous les employés et prestataires qui seront amenés à créer et diffuser du contenu sur le Web et les réseaux sociaux de la marque, afin de cadrer ce qui va être produit sous le nom de la marque. Cette ligne éditoriale permet de définir le type de contenu (le fond et la forme) qui sera posté sur les plateformes, afin de garder une réelle cohérence dans la communication.

Trois éléments sont à inclure dans la ligne éditoriale : des valeurs, une tonalité et des thématiques.

Élaboration de la ligne éditoriale

Théma-tiques	Description	Valeurs associées	Exemples de tonalité
Produit	Mise en avant du produit, annonce sortie de produit.	Qualité Fiabilité Service	Découvrez notre nouveau produit. Le saviez-vous ? Nouveau !
Marque	Mise en avant de l'actualité de la marque, de son personnel.	Savoir-faire, expertise, humain	Notre équipe vous propose… Conseils d'expert. Notre marque a reçu le prix de…
Secteur	Mise en avant de l'actualité du secteur, des concurrents.	Connaissance	Nouvelle législation/ réglementation.
Fêtes calendaires	Mise en avant des fêtes en fonction du pays Noël, Pâques, été et de la saisonnalité.	Proximité	Joyeux Noël à tous ! Pour l'été, nous vous proposons…
Commu-nautaire	Mise en avant de la communauté pour la valoriser.	Communau-tarisme, convivialité	Déjà XXX fans, merci à tous. Merci à tous pour vos partages d'expérience !
Humour	Anecdotes internes, vie de l'entreprise, utilisation d'images comiques, jeux de mots, blague, devinette.	Humour, plaisir	Pour un produit acheté, un lolcat offert ! Moins cher que gratuit !

Théma-tiques	Description	Valeurs associées	Exemples de tonalité
Actualité	Reprise de sujets d'actualité, rebond sur les buzz.	Affinité	Avez-vous vu *Secret Story* hier ? Vu dans *Le Parisien*.
Événe-mentiel	Mise en avant des opérations événemen-tielles organisées par la marque ou autour d'elle.	Réactivité	En ce moment, nous organisons/nous sommes présents.
Commercial	Bons plans, offres spéciales.	Attractivité	En ce moment, profitez de 1 € de réduction.

En déclinant son *brand content* selon différentes thématiques, l'entreprise ne sera pas trop répétitive et captera l'attention des internautes par différents moyens. Certains membres de communauté sont plus sensibles à l'humour tandis que d'autres sont plus intéressés par les produits.

Des valeurs

Il est important de définir un ou deux messages principaux que la marque souhaite communiquer sur les réseaux sociaux : ces messages sont souvent contenus dans la signature même de la marque, voire dans son slogan. Attention à bien choisir des messages bien en rapport avec l'ADN de la marque.

> Par exemple :
> Red Bull, donne des ailes → dépassement de soi (sports extrêmes).
> Coca-Cola, ouvre les portes du bonheur → le partage du bonheur au quotidien.
> Michel et Augustin, les trublions du goût → la gourmandise.

Ces principales valeurs – dont s'inspirera toute la communication de la marque – devront être fixées dans un document, afin d'en garder une trace permanente et ordonnée. On parle alors de listing de valeurs ou de nuage de valeurs.

Ce travail autour des valeurs n'intéresse pas exclusivement les multinationales avec une *punchline* connue, mais aussi les petits acteurs :

• une start-up : la proximité, la réactivité ;
• votre petit Monoprix en bas de la maison : la géolocalisation.

Il s'agit ensuite de déterminer la façon dont l'entreprise va communiquer autour de ce(s) message(s) en définissant une liste de terminologies qu'elle souhaite utiliser autour de sa marque.

Exemple des valeurs rattachées à la marque Red Bull

Les valeurs/termes à utiliser	Les contre-valeurs/termes à bannir
Fun Transgressif «In» : surfe sur les vagues/les actus/ les buzz Espièglerie Dépassement de soi Sports Défi au quotidien	Trop sérieux Moqueur Irresponsable Virulent Routine

Une tonalité

Elle permettra de définir quelle approche émotionnelle donner au discours, quelle force mettre dans les phrases. Cette tonalité peut être joyeuse, stricte, sérieuse, dynamique, humoristique, ironique. Il existe une infinité de tonalités (que l'on peut également appeler «registres»). Chaque entreprise doit définir celle qui lui correspond le mieux et préciser quelle ponctuation, quel vocabulaire, quelle tournure utiliser, quelles émotions apporter.

Le choix des tonalités

Tonalité	Objectif	Caractéristiques
Sérieuse	Parler de façon directe, pour rendre l'information objective et neutre.	Un vocabulaire simple, clair et réaliste. On ponctuera de points.
Humoristique	Divertir sa communauté.	Un vocabulaire drôle et comique, éventuellement ponctué de smileys.
Sarcastique	Divertir sa communauté.	Un vocabulaire ironique, au second degré, avec des jeux de mots.
Ludique	Enseigner quelque chose à sa communauté.	Expression didactique et pédagogique, on peut poser des questions.

| Dynamique | Communiquer de façon optimiste et motivée. | Un vocabulaire qui bouge, d'action, avec des points d'exclamation. |
| Lyrique | Donner un côté romancé et scénarisé au discours. | Un vocabulaire travaillé, une histoire à raconter, narration poussée. |

Des thématiques

Il s'agit ici de déterminer quelles thématiques aborder dans le *storytelling*. L'entreprise va-t-elle parler de sport? de cuisine? de développement durable? de musique? de voyages? Il est important de pouvoir lister entre cinq et dix thématiques fortes qui représentent l'univers de la marque, le secteur d'activité et surtout qui intéressent la communauté. Grâce à ces thématiques, le contenu sera cadré, cohérent et suivra un cheminement compréhensible par tous, un fil rouge en quelque sorte.

La déclinaison d'une valeur centrale en thématiques

Marque	Valeur centrale	Thématiques
Red Bull	Dépassement de soi	Sports extrêmes Sponsoring Fêtes/lendemains de fête Période d'examens Défis du quotidien Éditions spéciales
Coca-Cola	Partage	Histoire Moments de bonheur Amitié/la famille Mécénat
Michel et Augustin	Gourmandise	Recette Art de la table Agriculture Nutrition Qualité des produits Savoir-faire
Monoprix	Localité	Développement durable Emploi Vie de quartier Produits/promotion

Signer avec une marque forte

Toute stratégie de *storytelling* doit être fortement marquée de l'empreinte de la marque. Si le contenu créé n'est pas relié à la marque, certes on aura apporté quelque chose d'intéressant à sa communauté, mais celle-ci ne comprendra pas qu'il s'agit du contenu même de la marque. Elle ne répercutera donc pas forcément cette satisfaction en devenant client de la marque ou en lui restant fidèle.

Signer un contenu, c'est se l'approprier, c'est le rendre corporate, c'est lui donner un sens dans sa stratégie de communication. Il devient alors une sorte de cheval de Troie de la communication : grâce à la forme attractive prise par le contenu, l'objectif concret est réalisé : séduire la cible et l'emmener dans l'univers de la marque. Il est donc essentiel de signer tout contenu par son *branding*, en essayant d'y intégrer quatre éléments phare :

• **Son logo** : la forme la plus simple, qui s'impose comme une évidence.

• **Son identité graphique** : que ce soit simplement une couleur, une forme, une typographie ou toute autre référence graphique, cette identité doit être visible. Cependant, on évitera de la rendre trop présente ; la part belle doit être laissée au contenu principal. Par exemple, on signera une vidéo avec un *pack shot* de début et de fin rappelant l'identité graphique de la marque, ou une photo avec un rappel de cette identité.

• **Son slogan** : ou éventuellement un *hashtag* qui vient signer son contenu.

CAS

LA REDOUTE : UNE COMMUNAUTÉ
POUR CHAQUE USAGE MAIS UNE IDENTITÉ *BRAND CENTRIC*

Avec 11 millions de clients dans le monde, laredoute.fr est la première plateforme française d'achat d'habillement et de décoration en ligne. Pour contenter ses différents publics, La Redoute s'est positionnée sur plusieurs réseaux sociaux afin de s'adresser à un public large.

• Cinq communautés sur Facebook :

  – la page « La Redoute » qui permet aux internautes de partager leurs attentes, leurs besoins, leurs incompréhensions vis-à-vis de la marque. Le logo est clairement visible avec de nombreux liens vers le site Internet ;

  – la page « C'est maman qui décide ! » : un page spécifique autour des articles de puériculture afin d'être plus proche des attentes des mamans. Cette page n'est pas clairement logotypée La Redoute mais il est clairement précisé en haut de page « By la Redoute » ;

– la page « Plus Size, Plus Mode » dédiée à la mode grande taille où il est clairement affiché qu'il s'agit d'une page La Redoute ;

– la page « AM. PM » dédiée à la décoration intérieure où le logo spécifique est repris ;

– la page « Tous les bons plans de La Redoute », page spécifique autour des offres promos et opérations spéciales réalisées par l'enseigne.

• Deux comptes Twitter :

– le compte @LaRedouteFr qui raconte la vie de la marque, ses actualités, ses opérations événementielles, et qui relaie ses derniers articles, ses nouveautés, etc. ;

– le compte @LaRedoutePromo qui relaie uniquement les offres promotionnelles et les bonnes affaires du moment.

• Une chaîne YouTube qui relaie les publicités mais aussi des séries de vidéos comme les « Mission ambassadeurs » : des ambassadrices viennent tester les derniers produits et donnent leurs avis dans de courtes vidéos mais aussi des interviews d'ambassadrices.

• Un compte Pinterest : le compte Pinterest La Redoute reprend les différents produits de l'enseigne sous forme de catalogues triés par thématiques : les créateurs, les tendances 2013, accessoires *trendy*, etc.

• Une page Google + : reprend les principales actualités de la marque comme sur la page Facebook principale mais avec du contenu adapté à cette plateforme.

Sur chacun de ces comptes, La Redoute met en avant sa marque ou bien ses sous-marques de manière à capter chacun de ses utilisateurs quel que soit le support. Sur chacun de ses comptes, les liens renvoient toujours vers le site de la marque qui devient la pierre angulaire de cette organisation. Les réseaux sociaux permettent à la marque d'entretenir la conversation. Plutôt que de créer une page unique, l'enseigne a opté pour des communautés spécifiques afin de mieux les impliquer, de pouvoir leur raconter une histoire personnalisée en fonction de leurs attentes.

Passer d'une «marque à contenus» à une «marque de contenus»

Le passage du *brand content* à la mise en place d'une *content brand* est une nuance essentielle: la marque ne doit pas courir après le contenu, il ne s'agit pas de rechercher désespérément n'importe quel contenu à diffuser sur les plateformes sociales. Le contenu Web doit être pensé en amont, au début de chaque stratégie, pour qu'il se développe ensuite de façon naturelle et fluide.

Les grandes marques qui ont tout compris au *storytelling*

Quelles sont aujourd'hui les meilleures entreprises précurseures du *brand content*? Celles qui parlent davantage de leur communauté que de leur produit. Les marques veulent emmener leurs fans dans une aventure émotionnelle et les médias sociaux offrent un potentiel optimal. En effet, le *brand content* et le *storytelling* sont des éléments sociaux, des éléments interactifs.

Coca-Cola a décidé de tout miser sur son slogan «Open happiness» et axe sa communication Web sur ce thème, en lançant des opérations sur Facebook, Twitter, Instagram et sur une plateforme dédiée «Coca-Cola Journey». La marque prend son *storytelling* au sérieux et crée sans cesse de nouvelles histoires, reliées à l'histoire de la marque, ou en reprenant ses valeurs, en ne citant jamais ses produits, mais en confirmant sa position de leader sur la thématique du bonheur, de l'optimisme et du partage.

Diesel met en place, pour sa gamme de parfums, une vaste campagne de *storytelling* sur Instagram et sur Tumblr. La marque sélectionne les meilleures photos de tatouages envoyées par la communauté *via* un *hashtag*. La galerie photo est boostée par les codes de communication de la marque qui rentrent dans la promotion des nouveaux parfums Diesel. La communauté «tatouages» dispose de son musée virtuel et est immergée dans l'univers de la marque.

Expedia, avec son opération «Find Yours», a produit une dizaine de vidéos pour raconter plusieurs voyages qui mettent en scène des personnes différentes dans des situations différentes (voyage pour lutter contre la maladie, voyage pour trouver l'amour, etc.). C'est une sorte d'ode au voyage, une thématique émotionnelle très appréciée des internautes et qui a su surtout coller à la personnalité de la marque.

Pour se faire connaître de la sphère d'experts technologiques, Qualcomm Spark, une entreprise inconnue de puces électroniques, a mis en ligne un blog collaboratif où les journalistes et les contributeurs des plus grands sites d'informations du secteur publient des articles sur les tendances de l'électronique et confirment la place de leader de l'entreprise dans son secteur, en racontant une histoire sur son univers spécifique, sur ses produits et comment ils changent le monde d'aujourd'hui grâce aux smartphones, tablettes, etc.

S'il fallait citer un outil pour accompagner une stratégie de contenus, ce serait Percolate. Pour l'instant réservé aux grandes marques, cet outil permet de récolter automatiquement du contenu lié à la ligne éditoriale et de le diffuser sur les plateformes d'une manière tout à fait innovante et pertinente.

PERCOLATE, UN OUTIL DE *MAPPING* DE CONTENU

L'outil part du postulat que pour créer du contenu de marque, il faut déjà être un consommateur de contenus produits par les autres marques.

En fonction des centres d'intérêt d'une marque et notamment du contenu pouvant l'intéresser, l'outil crée un profil type de consommateur. Il va ensuite chercher tous les contenus susceptibles d'intéresser ce consommateur. Grâce à un système intelligent d'indexation de l'information, le contenu est ensuite classé dans une librairie avec un système de mots-clés permettant de le retrouver facilement.

« Si j'ai une petite entreprise, puis-je quand même faire du *storytelling* ? »

Heureusement, oui ! Plus l'entreprise est petite, plus elle a de personnalité. Mais surtout une communauté réduite est plus facile à cerner et à identifier. Le *storytelling* n'est pas réservé aux grandes multinationales, au contraire ! Le *storytelling* est même davantage crédible dans une PME, qui porte plus naturellement ses propres valeurs.

Un petit restaurant vient d'ouvrir. Pour attirer une nouvelle clientèle, il va falloir convaincre que son chef a du talent, qu'il est accueillant et que la cuisine est remarquable. Pourquoi ne pas faire vivre de l'intérieur la préparation des plats, avec des photos en temps réel en cuisine («Voici notre burger maison en préparation, prêt à être servi!»), ou encore des photos et des témoignages des serveurs à publier sur Facebook pour montrer l'accueil chaleureux. Il faut faire vivre l'histoire, mettre en avant les clients dans les contenus, donner une touche romancée à la vie quotidienne de l'établissement.

Une petite marque de chaussures vient de se lancer. Pourquoi ne pas faire vivre la marque en racontant en temps réel la provenance et l'acheminement des produits, où ils sont fabriqués, avec quels matériaux? Pourquoi ne pas prendre en photo l'arrivée de la nouvelle collection, publier en direct l'actualité d'une vente privée, etc.?

Une petite entreprise ne doit donc pas se priver de ce véritable outil marketing qui permet de vendre une histoire sympathique, de montrer à sa communauté que l'équipe est passionnée, compétente, à son service, que les produits sont rois, que l'entreprise prend soin de ses clients et que ses valeurs correspondent à celles de sa clientèle. Sur les médias sociaux, les mêmes mécanismes s'appliquent pour les petites comme pour les grandes entreprises, seule la taille de la communauté change.

Et pour le BtoB, comment faire?

Le contenu du *storytelling* d'une entreprise BtoB sur le Web est sûrement moins amusant et attractif, mais il est tout aussi pertinent.

Comment faire pour offrir à mes partenaires un contenu intéressant et sérieux? Pourquoi ne pas essayer de créer les contenus suivants (par ordre d'efficacité)?

- Un blog d'entreprise pour devenir une référence avec des articles informatifs.
- Des publications régulières de liens et informations sur vos plateformes sociales.
- Une newsletter hebdomadaire ou mensuelle.
- Des études de cas sur vos clients ou vos partenaires.
- Des événements physiques pour intervenir sur votre secteur d'activité.
- Des vidéos (interviews, témoignages, etc.) sur votre YouTube.
- Un livre blanc téléchargeable sur une ou plusieurs tendances du secteur.
- Un séminaire Web (webinar) pour enseigner et interagir avec des partenaires.

- Un mini-site sur une actualité particulière ou une thématique à la mode.
- Un forum de débats et de discussions.
- Une étude ou un rapport de recherche.
- Un e-book pour approfondir la thématique dont vous êtes expert.
- Un podcast audio d'une interview ou d'une présentation ?

Ce ne sont là que quelques exemples. Peu importe que l'entreprise s'adresse à des particuliers ou à d'autres entreprises, le concept du *storytelling* est de diffuser du contenu sur les centres d'intérêt des consommateurs. Si les clients sont portés vers le divertissement, parlez-leur divertissement. Si les clients s'intéressent aux techniques marketing et aux explications industrielles, parlez-leur de leurs centres d'intérêt.

Focus sur Instagram et le *storytelling*

Si l'on évoque le *storytelling*, une plateforme est inévitable: Instagram. Avec 150 millions d'utilisateurs actifs, plus de 250 milliards de photos publiées à ce jour, le réseau social 100 % visuel et artistique est une opportunité pour les marques. Sur Instagram, on peut publier des photos, mais aussi des vidéos de 15 secondes. Le réseau social est disponible sur mobile *via* son application officielle sur iOS (iPhone et iPad) et sur Android. Tous les contenus sont également visionnables sur le Web (sur le site officiel d'Instagram avec un lien unique et sur Facebook). Contrairement aux autres réseaux dits «créatifs» (Pinterest, Tumblr, Twitter), Instagram ne dispose pas de mécanisme de «repost» similaire au «retweet» ou au «repin». Toutefois, on peut aimer et commenter les contenus, et le système d'abonnés/abonnements est identique à celui de Twitter.

Aujourd'hui, 70 % des marques de l'indice Milward-Brown (qui référence les cent trente marques les plus populaires au monde) ont un compte officiel sur Instagram. En moyenne, ces marques ont cent dix mille abonnés sur leurs comptes (mai 2013). Potentiellement, toutes les marques sont présentes sur Instagram, dans la mesure où n'importe quel utilisateur peut prendre une photo/vidéo de n'importe quel produit et la publier sur le réseau, éventuellement en racontant une histoire, en ajoutant un commentaire ou un *hashtag* relié à la marque en question pour viraliser les conversations, même si elle n'est pas officiellement présente sur la plateforme.

Plusieurs stratégies sont possibles, une marque peut utiliser Instagram pour faire vivre les coulisses de la marque (*backstage* d'événements, photos de la vie de l'entreprise) ou plutôt pour faire vivre ses produits, en publiant des contenus mettant en scène les produits, les clients (satisfaits, si possible), et en favorisant les contenus artistiques, avec une réelle plus-value pour intéresser son audience et générer des likes/commentaires. L'aspect artistique est également très important, l'engagement sur un contenu peut varier de 60 % selon les différents filtres utilisés (Nitrogram, 2013).

CAS

PAYPAL ET INSTAGRAM

Lorsque Paypal a décidé de se positionner sur Instagram, le défi était de taille : comment une entreprise de paiements et transactions financières sur Internet pouvait-elle créer une histoire artistique sur ce réseau ? Paypal a, tout simplement, décidé de ne pas communiquer sur ses produits ou sur l'entreprise elle-même, mais d'inviter successivement des blogueurs/photographes renommés à prendre le contrôle du compte Instagram de la marque et à publier leurs propres créations (qui n'ont rien à voir avec la marque, comme des photos d'un chien dans un jardin, d'un café sur une table). Cela permet de bénéficier de la réputation du photographe, de profiter de son audience, d'attirer une communauté toujours plus grande grâce à des contenus artistiques et populaires. Le compte Instagram de Paypal regroupe aujourd'hui plusieurs milliers d'abonnés qui apprécient chaque jour les photos des artistes sélectionnés par la marque.

On peut également intégrer Instagram à une campagne de communication de plus grande envergure.

Pour faire la promotion d'un de ses nouveaux modèles, Mercedes a décidé de mettre en place une campagne dédiée à Instagram : les fans étaient invités à visiter un mini-site spécialement créé pour l'opération et à sélectionner, avec le *hashtag*, trois de leurs photos correspondant à l'esprit de la marque. L'opération était relayée par la marque sur Facebook, Twitter et YouTube. De nombreux influenceurs du monde de la photographie ont été activés pour participer à la campagne. Cela montre qu'on peut intégrer Instagram au-delà de l'application mobile et que le réseau peut être intégré à d'autres plateformes. Cela permet de profiter de l'aspect créatif et artistique d'Instagram, de booster la visibilité de la campagne grâce à la popularité et la viralité de Facebook et Twitter, et de construire un site Web dédié pour consolider l'opération.

Ainsi, Instagram est devenu le leader de l'avènement du marketing visuel ; il donne une nouvelle dimension à la notoriété d'une marque en ajoutant un volet créatif au *branding* et au *storytelling*. Cela permet à chaque entreprise de faire grandir sa communauté et son audience, de découvrir les inspirations de ses fans, de récupérer leurs idées pour améliorer ses produits et son image, et de créer une histoire visuelle attractive sur un réseau ultra-populaire.

> ## Les huit points à retenir pour raconter une histoire cohérente autour d'un produit, d'un service ou d'une marque
>
> 1. Scénarisez votre prise de parole ! La scénarisation permet de mettre en avant le contenu que vous allez partager sur les réseaux sociaux en lui donnant une cohérence, en racontant une histoire pour mieux impliquer l'utilisateur.
>
> 2. Le *storytelling* découle directement de l'ADN de la marque ! Ne cherchez pas des idées farfelues ou trop éloignées de votre marque. Vous devez partir de ce que vous avez, de vos atouts, de vos clients pour créer cette histoire.
>
> 3. Racontez une histoire permet de générer du contenu sur le long terme ! Si l'exercice peut paraître fastidieux, cette histoire va néanmoins générer une multitude d'anecdotes et de nouvelles idées qui vous permettront de générer du contenu facilement, simplement en le réadaptant.
>
> 4. Veillez à adapter votre histoire aux plateformes sur lesquelles vous allez la communiquer en uniformisant le tout ! 1 plateforme = 1 histoire. Ne dupliquez pas le contenu tel quel, sinon l'utilisateur se désintéressera de l'histoire globale.
>
> 5. Osez le temps réel ! Plus l'utilisateur aura l'impression de vivre l'expérience en temps réel, plus il se sentira impliquer dans celle-ci.
>
> 6. Ne harcelez pas votre communauté ! Choisissez une fréquence de diffusion adéquate et si l'histoire ne prend pas, ne la martelez pas, réadaptez-la.
>
> 7. Choisissez une tonalité adaptée ! Si vous êtes une marque sérieuse, ne changez pas radicalement de tonalité au risque de perdre votre audience ou bien au risque que cette audience prenne votre communication pour « une fausse ».
>
> 8. Détachez-vous de la relation commerciale mais cherchez l'empathie pour mieux fidéliser votre cible ! Dans la mesure du possible, choisissez une histoire qui permet de vous rapprocher de votre audience. Si votre histoire est vécue comme trop commerciale, votre audience risque de ne pas être réceptive alors qu'en adoptant une histoire fondée sur l'empathie, votre cible développera un affect encore plus grand envers votre marque.

Engager et fidéliser sa communauté

OBJECTIF

- *Comment générer de l'engagement de la part des utilisateurs envers les marques sur les réseaux sociaux.*

Contrairement à la communication traditionnelle, les réseaux sociaux n'ont pas pour fonction de capter l'attention de consommateurs passifs. Si l'on choisit d'aller sur un réseau social tel que Twitter ou Facebook, il faut se préparer à répondre aux questions des internautes et à aborder une forme de communication dite «communication interactive»: les clients potentiels ne sont plus passifs, mais actifs, en recherche d'échanges quasi instantanés, comme ils pourraient le faire avec leur propre réseau d'amis afin de créer une véritable relation de proximité avec la marque.

Il appartient alors aux marques de mettre en place une véritable stratégie d'engagement et de fidélisation de leurs communautés.

Le marketing de l'engagement

Cette nouvelle forme de marketing est fondée sur la communauté, sur son implication, son interaction et son niveau d'intimité et d'influence avec l'entreprise.

Il s'agit de mettre en place des tactiques marketing permettant de créer un lien plus fort avec les consommateurs. À la différence du «marketing push» qui repose sur une interaction à sens unique de l'entreprise vers le consommateur, le marketing de l'engagement repose sur le fait que l'entreprise doit ouvrir le dialogue et créer une coopération interactive à double sens avec les consommateurs.

Il existe aujourd'hui plusieurs tactiques d'engagement marketing:

- **La diffusion multicanale de messages**: il s'agit de proposer un message unifié. L'internaute pourra alors consulter ce message selon ses préférences, à l'heure et au format qui lui convient le mieux (RSS, mobile, e-mail…). Par exemple, les sites d'e-commerce comme Vente-privee.com proposent différents canaux de communication à leur consommateur afin de toucher une cible large : un site Internet avec un système de flux RSS et d'abonnement aux prochaines ventes, une application mobile avec un système de push pour annoncer les nouvelles ventes privées, des *newsletters* régulières, une page Facebook, etc.

- **L'augmentation la valeur ajoutée** qu'une entreprise fournit à son client en proposant du contenu de qualité par exemple. Pour augmenter la valeur perçue des produits et services par le client, il s'agit d'apporter des services spécifiques. Par exemple, Microsoft propose d'enrichir les fonctionnalités de ses logiciels en offrant de nouveaux services comme le convertisseur de fichiers.

- **La transformation des clients en prescripteurs** volontaires de la marque, en dehors d'une décision d'achat. Un ambassadeur, tel que défini par la théorie du marketing de l'engagement, est un individu qui, par le biais du bouche-à-oreille auprès de son réseau, réalise plus ou moins bénévolement et spontanément la promotion d'une marque. Par exemple, l'opération «SEAT Connected People» qui a permis à chaque internaute d'échanger avec d'autres internautes grâce à un module de *chat* directement depuis le site de la marque.

- **La mise en place d'un système de cocréation** de produit ou de service entre les consommateurs et la marque, le consommateur est ainsi impliqué dès le processus de création du produit ou du service et peut contribuer à la création de ce dernier. Cette tactique fera l'objet d'un sous-module (p. 180).

Rétrospective du marketing de l'engagement

Selon Wikipédia, «en psychologie sociale, l'engagement désigne l'ensemble des conséquences d'un acte sur le comportement et les attitudes».

Les facteurs qui influencent le comportement du consommateur individuel sont :

- les besoins personnels et les motivations individuelles qui poussent un individu à agir d'une façon particulière ;

- les attitudes du consommateur face à un message de marque ;

- les caractéristiques psychologiques durables des individus.

L'engagement d'un individu s'explique donc par la combinaison de ces différents facteurs. Son action est souvent directement liée à un besoin spécifique.

La matrice Vaughan permet de synthétiser le croisement de deux variables : le niveau d'implication et le type d'achat selon deux dimensions qui définissent le comportement du consommateur :

- une dimension cognitive (*think*);
- une dimension affective (*feel*).

Cette matrice permet de distinguer quatre grands cas de figure.

- **La routine ou les achats routiniers** : dans ce cas de figure, l'implication du consommateur dans le processus d'achat est faible et fait appel à un traitement cognitif. En d'autres termes, le consommateur recherche des prix bas et des points de vente proches. Le facteur «marque» a peu d'impact dans ce type d'achat, puisque l'achat est banal, routinier. Pour augmenter l'engagement, la stratégie marketing doit travailler sur la «débanalisation du produit». Il s'agit des produits de consommation courante (shampoing, papier toilette, etc.). Par exemple, Lotus : «Une raison de plus de préférer Lotus.»

- **L'apprentissage reposant sur les pairs** : il s'agit de produit qui demande une forte implication du consommateur et nécessite un traitement cognitif. Dans ce cas de figure, le bouche-à-oreille fonctionne bien : l'utilisateur est impliqué et recherche des informations au sujet du produit. L'engagement du consommateur vis-à-vis d'une marque dépend de l'expérience du consommateur. Les secteurs concernés sont par exemple les banques et les assurances, pour lesquelles le consommateur demande l'avis de ses proches avant de faire son choix. Par exemple, le Crédit Agricole : «Le bon sens a de l'avenir.»

- **Le plaisir lié à un produit** : le choix du produit demande une faible implication du consommateur et un traitement affectif. Dans ce cas, la publicité prend tout son sens puisqu'il s'agit d'exciter le désir, de renforcer l'implication et la proximité entre les marques et le consommateur. C'est le cas des marques de grandes consommations (pizza, soda, bière, etc.). Par exemple, Sodebo : «On se souvient surtout du goût.»

- **L'émotion créée par un produit** : les produits demandent une forte implication dans leur processus d'achat; le traitement est affectif. Il s'agit de marques fortes, comme dans le secteur du luxe. Dans ce cas de figure, le réseau de distribution et la théâtralisation des points de vente prennent toute leur signification. Par exemple, les marques de parfum comme Hugo Boss : « N'imitez pas, innovez ! » ou les voitures de sport comme Mercedes-Benz : « Il n'est jamais trop tôt. *The best or nothing.* »

CAS

RED BULL : L'EXCELLENCE DANS LA STRATÉGIE D'ENGAGEMENT PHYSIQUE ET DIGITAL

Red Bull est une boisson énergisante qui a commencé sa commercialisation en 1987. Aujourd'hui, elle est présente dans plus de cent soixante-quatre pays avec plus de 30 milliards de canettes vendues depuis 1987. La marque possède 60 % des parts de marché des boissons énergisantes devant Monster ou les marques de distributeurs.

La stratégie marketing de Red Bull a toujours reposé sur l'engagement de sa communauté pour ses produits :

- Un produit différenciant reposant sur une combinaison d'ingrédients formulée pour des périodes d'activités internes : une déclinaison de trois produits reprenant toujours le logo jaune et rouge facilement reconnaissable.
- Une cible jeune : les 13/35 ans en recherche d'adrénaline (période de révision intense, lendemains de fête difficiles, trader, sportif loisir ou haut niveau, etc.) et très présente sur les réseaux sociaux.
- Une promesse de marque reposant sur la vitalité du corps et le dynamisme de l'esprit.
- Une valeur perçue par les consommateurs associée à l'exploit, plus appréciée pour l'image que le goût de ses produits.

Le 14 octobre 2012, le monde entier a les yeux rivés sur le saut de Félix Baumgartner depuis la stratosphère. Plus de deux mille tweets par seconde pendant le saut, 5,6 millions de vues en vingt-quatre heures pour la vidéo du saut, sept cent dix mille fans Facebook, deux cent cinquante mille *followers* et huit millions de personnes connectées en *livestream* pendant le saut. En somme, seize fois plus que la cérémonie d'ouverture des Jeux olympiques à Londres et tout cela sans aucun achat d'espace.

Pour parvenir à médiatiser un tel événement, la marque s'est appuyée sur les nouveaux canaux de diffusion sur Internet avec une réelle stratégie de buzz marketing et de marketing viral en se construisant une communauté engagée autour des sports extrêmes et du dépassement de soi. La marque est devenue un important producteur de contenu, expert en stratégie d'engagement sur les réseaux sociaux. Dans la construction de cette communauté, les consommateurs ont été élevés au rang d'ambassadeurs de la marque, permettant de recruter une nouvelle audience et de nouveaux consommateurs.

C'est quoi l'engagement aujourd'hui ?

Le terme «engagement» a un sens fort si l'on se réfère à sa définition classique telle que présentée dans le *Larousse* : «Acte par lequel on s'engage à accomplir quelque chose ; promesse, convention ou contrat par lesquels on se lie : contracter un engagement. Faire honneur à ses engagements.»

Tel qu'il est défini par le marketing des réseaux sociaux, l'engagement est la capacité du consommateur à interagir sur le contenu. Pour qu'il y ait engagement, il faut donc donner la possibilité à l'internaute de s'exprimer et le faire participer. Les réseaux sociaux offrent des possibilités de partage *via* des boutons tels que le like, le retweet, le favori, le commentaire, le partage, et bien d'autres, selon les différentes plateformes.

Les réseaux sociaux sont, de fait, en train de changer la relation des marques avec leurs audiences en ouvrant une brèche dans leur communication bien maîtrisée. Cette nouvelle relation est fondée sur le dialogue et la réciprocité dans l'échange qui les contraint à prendre en compte l'opinion des internautes, y compris quand le message est négatif. Contrairement à l'e-mail marketing qui relève d'une communication *one-to-one*, les nouvelles générations ont de plus en plus tendance à réclamer de la communication *one-to-many* ou *many-to-many*. Elles ne se contentent plus d'un message émis par une personne, mais cherchent la possibilité de le relayer, de le commenter d'où la notion d'«interactivité» et de «réciprocité» dans les échanges que ce soit avec la marque, mais aussi avec les autres consommateurs.

Selon Frédéric Colas, «le succès tient surtout au fait que, pour la première fois dans l'histoire du Web, une plateforme organise la communication entre individus qui se connaissent. C'est une version moderne et virtuelle du bouche-à-oreille». Les réseaux sociaux représentent un lieu privilégié pour les échanges, mais c'est aussi le lieu où l'on peut influencer la perception que l'audience a d'une marque, d'un produit ou d'un service. Les entreprises ont bien compris l'intérêt de participer aux conversations plutôt que de les éviter ou d'essayer de les contrôler. C'est l'un des meilleurs moyens d'être transparent avec les clients et les prospects et donc de s'en rapprocher.

Aujourd'hui, les marques ne maîtrisent plus leur communication : elles sont façonnées par les clients ou plutôt par leur communauté de clients. Le Web social a indéniablement révolutionné les usages et fait désormais partie des canaux qui privilégient la relation client, de par sa capacité à instaurer une relation de proximité entre la marque et ses clients et à augmenter l'engagement des utilisateurs autour de la marque.

CAS

LA GÉNÉRATION D'ÉCHANGE ET D'ENGAGEMENT AU SEIN D'UNE COMMUNAUTÉ : DOVE

Dove a lancé début 2013, une campagne nommée *Dove Real Beauty Sketches*. La marque a demandé à sept femmes de participer à un exercice qui permettait de prouver à quel point leur perception d'elles-mêmes était éloignée de la réalité. Un portraitiste du FBI a réalisé deux portraits : le premier suivait la description que la participante faisait elle-même (telle qu'elle se voit) ; le second suivait la description de la participante par une autre personne (telle qu'on la voit). Résultat : la perception que les femmes ont d'elles-mêmes est plutôt négative.

Grâce à cette opération, Dove a fédéré une large communauté de femmes autour de «la beauté au naturel» et révélé que seulement 4 % des femmes dans le monde se trouvent jolies.

Générer de l'engagement

Générer de l'engagement mobilise l'ensemble de la stratégie de diffusion de contenus. Pas d'engagement sans contenu. Le contenu est devenu le roi : *Content is king* !

Comprendre le concept de communauté

Il est important de bien définir la notion de communauté pour comprendre d'où émane l'engagement. Pour Kim Auclair, présidente et animatrice de communauté Web chez Nviti :

> «Une communauté Web est un groupe de personnes ayant des intérêts et des passions en commun faisant des choses ensemble. La vôtre, hébergée sur votre site Web ou sur les médias sociaux,

est composée entre autres de vos clients actuels et potentiels, de vos consommateurs ou admirateurs, de personnes partageant les mêmes intérêts, passions, valeurs ou culture de votre entreprise, de vos employés, de vos partenaires, fournisseurs et commanditaires, de vos proches, etc.»

Selon la pyramide des besoins de Maslow, les individus cherchent à assouvir des besoins physiologiques (manger, boire, dormir), mais aussi des besoins plus complexes, comme s'accomplir. Le fait pour un individu d'appartenir à une communauté répond clairement au besoin d'appartenance (faire partie d'un groupe, d'une tribu) et de reconnaissance (échanger avec un être non palpable tel qu'une marque). En appartenant à une communauté, l'individu répond à son besoin d'accomplissement de soi. Les échanges au sein d'une communauté lui permettent de développer son sentiment d'appartenance et de reconnaissance.

C'est sur le besoin d'appartenance à un groupe que s'appuie le *tribal marketing*. Il peut se définir comme une stratégie visant à créer des groupes plus ou moins homogènes autour d'une marque, d'un produit ou d'un service. Ce type de groupes existe depuis très longtemps en dehors des réseaux sociaux.

> C'est le cas par exemple, des motards, qui se regroupent dans des communautés centrées autour des grandes marques de motos, comme la marque Harley Davidson, créée en 1903. Le mythe est né dans les années cinquante grâce à des personnalités comme Marlon Brando ou Elvis Presley : *Ride to live, live to ride*. En 1983, le Harley Owners Group est créé et, seulement vingt ans après sa création, il regroupait pas moins de sept cent cinquante mille membres dans le monde et proposait des activités autour de la marque. La communauté Facebook Harley Davidson Monde comporte plus de quatre millions de membres et elle est déclinée en plusieurs pages pays.

Les différents types de communautés virtuelles

Richard Millington a distingué cinq types de communautés virtuelles. Ces catégories permettent de cerner simplement et rapidement la communauté qui concerne votre entreprise.

- **La communauté d'intérêts** : les individus membres de cette communauté partagent le même intérêt et/ou la même passion ; ce peut être un
sport, un produit, etc. Les utilisateurs de Facebook ont rapidement créé des pages pour les marques qu'ils aimaient. Ce qui a ensuite entraîné la créa-tion, sur Facebook tou-jours, de pages par les marques elles-mêmes.

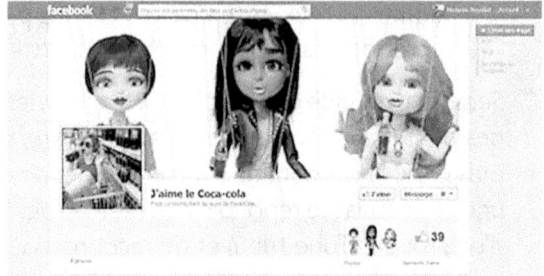

- **La communauté d'action** : les individus s'unissent autour d'une cause et/
ou essaient d'apporter des changements. La communauté est invitée à
dialoguer et à s'impliquer autour de thèmes nécessitant un engagement,
comme l'écologie ou l'éducation. Ces communautés regroupent des individus ayant des idéaux et des partis pris forts. Les réseaux sociaux incitent les individus à réagir et à mettre en place des actions à leurs échelles. Car les réseaux sont aussi un lieu où les individus affirment leurs idées et les défendent.

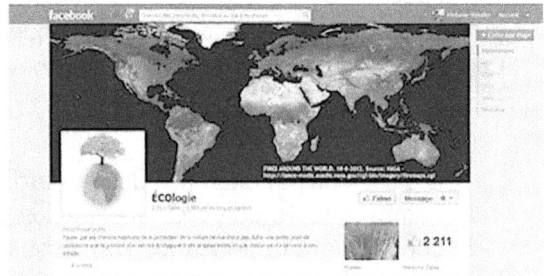

- **La communauté de lieux** : les individus sont unis par des repères géogra-
phiques. La géolocalisation est une dimension importante dans la créa-tion des communautés. Celles-ci partagent des bons plans et retrouvent fréquemment des atti-tudes communautaristes.

- **La communauté de pra-
tique** : elle réunit des indi-vidus qui ont le même emploi ou travaillent dans un même secteur d'acti-

vité. Certaines professions engendrent un fort sentiment d'appartenance de par la condition sociale ou la spécificité du métier. Ainsi les pages concernant les professions médicales ou ouvrières sont très actives.

- **La communauté de circonstances**: individus unis à cause d'événements ou de situations externes. On parle plus d'expériences de vie communes plutôt que d'intérêts communs.

Ces communautés «opportunistes» et «éphémères» sont souvent très puissantes et prennent rapidement de l'ampleur. Elles arrivent à se faire entendre par leur virulence.

> Prenons un exemple. À la suite du limogeage du PDG de Skyrock, une page de soutien s'est créée en quelques heures et a réuni des milliers de fans! Le même phénomène s'est produit après le licenciement par l'enseigne Cora d'une caissière qui avait récupéré un bon de réduction sur un ticket de caisse laissé par un client. Les communautés se mobilisent autour d'événements d'actualité qu'ils jugent injustes. De nombreux exemples de communautés non pérennes fleurissent chaque année sur les réseaux sociaux.

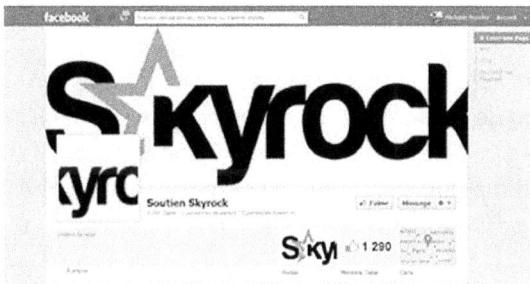

Adapter son positionnement à sa communauté

L'usage des médias sociaux est bénéfique pour les marques lorsqu'il est orienté vers l'internaute et fait écho à ses besoins, à ses attentes ou à ses valeurs, et qu'il ouvre le dialogue avec une communauté de pairs. Les marques doivent respecter trois règles essentielles pour un usage efficace et optimal des médias sociaux :

- Mettre la priorité sur l'écoute de la communauté dans une perspective d'engagement social.

- Se positionner et prendre la parole sur ces médias en tant que «partenaire» et non comme «publicitaire» ou «communiquant».

- Engager une démarche active dans l'optique de «rendre service» et de mobiliser sa communauté autour de la marque et des valeurs de l'entreprise.

Les médias sociaux deviennent alors des espaces de dialogue privilégiés pour les marques, même si elles doivent adapter leur communication : l'engagement social ne peut pas se résumer à une «diffusion simplement commerciale». Trop d'entreprises sont encore tentées d'utiliser ce canal de communication comme un support commercial. Or cette erreur peut avoir des effets rédhibitoires : un rejet quasi certain du client qui perçoit la démarche comme intrusive et n'incitant pas au dialogue. Les termes élogieux sont donc à bannir et les membres de la communauté doivent être associés aux succès de la marque.

Ainsi, le positionnement et le discours de l'entreprise doivent-ils s'adapter au type de communauté qu'elle souhaite toucher. La démarche conversationnelle peut revêtir plusieurs aspects : raconter une histoire, promouvoir une offre, faire de la relation client, du service après-vente, lever les freins à la consommation, suggérer des idées, organiser des concours, recruter, rebondir sur l'actualité.

L'engagement se traduit par différentes interventions : un commentaire, une republication de contenu, on peut aussi demander explicitement à la communauté d'agir : «Like ce post si...» ou «RT apprécié». Si la relation de proximité entre la marque et sa communauté est fondée sur la reconnaissance, alors il sera possible d'inciter les membres à adopter ce type d'action.

Le type de contenu est également très sensible. Sur Facebook, les publications photo sont souvent les plus engageantes. On préférera publier ainsi une photo accompagnée d'un texte et éventuellement d'un lien, plutôt que de simplement publier du texte ou un lien externe. L'algorithme de Facebook a tendance à minimiser le *reach* des publications dites «non engageantes». Il faut privilégier les contenus faciles à comprendre, efficaces et courts :

> «Les marques ont besoin de mieux comprendre comment les consommateurs utilisent les différents réseaux en ligne au lieu de toujours compter sur les réseaux sociaux pour appuyer toutes leurs initiatives marketing» (Ralph Risk, directeur marketing de Lightspeed Research Europe).

Plus une communauté est active et participante sur un réseau social, plus le taux d'engagement est élevé. Un contenu de qualité assure l'intérêt de la communauté et induit une viralité positive. C'est en quelque sorte un cercle vertueux, il suffit de trouver la bonne approche pour le générer. À vous de faire le premier pas.

CAS

BREIZH COLA, UNE COMMUNAUTÉ RÉGIONALE

La marque Breizh Cola est une boisson gazeuse, fondée en 2002 et qui se positionne comme une alternative au géant du cola. Cette initiative locale s'est fondée sur la force d'une communauté régionale : la Bretagne.

En impliquant la communauté bretonne autour de la création de son produit, la marque a pu conquérir en quelque temps cette région solidaire. Sans aucun achat média, la marque est devenue la deuxième marque de cola de la région.

Forte de cette expérience reposant uniquement sur le bouche-à-oreille local, la marque a décidé d'étendre la commercialisation de son produit dans d'autres régions, et notamment dans une région symbolique, l'Île-de-France où la communauté bretonne est très présente.

En s'aidant des réseaux sociaux (Facebook et Twitter), la marque s'est appuyée sur cette communauté pour «faire passer le mot» de son arrivée à Paris.

Aujourd'hui, troisième cola de France, la marque possède une communauté très engagée qui interagit au quotidien sur les réseaux sociaux, n'hésite pas à partager les contenus proposés par la marque et les membres de la communauté échangent entre eux pour s'informer des nouveaux points de vente disponibles.

Maîtriser le marketing de l'engagement

Réseaux sociaux égale engagement. Et sans implication pas d'engagement. L'équation est donc relativement simple. Une des meilleures techniques d'implication communautaire pour construire un territoire de marque fort reste la mise en avant des fans.

L'émergence du marketing de l'engagement

En travaillant sur son image, la marque montre qu'elle est plus qu'une marque, un produit ou un service ; elle modifie son capital «émotion». Pour créer ce capital émotion, il faut donc passer de la promesse marketing strictement publicitaire au marketing de la promesse. En d'autres termes, pour émerger, pour conserver la préférence de ses clients par rapport aux marques concurrentes et pour maintenir le contact sur la durée, une marque doit devenir une marque-service.

SERVICE ET INNOVATION

Dans leur quête d'innovation par les services, les marques se posent bien entendu la question de la nature des services à fournir. Elles sont nombreuses à penser que la réussite d'une telle entreprise réside dans le fait de proposer un service nouveau, unique, différent de ce qui existe déjà.

La courte histoire du monde numérique nous apprend que les grands succès sont rarement nés d'une innovation révolutionnaire sur la nature du service. Qu'il s'agisse de Google ou de Facebook, aucun service nouveau n'a été inventé. Des modèles similaires existaient précédemment comme Altavista, Friendster ou encore MySpace. Mais ces marques ont su s'imposer en proposant un service amélioré, en réinventant les conditions d'utilisation, en rendant le service plus simple, plus agréable et plus fluide dans son utilisation. En d'autres termes : en améliorant son expérience utilisateur (UX).

Pour créer de la valeur sur le digital, une marque doit, bien entendu, se rendre utile en proposant un service utile, mais surtout un service qui fait sens par rapport à son positionnement et son identité.

Sur les réseaux sociaux, le premier service qu'une marque doit rendre est d'offrir une information plus fluide. Comme le souligne Serge Soudoplatoff (Almatropie), «*dans cet univers horizontal où les clients ont pris la main, la marque doit être là pour fluidifier les échanges avec ses clients*».

Les marques se concentrent alors sur une nouvelle forme de marketing relationnel, le marketing des conversations. Il faut d'abord écouter et apprendre, puis gagner le droit d'entrer dans la conversation, de générer et d'animer cette conversation en apportant une valeur ajoutée, et finalement gagner l'écoute et la confiance.

> Par exemple, la communauté «C'est maman qui décide!». Il s'agit d'une communauté créée par La Redoute pour répondre au besoin d'échange spécifique des jeunes mamans. La marque a rapidement compris qu'en entrant dans la discussion, en comprenant les besoins des consommatrices et en leur proposant une page adaptée à leurs besoins, elle pourrait capitaliser sur une communauté très forte qui fait reposer tous ces choix sur la prescription et les recommandations des autres mamans.
>
> Nestlé est allé encore plus loin. La marque a carrément créé une communauté sur son site dédié aux jeunes mamans. Le contenu s'articule autour de conseils d'experts qui permettent à Nestlé d'avoir toute la légitimité pour entrer dans les discussions entre les mamans. La marque propose des conseils personnalisés autour de la nutrition de bébé et effectue un accompagnement de la jeune maman durant les premières années de la vie de son petit (e-mailing réguliers, etc.). La marque a également créé une application «Vivre ma grossesse» pour s'assurer du suivi des mamans dès la période de maternité alors même que la maman n'a pas encore besoin de produits nutritionnels pour son bébé.

Au-delà de la simple écoute, les entreprises doivent également être en mesure de répondre aux demandes des utilisateurs. Il y va de leur crédibilité. Sans engagement sur les actions attendues, ni réciprocité dans les échanges, la démarche conversationnelle ne fonctionnera pas. Les internautes sont opportunistes et cherchent une relation donnant-donnant : ils sont prêts à donner de leur temps et à faire des efforts, mais, en échange, ils attendent un engagement de l'entreprise.

Celle-ci doit impliquer les différents acteurs en interne afin de s'assurer une réactivité et une fluidité presque en temps réel. La clé de la réussite d'une stratégie d'engagement repose sur la bonne coordination des différents départements au sein de l'entreprise (marketing produit, communication, trademark, SAV, etc.).

RÉPARTITION DE TÂCHES ET DE FONCTIONS AU SEIN DE L'ENTREPRISE

La direction générale choisit les grandes directives de la création d'une communauté (support, objectif) en donnant un cadre.

Le service marketing ou le service communauté définit les thématiques de prises de parole sur la page et prévoit une liste de sujets que les internautes sont susceptibles d'aborder et les réponses à y apporter : le service marketing se concentrera sur les questions produits, et le service communication sur les sujets «chauds».

Le service SAV prévoit une FAQ avec des réponses toutes faites afin de répondre au plus vite aux questions des utilisateurs. Cette FAQ devra être enrichie au fur et à mesure des échanges.

Chaque service doit participer à l'élaboration de documents permettant une plus grande fluidité des échanges entre la marque et sa communauté. Une marque se doit de répondre à un utilisateur dans les 48 heures après que ce dernier a posé une question directe à la marque. Après ce délai, le consommateur aura oublié sa question ou sera mécontent de la non-réponse.

Le marketing de l'engagement peut encore aller loin en impliquant le consommateur dans la cocréation de l'expérience de marque.

Le *picture marketing*, un nouveau levier d'engagement

Le *picture marketing* utilise, pour communiquer, des supports visuels tels que des images, des dessins, des photographies ou des vidéos. En effet, à l'heure où les internautes sont noyés sous une masse de contenus écrits, les images et les photographies deviennent des éléments incontournables pour accrocher l'œil du lecteur. Le succès de ces contenus tient à trois facteurs interdépendants :

- la lisibilité (une image ou une vidéo permet de mettre beaucoup plus de contenu qu'une publication) ;
- la compréhension rapide du message ;
- la viralité de ces types de supports.

Si les réseaux sociaux ont rapidement incité les utilisateurs à échanger ce type de contenus, voici quelques chiffres qui témoignent de leur importance :

Instagram est rapidement devenu le premier réseau social mobile avec :

- 575 likes et 81 commentaires par seconde ;
- plus de 150 millions d'utilisateurs ;
- + de 5 millions de photos postées par jour.

En quelques mois, **Pinterest** est devenu le troisième réseau social aux États-Unis avec :

- 13 millions de visiteurs uniques par mois ;
- 72 minutes en moyenne passées par jour.

Sur **Facebook**, la stratégie tend à intégrer de plus en plus les contenus multimédias au cœur des stratégies d'engagement avec plus de 300 millions de photos échangées par jour sur le réseau et plus de 3,2 milliards de likes et commentaires par jour.

Il est facile de comprendre pour quelles raisons les marques ont intérêt à utiliser ces types de supports :

- pour enrichir et mettre en avant leur identité ;
- pour générer du trafic et de la visibilité ;
- pour animer et engager leur communauté.

CAS

ORANGE ET INSTAGRAM

Pour communiquer sur la rapidité de son réseau mobile, plutôt que d'opter pour un message ennuyeux, Orange a choisi Instagram. La marque a créé un compte Instagram nommé « Miss First ». Ce choix de support s'explique par le fait que pour utiliser un réseau social de partage de photos, il est essentiel d'avoir un bon réseau, une connexion rapide et fiable.

Sur son compte « Miss First », la marque mettait un avant des photos reprenant les principaux attributs de ses réseaux. Sur chaque photo se trouvait un mot, l'ensemble des mots donnait la phrase : « Pour être toujours first sur Instagram et l'Internet mobile, choisissez le réseau jusqu'à 5 fois plus rapide : Orange. »

Grâce à cette opération et au support visuel retenu, l'opération a remporté un réel succès.

Le *picture marketing* est particulièrement adapté pour les entreprises BtoB qui ont souvent des messages très orientés et très «experts» qu'il est nécessaire de vulgariser. Si un professionnel concerné croise une communication BtoB, il comprendra immédiatement le contenu proposé, en revanche, les autres internautes se sentiront exclus, d'où l'intérêt d'opter pour ce type de communication afin de faire cohabiter les différents types d'internautes.

> Xerox ne va pas forcément s'adresser, sur les réseaux sociaux, aux secrétaires mais plutôt aux responsables informatiques, aux responsables des achats, aux responsables des services généraux, qui, eux, vont jauger puis acheter le produit. Mais les secrétaires peuvent aussi se trouver sur les réseaux sociaux et avoir envie de suivre la page d'un prestataire.

La cocréation, une méthode ultime pour générer de l'engagement ?

La cocréation correspond au processus par lequel le consommateur et l'entreprise participent ensemble à toutes les étapes de production et de consommation du produit ou du service.

Une création d'expériences de consommation réussie implique de donner le pouvoir au consommateur dans sa relation avec la marque. Il s'agit de lui donner l'impression qu'il est impliqué dans la vie de l'entreprise. Pour y parvenir, les compétences du consommateur, à la fois dans la définition de l'offre et dans sa production, doivent être prises en compte.

Le *crowdsourcing* (*crowd* = «foule», *outsourcing* = «externalisation») permet de traiter un problème en mobilisant la participation d'un public élargi. Cette participation repose sur la bonne volonté de personnes d'expertises variées mais aussi sur le volontariat. En d'autres termes, cela revient à utiliser la créativité, l'intelligence et le savoir-faire d'un grand nombre de personnes pour réaliser une tâche habituellement accomplie par un employé, une entreprise ou un prestataire rémunéré. Ce type de sollicitation repose sur la motivation des contributeurs, elle-même émanant du plaisir de résoudre un problème ou de participer à un effort collectif. Il ne doit pas y avoir de relation pécuniaire dans ce type de relation, il s'agit ici d'utiliser l'intelligence collective.

Il y a plusieurs façons de procéder pour mettre en place une stratégie de cocréation au sein d'une communauté.

- **La réalisation de sondages auprès des utilisateurs** : ceux-ci ont ainsi la possibilité de donner leur avis sur un produit ou un service que l'entreprise souhaite proposer.

> Le site d'e-commerce LaFraise propose aux internautes de donner leurs avis sur les t-shirts créer par des designers free-lances. Le t-shirt qui remporte le plus d'engagements est commercialisé sur le site et le designer est rémunéré.

- **Le vote** : il permet de solliciter un public large afin de choisir entre plusieurs options. Le vote peut porter sur le choix d'une couleur par exemple, ou encore sur le packaging, ou bien il peut s'agir d'un choix entre plusieurs produits.

> Danette organise depuis une dizaine d'années l'élection de la Danette de l'année. En 2012, l'élection s'est déroulée sur la page Facebook de la marque, dans une application dédiée. Plusieurs goûts étaient proposés aux membres de la communauté et ses derniers venaient voter pour choisir parmi trois saveurs différentes. Pour augmenter l'effet viral de l'opération, les votants devaient renseigner la région soutenue en référence à la célèbre émission « Le combat des régions ». Danone a poussé son engagement jusqu'au bout en mettant en vente la Danette qui a remporté le plus de votes.

- **Le concours d'idées** : les internautes sont invités à soumettre des idées sur une thématique particulière. Dans une application Facebook, « La course des garçons de café », Orangina, en s'appuyant sur sa nouvelle campagne très décalée avec des animaux, a proposé à sa communauté Facebook de venir imaginer les phrases les plus décalées pour qu'elles deviennent (peut-être) les futures accroches des affiches publicitaires.

- **Le contenu participatif** : il s'agit de création de contenu en ligne. Par exemple, Desperados demande à sa communauté de venir concevoir des modèles pour ses bouteilles en fonction des dates clés de l'année (Saint-Valentin, Noël, etc.). La communauté est ensuite invitée à venir voter pour celle de son choix.

Il existe d'autres méthodes de *crowdsourcing* mais celles-ci sont les principales utilisées sur les réseaux sociaux.

Grâce au *crowdsourcing*, ou cocréation, les communautés se sentent alors impliquées émotionnellement et personnellement, certains internautes devenant des porte-parole ou des prescripteurs de la marque. Cependant le *crowdsourcing* a ses limites et ne peut pas s'appliquer dans tous les secteurs.

Mesurer l'engagement et fidéliser

L'interaction avec les consommateurs est essentielle pour tirer parti du potentiel des réseaux sociaux : les marques sont encore peu nombreuses à avoir une stratégie approfondie pour développer l'engagement de leurs membres.

Les marques sont à la recherche de métriques simples, efficaces et compréhensibles. Ainsi, elles ont très vite assimilé les mesures comme les «likes» ou les retweets au point de les considérer comme des indicateurs clés de l'engagement. Si le décompte du nombre de likes est un outil qui permet facilement de se comparer aux marques concurrentes, cette façon de comptabiliser l'engagement n'est-elle pas un peu réductrice par rapport à ce qu'une communauté peut apporter à une marque ?

Plutôt que de se concentrer sur son nombre de fans ou de *followers*, il est plus judicieux d'impliquer efficacement ses membres. En effet, c'est cet engagement qui crée la valeur d'une communauté et non le simple recrutement. Certaines marques, dans leur logique de «courses au like», oublient de privilégier la discussion. Lorsqu'elles cherchent à faire marche arrière, elles sont contraintes de réactiver une base inactive et les moyens financiers à mettre alors en œuvre pour régénérer cet engagement peuvent devenir très lourds.

La fidélisation d'une communauté se fonde sur trois dimensions :

- la dimension affective (proximité marque ou entreprise);
- la dimension cognitive (préférence);
- la dimension conative (comportement d'achat).

Objectifs généraux/objectifs opérationnels

Objectifs généraux	Type de lien	Objectifs opérationnels
Faire connaître. Notoriété (spontanée, assistée). Positionnement (éléments distinctifs).	Cognitif	Informer de l'existence d'un nouveau produit. Montrer les différentes utilisations. Rappeler l'existence.
Faire aimer. Image positive. Préférence. Intention d'achat.	Affectif	Modifier l'image d'un produit. Créer une préférence pour une marque.
Faire agir. Achat.	Conatif	Stimuler un achat immédiat (opération promotionnelle).

Source : inspiré d'Olivier Zed, *La Communication media et hors média*

Le client s'informe d'abord sur les offres, ensuite il se fait une opinion en évaluant les qualités perçues du produit, c'est à ce moment qu'il peut solliciter l'avis d'un réseau. Une fois rassuré par son évaluation, il passera à l'acte d'achat.

LES HUIT POINTS À RETENIR POUR ENGAGER LA CONVERSATION AVEC SA COMMUNAUTÉ

1. Le *community manager* doit entraîner la communauté vers le haut en l'impliquant le plus possible et en la faisant croître. Si son but n'est pas d'intervenir systématiquement dans les échanges, il doit repérer les ambassadeurs de la marque et les impliquer dans une logique de cocréation sur le long terme. Un fan satisfait est un client gagné.

2. Soyez transparent! L'engagement repose sur un échange, entre la marque et sa communauté, fondé sur la transparence de l'information. Si vous supprimez les contenus ou les questions des utilisateurs qui ne vous conviennent pas, alors vous vous exposez à un plus grand mécontentement.

3. Ne craignez pas la critique ou le *bad buzz*; si vous les craignez, alors vous les subirez! En laissant la parole à votre communauté, vous acceptez d'exposer votre marque aux critiques et aux réclamations des consommateurs. En leur répondant, vous éviterez tout risque de débordement.

4. Soyez réciproque dans vos échanges : pour que la réciprocité de l'échange fonctionne, vous devez jouer le jeu du *social media* en répondant aux questions qui vous sont posées même si elles ne correspondent pas à vos aspirations.

5. Le contenu est roi : pour réussir votre stratégie d'engagement, il faut élaborer une stratégie de contenu adaptée à ce type de support. Une erreur commune est de transposer la communication propre aux supports traditionnels de votre communication sur les réseaux sociaux. En réalité, il faut adapter le contenu à chaque plateforme sur laquelle vous décidez de vous installer.

6. Adaptez-vous à votre type de communauté ! Selon votre secteur d'activité et votre cible, vous devez comprendre où l'on parle de vous et comment vous insérer dans les discussions de la façon la plus efficace possible. Ce n'est pas votre communauté qui s'adaptera à vous mais bien l'inverse.

7. Soyez à l'écoute de votre communauté : en comprenant ses besoins et en adaptant votre stratégie, vous vous rapprocherez de votre audience.

8. Alternez les types de prises de parole : il est important de ne pas s'enfermer dans un type de prise de parole en particulier mais d'alterner les contenus surtout si votre audience est large. Vous devez sans cesse évoluer en fonction des attentes de votre communauté et un contenu trop répétitif finirait par lasser les internautes.

Démarcher et gérer la relation client

OBJECTIFS

- *Développer son portefeuille prospect et client.*
- *Comprendre les stratégies de CRM et d'augmentation de son chiffre d'affaires* via *les réseaux sociaux.*

Quel que soit son secteur d'activité, une entreprise a besoin d'activer sa clientèle et ses prospects. La prospection et la conquête de nouveaux clients sont une problématique essentielle pour tout annonceur qui souhaite se positionner sur les réseaux sociaux. Si une présence sur les médias sociaux prend du temps, du budget et des efforts, il faut pouvoir rentabiliser ces ressources en séduisant de nouveaux clients et en fidélisant les clients actuels.

Avec l'engagement, la relation client 2.0 prend un nouvel essor et il devient nécessaire de mettre en place toutes les formes d'action de marketing et/ou de communication visant à échanger et créer du lien avec ses cibles, ses consommateurs. Il devient alors essentiel de bien penser sa stratégie pour répondre aux nouveaux besoins des utilisateurs :

- 81 % des consommateurs consultent Internet avant de réaliser un achat (Médiamétrie, 2010) ;
- 80 % des consommateurs font confiance aux médias sociaux, forums et comparateurs (Nielsen, 2012) ;
- 80 % des internautes ont déjà recommandé l'achat d'un produit (Nielsen, 2012).

Selon Markess International, dès 2014, plus de la moitié des interactions clients passeront par des canaux digitaux. Pour autant, force est de constater que les marques et les entreprises n'ont pris conscience que très récemment du réel impact des réseaux sociaux sur leur relation client.

Convertir un visiteur unique en client/prospect

Avec le nombre croissant de membres sur les principaux réseaux sociaux, bon nombre d'entreprises et de marques ont rapidement compris l'intérêt de venir y «démarcher» de nouveaux clients.

Pourtant, encore aujourd'hui, leurs façons de procéder sont loin d'être en adéquation avec le potentiel et les attentes des clients présents sur les médias sociaux. Les possibilités de ces plateformes sont certes énormes mais encore mal maîtrisées.

Faire connaître l'entreprise et ses produits

L'importance de bien présenter son entreprise pour la rendre reconnaissable ou identifiable

Peu importe le réseau sur lequel l'entreprise est positionnée, il est primordial de bien la présenter et d'améliorer la lisibilité de son positionnement. Le contenu est la première chose que l'internaute va regarder avant d'adhérer à une marque. Il est donc essentiel de mettre du contenu, et en particulier du contenu multimédia, très prisé par les utilisateurs des réseaux sociaux et qui permet de se distinguer d'un site vitrine.

La première étape consiste à bien renseigner l'activité de l'entreprise. Chaque réseau social propose de mettre une ou deux petites phrases de description de l'activité de l'entreprise pour permettre sa reconnaissance par le consommateur.

La plupart des entreprises qui bénéficient d'une forte notoriété de marque et pour lesquelles il peut exister des pages non officielles se contentent d'une simple phrase informant qu'il s'agit bien du compte officiel de l'entreprise.

> Sur la page Facebook d'Amazon.com, on peut lire : *Official Facebook page of www.amazon.com*. L'accroche de la page PriceMinister est la suivante : «Bienvenue sur la page officielle de PriceMinister. Retrouvez tous nos SuperBonsPlans : *http://bit.ly/ybfKl9*».

L'entreprise peut également se servir de cet espace pour mettre en avant un avantage concurrentiel.

> Paris Match précise sur son compte Twitter : « Paris Match : le premier magazine français d'informations générales. »

D'autres entreprises se servent de cet espace pour mettre en avant une façon de penser ou encore un état d'esprit propre à la marque et annoncent directement ce qui est attendu par le visiteur.

> France 5 précise sur son compte Twitter : « Explorer, étonner, éclairer, ici la conversation s'engage et se partage. Bienvenue sur le compte officiel de France 5. » Airwaves explique directement ce que le visiteur pourra trouver sur sa page Facebook : « Bienvenue sur la page officielle d'Airwaves France ! Vous trouverez ici : des actus, de la fraîcheur, des défis et des sensations fortes ! »

Certaines marques choisissent d'annoncer directement la tonalité des échanges comme le magazine *Voici* qui annonce : « La rédac de *Voici* aux manettes ! Pas de CM entre nous :) »

D'autres marques en recherche d'une plus grande notoriété de marque renseignent les visiteurs sur le métier de la marque comme Boots Laboratories™ qui détaille ses activités : « Boots Laboratories™ est une marque pionnière et innovante. Grâce à notre expertise pharmaceutique développée depuis plus de cent soixante ans, nos produits répondent aux attentes des consommatrices et pharmaciens les plus exigeants. »

Cela peut également concerner des sous-activités de marque comme le compte Twitter Nokia Pureviews qui se focalise sur l'objectif de l'appareil photo des téléphones Nokia : « L'action sport dévoilée de façon exclusive à travers l'objectif du Nokia Lumia #skate #bmx #snowboard #nokiapureviews. »

Enfin, certaines marques annoncent la campagne en cours, comme le fait Breizh Cola sur sa page Facebook : « Page officielle Breizh Cola. Créé en 2002 par Stéphane Kerdodé et Éric Ollive, le Breizh Cola débarque à Paris ! »

Sur Facebook et LinkedIn, il est également possible d'ajouter des descriptions plus complètes de l'entreprise, de renseigner son histoire ou encore les prix reçus, les contacts, etc.

La présentation des produits ou services

Une autre étape consiste à bien présenter les produits proposés par l'entreprise et cela passe souvent par l'image car il ne faut pas oublier que le visiteur ne peut ni les toucher, ni les sentir, ni les examiner. Sur Facebook, il est possible de créer des albums photo par produit ou par gamme de produit.

> Sur la page Facebook de Danette, on trouve un album photo nommé : « Les parfums Danette ». Sur Twitter, il est possible de mettre les produits en image de background du compte Twitter.

La mise en avant des produits nécessite quand même quelques prérequis :

- Bien s'assurer d'avoir des photographies de bonne qualité.
- Publier plusieurs photos avec des angles de vue différents.
- Utiliser des descriptifs impactants.
- Bien définir les thématiques dans lesquelles les produits vont être classés.
- Avoir des images bien référencées sur le site pour créer du trafic vers les produits (avec le bon lien dans la description).
- Proposer du contenu de manière régulière, des publications quotidiennes sont idéales pour garder une dynamique.

Le réseau social le plus adapté pour la présentation des produits et notamment pour les marques d'e-commerce reste Pinterest, le champion du catalogue produit. Pour générer davantage de ventes, la plateforme Pinterest est devenue une référence qui permet de mettre en avant des produits, de les exposer à son audience et d'augmenter le trafic sur son site Web. Il est possible de créer autant de *boards* que souhaité : par produit, par gamme, par thématique, par couleur des produits, etc. L'avantage de Pinterest est de pouvoir créer des *boards* sans rapport direct avec les produits mais viennent enrichir un catalogue produits comme des produits annexes, des produits des partenaires, etc. Il est possible de créer un ou deux collaboratifs et d'inviter la communauté à venir y collaborer ; les abonnés sont alors incités à épingler des photos, pour instaurer une interaction et donner un côté communautaire à la page Pinterest.

CAS

KATE SPADE NEW YORK SUR PINTEREST

La marque, spécialisée dans la mode et les accessoires, promeut ses produits et ses valeurs au travers de son compte Pinterest. Le fil conducteur entre les différents tableaux est le thème de la couleur, ce qui permet au final d'avoir une unité générale dans le *content marketing* de la marque sur ce réseau social. L'accroche est la suivante : *Quick and curious and playful and strong. Follow us for a glimpse into the world of Kate Spade New York.*

En chiffre le Pinterest de Kate Spade c'est :

- 11 tableaux ou boards différents ;
- environ 142 000 abonnés.

Ces techniques ne sont pas forcément réservées aux marques qui proposent des produits. Par exemple, Air France propose un tableau « Welcome on Board » qui présente de nombreuses photos de voyage. La marque a également créé un tableau collaboratif nommé « Everyone's Creative Travel » qui comporte plus de trois cent quarante-six mille épingles d'utilisateurs partageant leurs photos de vacances.

Faire aimer l'entreprise et ses produits : créer de la proximité

Il ne suffit pas d'avoir créé un compte sur un réseau social pour que les clients sonnent à la porte. Encore faut-il leur parler avec les mots justes et favoriser la prise de contact avec l'entreprise positionnée. L'un des nouveaux leviers de vente le plus intéressant à utiliser sur les réseaux est la proximité qu'il est possible de créer avec les abonnés. Pour ce faire, les réseaux sociaux permettent de présenter l'entreprise d'une façon différente.

- Offrir un accès aux coulisses de la marque ou de l'entreprise pour permettre aux internautes de percevoir l'humain derrière l'enseigne ou les produits : photos des locaux, de l'équipe, des événements organisés par la marque autour des équipes (journée d'intégration, présentation des nouveaux arrivants, arbre de Noël, etc.).
- Couvrir un événement tel la participation de la marque à un défilé lors de la Fashion Week de Paris. Lors de cet événement, Louis Vuitton proposait

en 2012 à ses fans Facebook de découvrir le défilé en *live* dans une application Facebook.

- Mettre en avant les témoignages des clients, des tutoriaux d'utilisation en vidéo, etc.
- Refléter un style de vie ou une façon de penser.
- Faire une revue de presse.

Certaines de ces techniques seront analysées par la suite, nous allons nous concentrer ici sur les possibilités de partager rapidement l'actualité de produits et/ou de services. La grande force d'une marque est sa propension à s'inscrire dans le quotidien des internautes en leur proposant une ligne éditoriale variée afin de placer ses produits. Il ne s'agit pourtant pas de marteler aux potentiels prospects un message trop commercial et trop incisif. Faire la promotion de son actualité produit et/ou service ne doit pas se faire aux dépens de sa ligne éditoriale, il faut varier le type d'actualité.

CAS

RUE DU COMMERCE SUR FACEBOOK

Sur sa page Facebook, Rue du Commerce alterne différents types de posts permettant de parler des produits :

- « [TEST PRODUIT] Voir les choses en grand et à petit prix, c'est possible
  Le blogueur @GohanBlog vous le prouve au travers de son test de la TV LG 32LS3400 à moins de 250 € >> http://bit.ly/18eSNlU
  Cette TV est à voir ici (10 € offerts grâce au code BONUS10) > http://bit.ly/15Z7Fy2 »
- « [NEWS JEUX VIDEO] Focus sur Lost Planet 3 ! La saga devient plus glaciale que jamais dans son 3e volet, sorti le mois dernier
  Dispo ici >> http://bit.ly/1aEIU2O
  Votre avis sur ce jeu ? Une réussite par rapport aux deux précédents ? »
- « [#BONPLAN] Venez profiter de -25 % sur tous les livres photo avec le code ETE13FUj ! *http://bit.ly/Bon-plan-Fujifilm.* »

La diffusion de l'information est immédiate et permet de toucher plus rapidement de nouvelles cibles, à la différence d'une promotion classique en magasin. La méthode de promotion est assez simple. En adéquation avec sa ligne éditoriale, mêlée à une analyse du profil de sa communauté et de ses cibles potentielles, la publication des offres promotionnelles obéit au schéma suivant : Rue

Du Commerce publie sur sa page Facebook les photos de ses nouveaux produits, avec le prix, le détail de l'offre commerciale, le bénéfice consommateur (l'intérêt du produit), éventuellement une situation d'utilisation (la tablette dans le train pour regarder un film, le casque audio pour écouter de la musique sur la plage pendant les vacances) et un lien pour acheter le produit.

Il faut capitaliser sur deux principes : mettre en avant ses nouveaux produits et communiquer sur les avantages de ses produits par rapport à la concurrence ou répondre à un besoin spécifique et précis. Plusieurs méthodes permettent de présenter les produits sans être trop répétitifs.

1. **Rebondir sur l'actualité** pour placer ses produits et les différencier de la concurrence est une très bonne méthode. Afin d'être le plus réactif possible, des grands rendez-vous de la marque/entreprise sont à définir tout au long de l'année. Par exemple, dans le domaine du high-tech, le Black Friday est un moment important dans la promotion des ventes pour de nombreuses marques positionnées sur ce secteur.

De nombreuses marques ont surfé sur la naissance du bébé du prince William et de Kate Middleton pour s'offrir une communication et une visibilité sur les réseaux sociaux. C'est par exemple ce qu'a fait Sony Picture UK en publiant un tweet de félicitations au couple princier tout en rajoutant une image de bébé Schtroumpfs issue du film *Les Schtroumpfs 2*. En rebondissant sur l'actualité la firme de cinéma a pu profiter de l'engouement autour de l'événement pour offrir à son film un espace d'exposition privilégié.

2. **Annoncer en avant-première le lancement d'un nouveau produit sur les réseaux sociaux.** Cela permet d'impliquer la communauté dans le lancement du produit, de recueillir ses impressions et de tester l'accueil reçu par le produit. Certaines marques vont encore plus loin en publiant des séries de *post-teasing* pour faire découvrir peu à peu le produit. Ainsi elles peuvent rapidement savoir si le lancement de leur produit ou de leur service est en passe d'être une réussite ou si la stratégie doit être modifiée ou adaptée.

En janvier 2013, Jay Marsden, responsable produit chez AMD, a lancé en guise de *teasing* un message sur Twitter pour annoncer qu'il travaillait sur un nouveau projet «excitant». Cela a créé le buzz et de nombreux échanges au sein de la communauté mais aussi dans les magazines spécialisés. Cette communication avait pour objet de susciter l'intérêt autour du futur lancement de la nouvelle carte graphique Radeon.

3. **Mettre en avant des produits dans le quotidien.** En mettant en scène l'utilisation du produit et en publiant des informations concrètes, mais aussi en partageant les photos des produits prises par la communauté, la marque permet aux potentiels acheteurs de voir le produit différemment. Elle peut inciter la communauté à poster des photos, notamment sur Instagram, et, ainsi, facilement récupérer du contenu; la communauté sera flattée d'avoir été remarquée et mise à contribution.

Sur la page Facebook Danette, la photo de couverture de la page est régulièrement mise à jour avec le «fondu du moment». Il s'agit d'une photo de fans mise en scène dans un produit Danette avec un petit commentaire du fan. Par exemple, on retrouve des témoignages comme «Danette même pas besoin de cuillère!» et une photo de deux fans qui mangent leurs Danette à la paille.

Il est possible d'inventer de nombreux moyens de mettre en avant le produit de façon originale. L'essentiel est de ne pas être dans une approche trop commerciale. Dans tous les posts, on pourra ajouter un *call-to-action* qui augmente la probabilité d'achat. Il faut faciliter autant que possible l'acte d'achat. Le consommateur doit être pris par la main. Par exemple, un nouveau produit est publié sur Facebook, on n'oubliera pas de préciser: «Achetez-le directement sur notre e-boutique» en ajoutant un lien de ladite boutique.

Faire agir : pousser l'internaute à adhérer à votre marque et à passer à l'acte d'achat

Avant de se lancer sur un marché, une marque doit définir sa proposition de valeur, en d'autres termes, ce qui la différencie de ses concurrents et donne envie aux clients d'acheter ses produits plutôt que les produits concurrents disponibles sur le marché.

Une idée reçue est de penser que cette différenciation repose sur un rapport qualité-prix particulièrement avantageux ou bien un design novateur ou encore une technologie avancée. Mais les clients ne sont pas des *Homo œconomicus* purement rationnels : s'ils prêtent bien entendu attention aux critères objectifs du produit, ils sont également influencés par des raisons plus subjectives, en particulier l'univers que la marque partage avec sa clientèle.

Selon l'auteur américain Henry Joannis (1999, 2004), les motivations d'achat des consommateurs se répartissent en trois catégories :

- **La motivation oblative** : elle correspond à la volonté de faire plaisir à autrui. Il peut s'agir de l'achat d'un cadeau ou d'un achat partagé (équipement, voyage…).
- **La motivation hédoniste** : elle naît de pulsions d'achats qui ont pour objectif d'obtenir un plaisir personnel.
- **La motivation d'auto-expression** : elle contribue à combler ce que Maslow considère comme le besoin d'estime et le besoin d'accomplissement.

Il existe différentes matrices qui permettent d'évaluer les principaux déclencheurs d'achat. L'une de ces dernières est appelée SONCAS pour :

- **Sécurité** : besoin d'être rassuré et d'avoir des garanties comme la qualité, la fiabilité du produit et le sérieux de la marque.
- **Orgueil** : besoin de reconnaissance et de différenciation.
- **Nouveauté** : attrait pour la nouveauté ou l'innovation.
- **Confort** : besoin de confort, d'efficacité et de simplicité d'utilisation.
- **Argent** : motivations pécuniaires liées au prix du produit ou à sa rentabilité.
- **Sympathie** : l'affectif, l'attachement à la marque, le coup de cœur… C'est sur ce dernier déclencheur que s'appuient les réseaux sociaux.

La prescription et la recommandation sont deux leviers du marketing relationnel fondamentaux pour optimiser les ventes. Selon une étude du Forrester Research de 2012 nommées *The Facebook Factor*, le fait pour un client d'être fan d'une marque sur Facebook se traduit par une probabilité beaucoup plus grande d'acheter un produit dans les douze mois que pour les non-fans. Cette étude a été menée auprès de dix mille fans de quatre grandes marques : Walmart, Bestbuy, Coca-Cola et BlackBerry.

> Un fan Walmart a 30 % de chance en plus d'avoir effectué un achat dans les douze derniers mois qu'un non-fan et ce chiffre est de 5,3 % pour BlackBerry. Ces fans ont aussi une plus grande probabilité d'acheter des produits de la marque dont ils sont fans dans l'avenir : plus de 50 % de chance pour les fans Coca-Cola et près de quatre fois plus pour BlackBerry.

Et toujours selon cette même étude, les dépenses par marque sont bien plus élevées pour les fans que pour les autres (au minimum le double). Bien entendu ces chiffres varient en fonction du taux d'équipement ou de consommation.

Optimisé, le marketing relationnel peut représenter, pour une entreprise, un véritable levier d'accroissement des ventes et de fidélisation des clients. Pour ce faire, il faut segmenter ses prospects et sa clientèle pour concentrer ses efforts sur les meilleurs clients. Cette segmentation fonctionne sur le principe de Pareto, dite théorie du 20/80, que l'on peut résumer ainsi : dans toute activité commerciale, 20 % des clients (les meilleurs) contribuent à 80 % du chiffre d'affaires. Pour les réseaux sociaux, il faut donc identifier ces 20 % de meilleurs clients qui serviront de levier et de prescripteurs auprès de la globalité d'une communauté.

CAS

LES AMBASSADEURS DE MARQUE DE RUE DU COMMERCE

Sur sa page Facebook, Rue du Commerce a organisé une opération appelée « Les testeurs de Rue Du Commerce » relayée sous le *hashtag* #testeurssrdc.

Le principe est simple : sélectionner, parmi la communauté, des testeurs de produits Rue du Commerce en leur envoyant un produit et rendre leur témoignage public au reste de la communauté. Chaque mois, la marque propose à la communauté Facebook de choisir deux produits qui feront l'objet de tests par deux membres de la communauté. Les membres de la communauté Facebook sont invités à créer un profil testeur sur le site Internet de la marque, dans lequel sont renseignés les passions, les centres d'intérêt et éventuellement le site Internet ou blog de chaque candidat.

Ensuite, deux personnes sont sélectionnées par un jury et la marque leur envoie les produits en test. Le témoignage des candidats est ensuite relayé directement sur la page Facebook. À chaque étape du processus, la communauté est informée pour rendre les témoignages des testeurs plus crédibles.

Des techniques de marketing quantitatif, de *scoring* de propension et de ciblage *uplift* (« levier » en français, désigne une génération de modèles statistiques employés en marketing quantitatif pour détecter les populations des consommateurs sensibles à une offre commerciale) permettent d'identifier les clients les plus sensibles au marketing relationnel en particulier pour les problématiques de fidélisation des clients.

À l'opposé de ces motivations d'achat, il existe des freins qui sont beaucoup plus faciles à outrepasser sur les réseaux sociaux :

- Les freins par rapport au produit :
  - les peurs (ce sont des pulsions négatives causées par des difficultés réelles ou imaginaires) ;
  - les inhibitions (pulsions négatives causées par des motivations d'achats dévalorisés chez le client).
- Les freins par rapport au point de vente :
  - frein par rapport à l'image du magasin ;
  - crainte d'être mal reçu par une personne ;
  - crainte d'être mal renseigné ou être trompé ;
  - gêne par rapport aux autres clients présents dans le magasin ;
  - crainte de sortir du magasin sans avoir acheté.

La recommandation et la prescription permettent de lever facilement les freins liés aux produits puisque l'essence même des réseaux sociaux est de pousser les consommateurs à faire confiance à leurs pairs pour juger de la qualité d'un produit.

Quant aux problèmes posés par les points de vente, le fait de les virtualiser minimise les craintes que peuvent ressentir les clients (accueil, perception, gêne, etc.). Les réseaux sociaux permettent de créer de véritables catalogues en ligne, laissant au consommateur le choix de découvrir les produits en toute tranquillité sans aucune pression sociale mais tout en ayant la possibilité de consulter les interactions de leurs réseaux avec ses produits.

CAS

PINTEREST ET LE CATALOGUE PRODUIT DE J. CREW

La marque J. Crew a rapidement découvert l'intérêt de mettre en ligne son catalogue produit et de profiter de l'intérêt du *discovery shopping*. En effet, les possibilités de recommandation et de partage offrent une grande viralité et un effet démultiplicateur de ce type d'achat : la fameuse caution d'une personne que l'on connaît.

À ce jour, 62 870 personnes suivent le *board* de l'enseigne. Cela signifie que les images postées par J. Crew peuvent être vues par les « amis » qui suivent ces personnes sur Pinterest. À titre de comparaison, J. Crew se classe au 168e rang dans le guide « Top 300 » des enseignes les plus actives sur les médias sociaux, édité par Internet Retailer.

Démarcher de nouveaux clients/prospects

Lancer des actions de prospection vers de nouvelles cibles et de nouveaux prospects consiste aussi à fidéliser et à solliciter sa communauté sur les différents réseaux sociaux où la marque/l'entreprise est présente. Tout cela dans un but précis : transformer la communauté en ambassadeurs des produits et des services ou bien du territoire de la marque afin, qu'indirectement, elle recrute de nouvelles cibles.

Promotions exclusives, cadeaux, avantages

Afin de fidéliser une communauté et de l'inciter à parler d'une marque/ entreprise en termes positifs et prospectifs auprès de ses différents réseaux, les promotions exclusives, les cadeaux et les avantages sous différentes formes sont un excellent levier.

CAS

LES PROMOTIONS ET LES BONS PLANS DE DISNEYLAND

Disneyland Paris est très actif sur les réseaux sociaux et particulièrement sur sa page. Le parc propose avec beaucoup de régularité de nombreuses promotions et de bons plans – dont certains sont exclusifs –, des codes de réduction et des offres privilégiées. Par exemple, l'entreprise a proposé une offre qui permet aux détenteurs d'un passeport annuel de faire bénéficier jusqu'à cinq de leurs amis d'un billet à un prix avantageux. Pour maximiser la portée virale de ses messages, Disneyland Paris n'hésite pas à recourir à la création d'événements *via* le module mis à disposition par Facebook.

La mécanique est d'ailleurs assez simple : Disneyland Paris publie son contenu sur Facebook à un horaire identifié comme le plus « engageant » pour sa communauté (vous disposez d'outils comme Social Bro pour identifier ces plages horaires). Grâce au module « événement » de Facebook, le parc crée sa promotion exclusive, en n'oubliant pas d'ajouter une illustration (essentielle, car l'image offre un vecteur plus important de viralité dans les *timeline* des murs de chaque fan de la marque lorsqu'il partage ou aime le contenu). Une fois le contenu déposé, il suffit de le partager sur d'autres réseaux sociaux comme Twitter pour augmenter son potentiel viral. Les membres de la communauté intéressés par l'opération peuvent facilement inviter leurs amis à rejoindre l'événement et cela crée un lieu privilégié pour organiser une sortie en groupe.

Le fait de créer un événement permet à la communauté de le percevoir comme une « vente privée » si ce n'est que le fait même de rejoindre l'événement permet à tout le réseau de contacts de savoir que l'internaute va prendre des places pour le parc ; tous les membres du réseau de contacts peuvent donc facilement se joindre à l'événement eux aussi. Les barrières à l'entrée sont donc beaucoup plus basses que pour une vente privée traditionnelle pour l'accès à laquelle il faut être membre du club.

Sur certains médias sociaux, et plus particulièrement Facebook, des services et des plateformes se sont développés pour aider et accompagner dans la mise en place de telles opérations. Pour offrir des cadeaux à sa communauté, il est possible d'utiliser des applications Facebook. On recommande les outils tels que Tigerlily, Kontest ou Socialshaker qui proposent des solutions clés en main pour lancer une promotion ou un concours sur les plateformes sociales où toute la partie technique et légale est déjà assurée (pour les jeux-concours, voir aussi module 4.).

Il faut également prendre le temps de réfléchir à la forme et au fond que vont prendre vos jeux-concours. Il existe différents types de jeux plus ou moins impliquant :

- les tirages au sort et les instants gagnants ;
- les quiz qui peuvent être musicaux (*blind-test*), visuels (reconnaître des images), classiques (avec des questions-réponses) ;
- un concours photo/vidéo ;
- un challenge lancé à vos fans/*followers*.

Tous les principes de jeux et concours sont valables. Leur but est toujours le même : l'utilisateur doit rejoindre la communauté pour participer. Il est important de proposer une expérience proche de la marque et des récompenses attractives qui permettront de générer plus rapidement une réelle interactivité. En revanche, les dotations doivent, elles aussi, rester proches de l'image de la marque et il n'est pas nécessaire qu'elles soient trop coûteuses. Parfois, le simple fait d'offrir des bons de réduction, des échantillons ou, tout simplement, un produit peut convaincre l'utilisateur de participer.

> Pour le lancement de son nouveau rouge à lèvres « SuperStay 14 h », Gemey Maybelline a proposé à sa communauté sur Facebook de participer à un jeu-concours afin de pouvoir tester en exclusivité le rouge à lèvres.

Récolter des avis et des feed-back

Une parfaite compréhension de l'enjeu que constitue la récolte de feed-back est indispensable à la bonne mise en place d'une relation client reposant sur des bases saines et solides. À chaque réseau social correspond une audience et, de ce fait, à chaque outil correspond un message et un type de relation client, même s'il existe des tendances générales.

> L'opération #TesteurSosh pour la marque *low-cost* d'Orange « Sosh » se fondait justement sur ce principe. L'idée était assez simple : Sosh permet à sa communauté de s'impliquer en testant les tout derniers téléphones et de livrer ses avis sur deux des réseaux sociaux principaux : Facebook et Twitter.
> L'avantage d'une telle opération est double : elle permet, grâce aux testeurs, de mettre en avant les nouvelles gammes de téléphones déployées par l'opérateur téléphonique ; elle permet aussi de transformer sa communauté de testeur en canal de promotion de ses produits. À la différence d'un testeur « professionnel » ou d'un vendeur Sosh qui aurait intérêt à vendre un produit plus qu'un autre, ici c'est l'avis de la communauté Sosh qui compte, avis considéré comme plus neutre.

Il existe des services comme uservoice.com qui permettent à la communauté de déposer des avis sur un produit/service. Ils peuvent s'adapter sur les réseaux sociaux et sur un site Internet pour constituer une base de données d'avis commune. Les retours utilisateurs et les témoignages clients sont une vraie force dans l'acquisition de nouveaux prospects. En effet, parler de soi sur les réseaux sociaux a moins d'impact que de faire parler de soi.

CAS

CASTORAMA INTÈGRE LES AVIS CLIENTS SUR SA PAGE FACEBOOK

En 2011, Castorama a décidé de prendre en compte les commentaires et les avis laissés sur Facebook par les clients en les intégrant dans son programme dédié. La marque de bricolage a ainsi transformé sa communauté en vecteur de notation de ses produits et services. Dorénavant, lorsqu'un client évalue un produit sur la page de Castorama, ces informations sont automatiquement publiées sur le site de commerce en ligne.

Les avis laissés sur Facebook ont permis à l'entreprise de mieux cibler les produits à promouvoir sur son site vitrine et, du coup, d'accroître le taux de transformation d'achat de son panier sur cette plateforme e-commerce. En plus de l'amélioration de ce taux, cette initiative a finalement procuré d'autres avantages, comme celui de cibler un public plus jeune.

Étudier les avis des clients sur les plateformes de réseaux sociaux, et surtout permettre à la communauté de donner son opinion, a un énorme avantage stratégique : malgré les avis négatifs (qui seront diffusés quoi qu'on fasse), ils permettent d'adapter la politique marketing et de mieux cibler l'offre produit et la mise en avant des promotions.

Pour que les témoignages soient pertinents et représentent une réelle valeur ajoutée pour la marque, le service ou le produit, nous conseillons :

• **D'être à l'écoute de la communauté** : témoigner ne veut pas dire communiquer. Il faut donc laisser la parole la plus libre possible à ceux de la communauté qui souhaitent témoigner. L'encadrement doit se faire de manière distante afin de se préserver surtout des dérapages en tout genre.

• **D'avoir des témoins crédibles** : si, à n'importe quel moment, le doute s'installe au sujet de la crédibilité des témoins, cela peut rapidement se transformer en *bad buzz*. Il faut donc éviter les témoignages « scénarisés » ou manquant d'une certaine spontanéité.

- **D'inciter vos fans à promouvoir leur témoignage** sur leurs propres réseaux sociaux : il faut faciliter le débat et les commentaires suite à ces témoignages.

- **D'accepter que le retour du test puisse être négatif** : tout le monde ne peut pas être satisfait du produit. Laisser les avis négatifs en les encadrant permet de montrer au reste de la communauté que vous n'avez rien à cacher.

Certaines marques se servent de ces outils de captation et de veille des feedbacks pour optimiser leurs campagnes de prospection. Cette tendance est particulièrement vraie dans la guerre commerciale à laquelle se livrent les opérateurs téléphoniques et, plus particulièrement, des acteurs comme Virgin Mobile ou NRJ Mobile qui se positionnent sur un même segment jeune et décalé.

Ainsi, par exemple, en surveillant les avis négatifs ou les questions posées à tel ou tel de leurs concurrents, ces marques peuvent participer au fil de discussion et mettre en avant leur offre et, de ce fait, capter un futur prospect. Sans pour autant dénigrer les concurrents, l'idée est de se positionner en alternative et d'occuper l'espace de parole.

Le cas du e-commerce social

Lors de son expérience shopping, le consommateur doit pouvoir utiliser les médias sociaux et les sites de e-commerce comme éléments principaux de son expérience.

Trois mécanismes sont faciles à mettre en œuvre sur un site Internet pour rendre le commerce « social ».

- **Proposer des réductions lors de l'achat** en partageant le produit sur les réseaux du consommateur. De nombreuses marques profitent de ce système : il faut simplement mettre en place un mécanisme avec des boutons de partage Facebook, Twitter et autres. Au moment de la commande ou du paiement, on propose au visiteur de partager le produit sur son profil Facebook pour bénéficier d'une réduction de 10 %. S'il tweete, 10 % de réduction en plus.

- À la fin de sa commande, **ne pas abandonner la dimension sociale**. On propose à l'acheteur de partager les produits commandés sur ses réseaux sociaux *via* une pop-in qui s'ouvre sur la page de confirmation, avec les boutons Facebook, Twitter, Pinterest. De nombreux consommateurs apprécient de pouvoir partager leur shopping avec leurs amis, pour leur recommander un produit, pour leur faire part de leur enthousiasme ou de leur excitation.

- **Développer le taux de transformation *via* les réseaux sociaux** : Boulanger, Kiabi ou encore la Fnac.com ont fait confiance à une nouvelle plateforme appelée Shopandtip.com. Spécialisée dans le shopping social, cette start-up a eu l'idée de s'appuyer sur un système de récompense des consommateurs grâce à la gamification.

CAS

WET SEAL ET LE E-COMMERCE SOCIAL

Wet Seal est une boutique e-commerce qui vend des vêtements pour adolescentes. Sur son site, la marque a lancé une section à l'attention de sa communauté de fans. Ces derniers peuvent concevoir leurs propres ensembles et leurs propres vêtements. Ensuite il leur suffit de les partager sur les espaces sociaux de Wet Seal en les publiant. L'objectif de la marque est d'améliorer son « influence » sociale grâce à ce mécanisme que l'on peut résumer en trois points :

- S'appuyer sur la créativité de ses fans.
- Fournir une « validation sociale » en demandant à la communauté de voter. Ceci a pour effet une amélioration des ventes.
- Favoriser le bouche-à-oreille autour de ses produits.

Les résultats ont été immédiats : augmentation de 10 % du chiffre d'affaires ainsi que de la communauté de fans de la marque.

Outre le fait de rendre un site Internet social, il est également possible de faire du commerce directement depuis les réseaux sociaux dans une application dédiée, en particulier sur Facebook. Cela s'appelle le « f-commerce » ou « Facebook-commerce ». Il s'agit d'héberger directement sa boutique sur Facebook. De nombreuses marques se sont essayées à ce type de commerce mais les résultats sont souvent peu satisfaisants. Néanmoins, dans certains cas, le f-commerce peut être une véritable réussite si le produit est, par essence, « social ».

OASIS ET LE *FRUIT STORE*

Face à la popularité de sa page Facebook, la marque Oasis a récemment lancé un *fruit store*. Il s'agit d'une boutique hébergée directement sur la page Facebook. En réalité, l'application est présentée comme une boutique, mais lorsque l'utilisateur clique sur un produit, il est renvoyé vers un site de e-commerce externe.

Le choix de la marque de proposer des t-shirts l'éloigne de son cœur de métier qui est, avant tout, les boissons, mais en proposant ce type de produit, elle renforce le sentiment d'appartenance communautaire.

Développer sa relation client sur les médias sociaux

Une fois qu'une stratégie de promotion des ventes a été mise en place, un autre aspect important ne doit pas être négligé : la relation client 2.0 ou, comme on l'appelle aussi, le service après-vente, qui a profondément été bouleversée par l'arrivée des réseaux sociaux.

La relation client participe à l'image de marque et à l'image générale de la marque/entreprise. Sa gestion et son suivi sont donc de toute première importance.

L'avènement d'une nouvelle forme de la relation client

Dans une relation entre un consommateur et une entreprise, l'entreprise cherche à vendre un produit ou un service à des consommateurs qui cherchent eux à obtenir un maximum d'accompagnement, de conseil et de service après-vente. L'entreprise doit accompagner le client avant l'achat, pendant l'achat et après l'achat.

Sur les médias sociaux, cette relation client traditionnelle est identique dans la mesure où l'entreprise doit répondre aux mêmes attentes des consommateurs que sur les canaux de vente traditionnels et cela à toutes les étapes du processus de vente.

- **Avant l'achat** : l'entreprise doit conseiller les consommateurs, convaincre les prospects, orienter des clients hésitants vers une offre adaptée, séduire les clients des concurrents, attirer une nouvelle clientèle avec des offres intéressantes, répondre aux interrogations des clients et faciliter la prise de décision jusqu'à l'achat, en établissant une relation de confiance.

• **Pendant l'achat**: l'entreprise doit aider la transition de la prise de décision jusqu'à l'acte définitif d'achat. Que ce soit *via* une discussion Twitter (publique ou privée), une discussion sur Facebook (sur la *timeline* ou en message privé), ou sur tout autre réseau social, l'entreprise doit encourager le client à passer à l'acte d'achat, rappeler les bénéfices utilisateur, rappeler le prix, communiquer les liens vers la boutique en ligne ou l'adresse des magasins physiques, rappeler les horaires et effectuer un suivi pour observer si le client passe effectivement à l'acte d'achat. Si oui, remercier et féliciter le client. Si non, demander pourquoi l'achat n'a pas été effectué et engager un nouveau processus de relation client.

• **Après l'achat**: une fois l'achat effectué, l'entreprise peut remercier le client, *via* un tweet, un retweet si le client a partagé son achat, un message de sympathie pour signifier la reconnaissance de l'entreprise envers le client. Même s'il est difficile de remercier tous les clients, les médias sociaux sont un vecteur facile pour communiquer avec ses clients, et un simple merci ou une phrase courte sont précieux et montrent l'intérêt de l'entreprise pour sa communauté. Si un client se sent écouté sur les réseaux sociaux et entouré par la marque après son achat, il sera plus à même de lui rester fidèle et de partager son expérience positive avec ses proches. D'autre part, le service client est de plus en plus utilisé sur les réseaux sociaux, en particulier sur Facebook, Twitter ou éventuellement une plateforme dédiée de la marque sur son site Web; les consommateurs y expriment leur satisfaction, mais surtout leur mécontentement. Il est évidemment beaucoup plus facile de s'adresser à un service client depuis son ordinateur ou son smartphone – en quelques secondes, on peut envoyer sa remarque à l'entreprise – que de joindre un service clientèle traditionnel par téléphone ou par courrier, coûteux, long et fastidieux. Les consommateurs se tournent vers les médias sociaux et attendent une réponse rapide de l'entreprise pour résoudre leurs éventuels problèmes. Il devient donc essentiel que l'entreprise lui porte une attention toute particulière.

La proximité des clients sur les réseaux sociaux impose une réactivité de l'entreprise plus grande et mieux maîtrisée: traiter les demandes, interagir avec les clients, faire remonter et régler les problèmes, renseigner, sont autant de processus à prendre en compte. Avec la nouvelle donne en matière de relation client sur les réseaux sociaux et sur Internet en général, sont apparus de nouveaux services et outils pour permettre aux marques et aux entreprises de gérer plus facilement et plus rapidement leur relation client. Encore faut-il bien les choisir et savoir les optimiser.

À la différence du marketing direct, de nombreux éléments changent profondément le rapport entre l'entreprise et ses clients/prospects.

- La **relation est instantanée** : les clients peuvent interagir avec la marque en quelques secondes, en quelques clics, même sur smartphone directement en magasin.
- La **relation est publique** : la plupart des échanges entre la communauté et l'entreprise sont accessibles publiquement sur Twitter, sur Facebook et donc les contacts de chaque client peuvent suivre l'évolution de la relation client et avoir un avis sur l'entreprise selon que son discours est séduisant ou raté.
- La **relation a un potentiel viral** : les meilleurs échanges peuvent être partagés par le client et par ses proches, mais aussi les pires expériences ; les *bad buzz* sont alors partagés par la communauté, ce qui peut potentiellement endommager l'image de la marque.
- La **relation est facile** : par rapport au téléphone ou au courrier, les médias sociaux sont très faciles d'accès et incitent les consommateurs à partager le maximum d'expériences (bonnes ou mauvaises) avec l'entreprise, ce qui multiplie les interactions des consommateurs.

Passer du CRM au social CRM

Le CRM (en fait le sigle de *customer relationship management*) est un dispositif destiné à la gestion de la relation client. Par définition, un dispositif CRM regroupe l'ensemble des opérations de marketing ou de support ayant pour but d'optimiser la qualité de la relation client (analyse des données clients et SAV), de fidéliser et de maximiser le chiffre d'affaires ou la marge par client.

Avant l'émergence des réseaux sociaux et plus généralement d'Internet, le CRM était surtout consacré à des opérations de type mailing, enquête de satisfaction, prétest et post-test avec des échantillons de panel, etc. Avec Internet, et l'apparition des réseaux sociaux, le concept de CRM a évolué. On parle aujourd'hui de social CRM ou d'e-CRM quand on évoque la gestion de la relation client au travers des réseaux sociaux. Cette évolution a donné naissance à deux formes de marketing qui sont en concurrence : le marketing relationnel et le marketing transactionnel.

Pour bien distinguer la différence entre ces deux approches, Ed Peelen, F. Jallat, E. Stevens et P. Volle (2009) ont répertorié cinq points permettant de comparer le marketing transactionnel et le marketing relationnel :

- *La perspective temporelle* : dans le marketing transactionnel, la vision est à court terme avec une approche *one-shot* (en un seul coup) tandis que le marketing relationnel a une vision long terme demandant une vision continue.

- La composante stratégique dominante : pour le marketing transactionnel, on considère le produit (dimension objective) alors que le marketing relationnel considère la dimension relationnelle en analysant les solutions proposées aux clients.

- La satisfaction clientèle : la première approche contrôle la part de marché tandis que la seconde méthode regarde la gestion des bases de données relationnelles.

- La relève des informations client : le marketing transactionnel s'appuie sur des enquêtes de satisfaction tandis que le marketing relationnel utilise un système de feedback en temps réel.

- L'organisation des fonctions en charge de ces types d'approches : on observe un cloisonnement des fonctions pour le premier et une approche transversale (collaboration) pour le second.

Si le marketing transactionnel se concentre principalement sur la transaction financière et non pas sur la continuité de la relation commerciale (et particulièrement l'optimisation du SAV), le marketing relationnel sacralise la notion de client roi ainsi que l'importance du parcours du client et du cycle de vie du produit (de son achat jusqu'à son accompagnement tout au long de l'utilisation du produit ou du service qu'il a acheté).

Comme le montre ce tableau, la différence entre CRM et e-CRM correspond en fait à la différence entre marketing transactionnel et marketing relationnel. Et s'il ne fallait retenir que deux points qui cristallisent cette différence et cette évolution, ce serait :

- une **vision à long terme** (l'enjeu majeur d'une entreprise dans sa stratégie CRM est bien le parcours utilisateur et son accompagnement tout au long du cycle de vie du produit ou du service) ;

- une **approche multicanale** plus forte (avec la multiplication des réseaux sociaux, des blogs, l'espace de prise de parole des clients est plus important ainsi que les possibilités de prospection).

La mise en place opérationnelle d'un SAV sur les médias sociaux

Il est d'abord très important de personnaliser le service client. Sur Internet, le pire ennemi est l'anonymat, encore plus du côté des entreprises. Ce n'est pas un robot qui s'adresse à vos clients, mais bien une ou plusieurs personnes physiques qui interagissent avec eux. Rien n'est plus impersonnel que de répondre à chaque internaute en signant d'un nom générique de marque. Le client se sent davantage écouté et dans un véritable échange lorsqu'il connaît l'identité (même partielle) de son interlocuteur. Les messages doivent être signés du prénom du *community manager* ou avec ses initiales. Il est aussi possible de créer un contact représentatif, comme Lisa pour le groupe La Poste ou bien Tanguy pour Bouygues Telecom, qui portera votre image de marque sur les réseaux sociaux (voir aussi module 5).

CAS

LA POSTE ET SON COMPTE LISA

La Poste, avec son dispositif Lisa, a très vite compris la nécessité de connaître les avis de ses clients et de ses utilisateurs et d'amener le plus rapidement possible une réponse à leurs attentes. L'accompagnement du parcours de l'utilisateur a été déployé autour de deux médias sociaux principaux : Facebook et Twitter.

Le SAV, nom de code Lisa, est présent sur ces deux réseaux sociaux afin d'apporter un traitement personnalisé aux clients et aux utilisateurs avec la volonté de rendre ces échanges publics et visibles par tous. Avec ce dispositif placé sous le signe de l'échange et de la prise en compte, La Poste renforce son territoire de marque grâce au SAV. Le compte Twitter « Lisa » répond aux utilisateurs qui donnent des avis négatifs et valorise en retweetant les avis positifs.

La mise en œuvre pratique d'une politique relationnelle peut se décomposer en cinq étapes comme le détaille le *Mercator*.

- Étape 1 : Collecter des données et s'informer sur les clients :
  - Par le biais d'une application par exemple, il est possible de récupérer toute une panoplie d'informations sur la communauté et donc les potentiels clients.

– Par le biais des posts, il est possible de saisir quels produits intéressent particulièrement votre cible.

- Étape 2 : Segmenter les données :
  – Segmenter les clients et leur affecter des caractéristiques communes.
  – Les clients peuvent être différents sur les réseaux sociaux et dans la vraie vie ; c'est pourquoi, il est important de bien recroiser les données avec le CRM traditionnel.
- Étape 3 : Adapter le service et la communication :
  – Élaborer un plan de transformation de l'organisation à l'aide d'un triple diagnostic humain (sensibilité des équipes aux médias sociaux, culture d'entreprise), technique (outils CRM, architecture du système, plate-forme utilisée) et stratégique (engagement du top management, mode de gouvernance, vision).
  – Reprendre la ligne éditoriale, proposer des offres adaptées par rapport aux données récoltées dans l'étape 2.
  – Échanger avec les clients en fonction des nouveaux axes décidés.
- Étape 4 : Écouter sa communauté :
  – Analyser tout ce qui se dit sur les réseaux à propos de la marque, d'un produit ou d'une opération spécifique. Suivre les conversations sur Facebook, un *hashtag* sur Twitter, les commentaires sur Google +, etc., permet de savoir ce qui se dit (positif ou négatif) et de préparer une réponse en conséquence (voir module 2).
  – Solliciter leurs avis sur un produit/service, soit en répondant directement à la sollicitation d'un client. La pertinence interaction est décisive pour la satisfaction client.
- Étape 5 : Évaluer la politique de gestion de la relation client pour adapter sa procédure et enrichir la base de données :
  – Analyser et adapter les actions en fonction des résultats.
  – Examiner si l'incident est de nature passagère – et, dans ce cas, le client va très vite l'oublier – ou s'il est de nature cumulative – dans ce cas, non seulement le client ne l'oubliera pas mais il vivra chaque nouvel incident comme plus grave.
  – Garder une trace dans sa CRM ou son ERP de l'ensemble des tickets incident pour chaque client. Le fait de conserver un historique des échanges avec les consommateurs sur les réseaux sociaux permet de

créer un fil d'échanges : si l'utilisateur sollicite à nouveau votre SAV alors il aura l'impression d'avoir une relation privilégiée avec l'entreprise.

Pour répondre à ces enjeux, nous allons maintenant présenter des principes qui ont fait leurs preuves et des techniques de référence pour mieux s'approprier la relation client sur les plateformes sociales.

La satisfaction client au cœur du dispositif

Pour instituer une politique de gestion de la relation client, il existe deux solutions :

- Mettre en place une équipe dédiée, mais cela demande de gros moyens financiers. Par exemple, Best Buy possède un compte Twitter @twelpforce dédié à la relation client, avec plus de deux mille collaborateurs de l'entreprise impliqués dans la stratégie de relation client 2.0. Ces derniers sont en effet invités à participer sous la forme d'une conversation spontanée et publique avec les clients de la chaîne à assurer le support client de manière continue.

- Laisser le *community manager* gérer les échanges autour du SAV mais dans ce cas, il est important de mettre en place des procédures avec le service client traditionnel pour qu'il puisse avoir les réponses le plus rapidement possible.

Dans tous les cas, il faut définir une procédure de gestion client au niveau du SAV. Voici une liste de questions à se poser et des propositions de procédure, sachant qu'il est essentiel d'adapter la procédure à l'entreprise et au service SAV traditionnel.

Quel protocole de réponse doit être mis en place ?

Sur les réseaux sociaux, le temps doit être le plus court possible. Même si le fait de mettre en place un protocole de réponses « formatées » permet de gagner en réactivité, il est important de bien garder à l'esprit, que sur les réseaux sociaux, les réponses ne doivent pas être « dépersonnalisées ». Il est facile pour un internaute de comparer la réponse qui lui a été apportée par rapport aux autres ; une réponse copiée-collée le décevra. Chaque client se considérant comme unique attend une réponse personnalisée, même si la réponse au problème a déjà été donnée.

Faut-il gérer le SAV sur la page marque ou bien dans un espace dédié ?

Dans la mesure du possible, il est important de bien dissocier les deux espaces afin de différencier la communication corporate d'une entreprise et le service client online. Ceci est encore plus important pour les marques de e-commerce. Sur Facebook par exemple, vous pouvez rediriger les utilisateurs vers une application dédiée que vous aurez mise en place, tandis que sur Twitter, il est possible de créer un compte réserver à la communication (@nomdelamarque) et un autre pour le SAV : (@nomdelamarqueSAV). Il est nécessaire de choisir une URL claire et précise qui se retrouvera facilement sur le Web, et qui peut être recherchée dans les moteurs de recherche.

Combien de temps la réponse à une demande, à une plainte doit-elle mettre ?

Il est indispensable de réagir vite : répondre au client dans les 24 heures, trouver une solution à son problème ou, tout du moins, lui envoyer un message pour l'informer que sa demande a été entendue, qu'elle est en cours de traitement, et que l'on reviendra vers lui ultérieurement. L'internaute a besoin de recevoir une réponse aussi rapide que par téléphone ; il faut lui montrer qu'on l'écoute.

Il est également impératif de prévenir de votre présence. La règle est d'indiquer si la personne en charge des échanges est absente ou indisponible – pour que les internautes sachent que leur demande ne pourra être traitée dans l'immédiat – et à quel moment le responsable de la relation client sera de retour.

Comment gérer les utilisateurs mécontents ?

Il faut tout d'abord calmer le jeu. Il est bien évident que la courtoisie, la politesse et un certain tact sont essentiels, d'autant plus qu'il faut à tout prix éviter un *bad buzz* causé par une mauvaise gestion d'un client sur un réseau social.

Une satisfaction client passe aussi par la transparence avec laquelle son problème va être géré. Les consommateurs ne sont plus dupes et l'image de perfection autrefois cultivée par les entreprises et les marques a vécu. Pour avoir une stratégie de relation client efficace, il faut savoir reconnaître ses erreurs et s'engager véritablement et rapidement à y remédier.

Comment gérer les données privées ?

Se pose immédiatement le problème de la transparence : si l'utilisateur est venu poser une question sur un fil public, cela peut impliquer la communication de données privées. Se retrouver avec des numéros de carte bleue ou des données personnelles peut devenir très problématique. Il ne faut donc pas hésiter à rediriger l'utilisateur vers un espace plus privé tout en le faisant savoir au reste de la communauté pour qu'elle comprenne que le problème est bien géré. Par exemple, il est possible de rediriger l'utilisateur vers les messages privés ou bien vers les services clients traditionnels : téléphone ou courrier postal. Il faut alors s'assurer de bien orienter les clients vers les services appropriés, de leur donner la démarche à suivre pour continuer leur requête.

Comment faire en cas de réclamation massive ?

Le 6 septembre 2013, le réseau SFR 3G a été coupé pendant de nombreuses heures. Le compte assistance de SFR sur Twitter : @SFR_SAV a été rapidement inondé par les demandes des consommateurs mécontents.

Il faut également hiérarchiser les demandes de clients et traiter en priorité les clients mécontents. Il ne faut pas hésiter à envoyer un message groupé quand le problème est généralisé.

Twitter s'est imposé comme la référence ultime pour les consommateurs quand il s'agit de demander un conseil ou critiquer une expérience avec une marque. De par son instantanéité, sa facilité d'accès et sa réactivité, Twitter est le média principal pour permettre à une entreprise d'interagir avec ses consommateurs mais à condition de respecter quelques règles :

- **Décrire dans la bio les enjeux et les limites du service client de la page Twitter.** Il faut préciser ce que l'entreprise fait pour ses clients *via* Twitter ; quels produits et services sont couverts, mettre un lien vers une FAQ ou le site Web. Il s'agit de bien expliquer comment la marque appréhende le SAV Twitter et ce que le client peut espérer de ce service, ce qu'il lui permet de faire.

- **Valoriser l'expérience positive des clients.** Si un client vous remercie pour avoir résolu son problème ou une quelconque aide, il n'est jamais inutile de retweeter ce message de remerciement pour montrer à toute la communauté l'efficacité du service client.

- Même s'il y a toujours la limite des cent quarante caractères, il faut **maîtriser la syntaxe de Twitter**, écrire court ou, éventuellement, basculer sur e-mail. Soigner les messages. L'enjeu est également d'humaniser la marque. Un SAV est avant tout une équipe et il faut que cela se voie. On voit donc de plus en plus de marques qui signent leurs messages avec le prénom ou les initiales du *community manager*, ce qui prend la forme suivante : « Merci de votre fidélité. AJ. » Cela donnera également au client un moyen de se rassurer, de se dire que s'il y a une autre démarche à faire dans le futur, il pourra demander à s'adresser à la même personne, le suivi client est alors un peu plus personnalisé, plus humain et plus proche.

CAS

UNE RELATION CLIENT SUR TWITTER : BOUYGUES TELECOM

Dans les bonnes pratiques en termes de relation client 2.0, Bouygues Telecom constitue sans doute un exemple à suivre car sa communication et sa relation client sont maîtrisées de A à Z avec une équipe dédiée. Nous vous invitons à aller consulter le compte Twitter @BouyguesTelecom ainsi que leur page Facebook pour observer leur réactivité et leurs techniques pour gérer leur clientèle. Avec une stratégie cohérente, Bouygues Telecom prouve que les réseaux sociaux peuvent représenter une valeur ajoutée. Les axes majeurs de cette stratégie sont ici clairement une bonne stratégie d'écoute, un monitoring efficace de l'e-réputation et une réactivité forte à toutes les questions de la communauté et plus généralement des utilisateurs du service.

LES HUIT POINTS À RETENIR POUR DÉMARCHER ET GÉRER SA RELATION CLIENT SUR LES MÉDIAS SOCIAUX

1. Faites-vous connaître ! Le premier contact est primordial dans toute relation client. Comme un vendeur magasin, il est essentiel de bien soigner sa présentation sur les réseaux sociaux et de rendre son positionnement visible et identifiable.

2. Captez vos futurs clients : proposez-leur un espace où ils se sentiront « rassurés » : un espace social personnalisé, des publications régulières, des albums photo de vos produits, etc.

3. Créez du lien et valorisez les témoignages client : chaque internaute cherche une relation personnalisée sur les réseaux sociaux. Il est donc impératif de bien gérer chaque individu et de ne pas considérer sa communauté comme une « masse ».

4. Utilisez les outils à votre disposition : module de gestion des avis client, dispositif de testeurs, social-commerce. Les réseaux sociaux vous fournissent une multitude de possibilités de créer des outils ou de les relayer sur leurs plateformes.

5. Proposez des offres exclusives aux membres de votre communauté pour qu'ils se sentent récompensés de leur fidélité.

6. Rassurez et répondez à leurs questions ! Une fois un prospect potentiel capté, il est important de répondre rapidement à ses questions concernant vos produits, services ou à votre marque. D'ailleurs votre propre communauté pourra elle aussi participer à cette tâche de son propre fait.

7. Organisez des opérations exceptionnelles ou des jeux-concours pour augmenter la conversion des visiteurs en membres de votre communauté et enrichir votre CRM.

8. Récoltez des avis et complétez votre CRM! Les réseaux sociaux sont une mine d'or d'informations sur vos clients et potentiels prospects. Le tout est de savoir être à l'écoute de leurs besoins et de leurs avis.

Influence et relations blogueurs

OBJECTIFS

- *Maîtriser une communication à destination des influenceurs et des blogueurs en les impliquant dans la promotion de votre entreprise.*

Comment peut-on contrôler ce que les internautes disent d'une marque? Comment influencer ce qu'ils en pensent? La clé est de pouvoir agir sur l'avis que donnent les influenceurs sur leurs propres espaces de communication.

En collaborant avec des influenceurs sur les médias sociaux, l'entreprise tente de générer des avis positifs sur la marque auprès d'une audience élargie. Évidemment, les internautes sont plus sensibles à l'avis d'un influenceur ou d'un leader d'opinion qu'ils apprécient et auquel ils font naturellement confiance plutôt qu'à une entreprise dont ils soupçonnent toujours des objectifs commerciaux. La tendance est à faire davantage confiance aux blogs qu'aux autres médias (télévision, radio, presse), pour preuve ces quelques chiffres qui concernent la France:

- 45 % des internautes consultent régulièrement des blogs (soit plus de 18 millions de Français) pour se renseigner sur les marques;
- 60 % des blogueurs parlent des marques dans leurs articles et sont approchés environ quatre fois par semaine par des entreprises;
- un internaute sur trois achète un produit sur la base d'informations trouvées sur des blogs;
- un internaute sur quatre recommande des produits découverts sur des blogs.

Le comportement des internautes montre que les articles des blogs influencent davantage une décision que Facebook ou que les plateformes officielles des entreprises; de même, ces blogs sont perçus comme plus fiables que Twitter. Du coup, il devient absolument nécessaire de développer des relations positives et constructives avec les leaders d'opinion dans le petit village qu'est Internet. Comme le font les services de presse avec des journalistes offline, il s'agit ici de travailler avec les blogueurs et de bien qualifier la presse Web.

Les nouveaux systèmes d'influence sur le Web

La notion d'influenceur

L'influence se caractérise par le pouvoir social et politique d'une personne ou d'un groupe de personnes qui leur permet d'agir sur le cours des événements, des décisions prises. L'influence est exercée par une personne sur une autre, de façon volontaire ou non.

Le mécanisme de l'influence est le suivant : un groupe d'individus reconnaît à une personne de l'autorité lorsque son avis est écouté et respecté par un grand nombre de personnes au sein d'une communauté (petite ou grande). Cette autorité est justifiée par la reconnaissance collective d'une légitimité (cette légitimité peut être politique, scientifique, populaire). Une fois la reconnaissance collective acquise, vient la confiance collective. La notoriété et la réputation incitent les individus à suivre les opinions de la personne influente.

On retrouve le même mécanisme sur les réseaux sociaux. Hors du Web, les politiques, les journalistes, les célébrités (chanteurs, acteurs, etc.) disposent d'une influence considérable du fait de leur carrière, de leur activité et de leur renommée. Lorsque ces personnes déjà influentes s'expriment sur les médias sociaux, ils conservent le même pouvoir d'influence. Leur influence est donc globale (offline et online).

Cependant, d'autres personnes ne sont influentes que sur les médias sociaux grâce à leur activité et leur notoriété sur le Web (une opération de buzz, une activité de blogging, etc.). Leur influence n'est pas forcément avérée offline, mais peut les aider à devenir davantage influents. De plus en plus de personnes réussissent à lancer leur carrière ou leur popularité *via* les médias sociaux avec des contenus et des idées innovant qui plaisent à un large public. Cette influence est désormais plus facile, plus accessible, car elle n'est généralement ni le fruit de diplômes ni d'une carrière spécifique et peut s'acquérir de façon très rapide.

> **Portrait d'un influenceur : Loïc Le Meur**
>
> Loïc Le Meur est ce que l'on appelle un *serial-entrepreneur*. Il s'est très vite intéressé à Internet et aux blogs (notamment avec la blogosphère parisienne et Darkplanneur). Il a connu l'explosion de la bulle Internet, puis son implosion et, pour autant, cela ne l'a pas découragé d'investir et d'évoluer toujours plus dans le milieu du 2.0. Créateur de Seesmic, revendu par la suite à Hootsuite, Loïc Le Meur a surtout réussi à créer un événement qui fait référence dans l'univers de l'Internet : LeWeb. Accueillant des personnalités comme Mark Zuckerberg, fondateur de Facebook, différents cadres dirigeants de Google, et tous les leaders d'opinion de la sphère du Web, LeWeb confirme chaque année son succès.
>
> Grâce à son activité sur les réseaux sociaux, Loïc Le Meur a aujourd'hui plus de deux cent vingt-six mille *followers* sur Facebook et pas moins de cent treize mille sur Twitter. Son pouvoir d'influence est tel que Google l'a compté parmi ses testeurs privilégiés pour ses Google Glass, au même titre que le blogueur lui aussi très influent Robert Scobles. Son intense activité et ses prises de positions en font d'ailleurs un influenceur et un leader d'opinion autant aimé que décrié.

Dans le contexte actuel, et en particulier sur les réseaux sociaux, un influenceur ou un leader d'opinion peut être défini comme une personne présente de manière importante et régulière sur bon nombre de réseaux sociaux. Il tient ou participe souvent à un ou des blogs. Il diffuse régulièrement du contenu à sa communauté qui, au fil du temps, s'élargit et se fidélise. Grâce à son capital social élevé, cette personne devient un prescripteur auprès de sa communauté et auprès d'une audience 2.0 élargie.

Pour être qualifié d'influenceur, une personne doit réunir cinq caractéristiques :

- une popularité certaine sur le Web ;
- une exposition médiatique massive ;
- un pouvoir de prescription réel ;
- une crédibilité éditoriale ;
- un statut de leader d'opinion.

Une fois que l'on a identifié un influenceur, il ne doit surtout pas être négligé dans la stratégie. Son influence est précieuse et peut être rentabilisée, car son audience est constituée de consommateurs de tous les jours, et donc potentiellement de clients actuels ou futurs. Il faut donc gérer les relations avec délicatesse.

Il peut s'agir d'un blogueur qui décrypte un thème particulier, d'un journaliste classique devenu très actif sur les réseaux sociaux (on peut citer par exemple des personnalités de l'univers télévisuel comme Yann Barthès ou bien encore Harry Roselmack, déjà connus en dehors d'Internet), d'une simple page Facebook, d'un compte Twitter à succès. On peut citer, par exemple, Cyprien et Norman et leurs vidéos, des blogueurs spécialisés – blogueuses mode et beauté, blogueurs qui ne parlent que de technologie, ou de musique, ou de cuisine – qui ont réussi à se créer un lectorat fidèle, souvent plus large que leur carnet de contacts.

Il n'y a pas de limites à ce qu'un influenceur peut incarner sur le Web, dans la mesure où l'on peut y devenir célèbre de multiples façons, et *via* de multiples plateformes. Neal Schaffer, auteur de nombreux livres sur le sujet, utilise la notion de marketing d'influence pour qualifier l'approche d'une marque vers ces influenceurs. Pour lui, «*si certaines "mamans blogueuses" influencent les mères de nouveau-nés, elles peuvent à leur tour être influencées plus tard par de "nouvelles mamans" ou des mères qui se spécialisent dans la cuisine bio et qui partagent leurs recettes*».

Le monde de l'influence comprend donc l'ensemble des personnes connues et reconnues dans leur domaine, avec un niveau élevé de popularité sur les réseaux sociaux. Pour des raisons de cohérence, on ne retiendra que le terme «e-influenceur» pour définir le type de personnalité dont nous allons parler. Un e-influenceur c'est un journaliste moderne, une personnalité du Web, qui a une popularité certaine sur les réseaux sociaux.

Focus sur les blogueurs

Le niveau d'influence d'un blog n'est pas uniquement caractérisé par son audience mais aussi par le fait qu'il s'adresse à un public ciblé, attiré par une expertise spécifique. En d'autres termes, l'influence d'un blogueur ne se traduit pas seulement par l'importance de l'audience mais également par l'autorité du blog et la qualité du public visé.

L'étude «State of blogosphère» de 2011, publiée par Technocracie.com, identifie quatre types de blogueurs :

- Les **amateurs** qui bloguent pour s'amuser et partager leurs centres d'intérêt (60 % de la blogosphère).
- Les **professionnels** ou semi-professionnels à plein-temps ou le plus souvent à temps partiel (18 %).

- Les **blogueurs d'entreprises** qui peuvent être un patron ou encore un expert (8 %).

- Les **entrepreneurs** qui utilisent leurs blogs pour faire connaître leur offre, partager leur expertise et attirer de nouveaux clients (13 %).

Lorsqu'une entreprise décide de s'intéresser au marketing de l'influence, elle va surtout s'intéresser aux professionnels et aux semi-pressionnels. Près de 50 % d'entre eux bloguent jusqu'à 29 heures par semaine et 70 % d'entre eux parlent régulièrement des marques et publient des avis sur leurs produits.

Dans une moindre mesure, les entreprises peuvent aussi s'intéresser aux blogueurs amateurs qui représentent l'essentiel de la blogosphère et qui commentent et parlent également des marques. Leur audience est souvent plus restreinte mais l'addition de ces audiences est importante et il arrive que certains blogueurs amateurs se professionnalisent en développant leur audience. C'est le cas de Norman par exemple. L'influence des blogueurs ou vidéo-blogueurs stars n'est plus à démontrer. Ils sont en effet capables de capter une audience précieuse et participent au buzz autour des marques et contribuent à leur réputation.

Portrait d'un blogueur : Norman

Norman Thavaud, qui se fait appeler simplement Norman, s'est rendu célèbre grâce à la viralité de ses vidéos diffusées sur YouTube. En 2010, Norman publie sa vidéo la plus populaire qui va lancer sa carrière : « Les Bilingues ». Elle rencontre un grand succès juste quelques heures après sa diffusion en ligne. Toutes ses vidéos sont tournées chez lui, dans son appartement parisien. D'ailleurs, on aperçoit parfois son colocataire Sergi et ses deux chats. Depuis le succès de cette vidéo, les suivantes ont été visionnées plusieurs millions de fois et lui permettent d'être rémunéré par le système publicitaire de YouTube. Norman a même réussi à sortir de l'écosystème de l'Internet en attirant l'attention de nombreux médias nationaux qui l'ont qualifié de « phénomène Web ». Des marques s'arrachent aussi Norman, comme récemment Crunch.

Technocratie et Alexa classent les sites, et plus spécifiquement les blogs, selon un indicateur appelé « d'autorité » : si aucun lien ne pointe vers le blog, il n'a aucune autorité ; plus il a de liens pointant vers lui, plus son autorité est élevée. Le site eBuzzing (*http://labs.ebuzzing.fr/top-blogs*) va plus loin et établit un classement en temps réel des blogs les plus influents (notamment *via* leur trafic), selon plusieurs thématiques et secteurs d'activité. Une référence que l'on peut suivre au moment de la sélection des blogueurs, sans oublier néanmoins qu'il est important de faire cette sélection manuellement et de choisir des blogs que l'on connaît par expérience ou que l'on a trouvés à la suite d'une recherche sur Google. Le site établit également chaque année une liste des blogs les plus influents dans quarante catégories allant des animaux aux logiciels libres, en passant par le football.

Les leaders d'opinion et les ambassadeurs de marque

Un ambassadeur de marque est une personne qui s'emploie à faire, plus ou moins bénévolement et spontanément, la promotion d'une marque par le biais du bouche-à-oreille, auprès de sa communauté d'influence. Plus l'ambassadeur d'une marque est connu et influent sur les réseaux sociaux, plus l'impact de son influence sera rapide et efficace.

Pour une marque et une entreprise, l'objectif est bel et bien de former des ambassadeurs, autrement appelés «évangélisateurs»: des porte-parole de la marque, des personnalités qui vont s'approprier la marque et porter son message auprès de leur audience, tout en étant séparés de l'entreprise. L'avantage de ce système est qu'il reste globalement peu coûteux par rapport à une campagne d'affichage par exemple.

Les leaders d'opinion et les ambassadeurs de marque ne sont pas nés avec l'apparition des réseaux sociaux. Les égéries (une célébrité qui incarne une marque ou un produit comme, par exemple, la met en scène régulièrement L'Oréal) sont de puissants vecteurs d'accélération des ventes. Avec les réseaux sociaux, leur potentiel d'influence c'est accru et multiplié.

Le sponsoring de célébrités est la technique qui a le plus d'impact et de visibilité auprès de l'audience (lorsque l'audience de la célébrité correspond à la cible de la marque). Le concept est relativement simple: se servir de célébrités pour promouvoir son produit ou sa marque, car ils influencent le public beaucoup plus efficacement qu'une campagne publicitaire classique. Venant d'une célébrité, un message publicitaire est mieux perçu que si la marque s'adressait de façon directe et agressive à son audience. De nombreuses marques font appel à des égéries pour promouvoir leurs produits et en particulier sur les réseaux sociaux (Wilfried Tsonga égérie Kinder Bueno, Olivia Palermo égérie Rochas ou encore Kate Moss égérie Mango).

Le concept du *celebrity wear*

La technique utilisée par Christian Audigier est une technique très prisée dans le marketing classique. Depuis de nombreuses années, les marques de luxe particulièrement font appel aux stars comme des « hommes-sandwichs » pour promouvoir leur produit. Il suffit de voir chaque année le Festival de Cannes pour s'en rendre compte : des pieds à la tête, les stars sont transformées en vitrines publicitaires pour tel créateur, tel joaillier ou tel chausseur. Toutes les marques ont bien compris l'intérêt de cette technique.

Avec les réseaux sociaux, la viralité potentielle du *celebrity wear* s'est grandement accrue. Il n'y a qu'à prendre le cas de personnalités comme Justin Bieber ou Lady Gaga, extrêmement suivies sur les différents réseaux sociaux et particulièrement Twitter, pour s'en apercevoir. Kate Middleton, duchesse de Cambridge et épouse du futur roi d'Angleterre, et sa garde-robe en sont un autre exemple. En effet, chacune de ses sorties publiques a fait l'objet de publications et de commentaires sur les réseaux sociaux ; pour les marques citées, la publicité et les gains ont été quasi immédiats.

La méthode fonctionne donc parfaitement, les clients affluent pour s'arracher la marque. La majorité du grand public fonctionne de cette manière : Britney Spears porte cette casquette, c'est mon idole et je veux lui ressembler, donc j'achète. Le raisonnement est simple et pourtant très efficace.

A contrario, la puissance des médias sociaux est telle aujourd'hui qu'il n'est plus forcément nécessaire d'investir des millions dans des campagnes portées par des stars. Si elles ont des comptes sur les réseaux sociaux elles aussi et partagent des photos, il peut arriver qu'une de ces photos contienne le produit d'une marque. Celle-ci peut alors s'approprier cette photo et la partager avec sa communauté.

En choisissant Puff Daddy, célèbre icône du rap américain et international, la marque liqueur Cîroc a créé une opération marketing sur les réseaux sociaux. Cette dernière s'est déroulée sur Twitter à l'aide d'un *hashtag* dédié #IHeardDiddy : la marque a encouragé sa communauté à créer des phrases à partir de ce *hashtag* du type «#IHeardDIddy wears Ciroc for cologne». L'opération a été un grand succès. Puff Daddy a donc été un ambassadeur pour la marque Cîroc qui a contribué à sa notoriété en encourageant sa communauté à échanger avec elle.

Comment mesurer l'influence ?

Comme pour toute nouvelle métrique marketing, on a besoin d'outils performants pour déterminer avec précision le niveau d'influence réelle d'un individu sur le Web et vérifier qu'il ne s'agit pas d'une influence factice. Attention aux faux influenceurs qui gonflent artificiellement leurs compteurs d'abonnés et d'amis en achetant leur communauté sur des sites spécialisés, souvent appelés les «*dealers* de likes».

L'ampleur de la communauté d'un influenceur ou leader d'opinion est essentielle à cerner. C'est la donnée principale à retenir : combien de personnes composent son audience ? Cette analyse quantitative reste la plus facile et la plus rapide à réaliser : on compte simplement son nombre d'abonnés, le nombre de personnes exposées à son contenu. Il s'agira ainsi de son nombre d'amis et d'abonnés sur son profil Facebook, du nombre de fans sur sa page Facebook, du nombre d'abonnés à son compte Twitter, du nombre d'abonnés à son compte Instagram, du nombre de visiteurs uniques et de pages visitées sur son blog ou sur son site, et ainsi de suite pour l'ensemble de ces plateformes.

La mesure de l'influence

Pour visualiser plus efficacement le concept d'influence et les métriques liées à ce concept, nous prendrons un exemple factice : Paolo, un blogueur gastronomique, spécialisé dans la cuisine espagnole. Nous allons analyser sa pertinence pour une éventuelle campagne de communication.

On peut mesurer la pertinence quantitative d'un influenceur grâce à quatre métriques sur les différentes plateformes sociales (Facebook, Twitter, Pinterest, Instagram et autres) :

- **La taille de la communauté** (nombre de fans ou d'abonnés). Paolo a deux cent cinquante fans sur sa page Facebook, six cents sur son compte Twitter et cent sur Instagram.

- **L'ampleur de la popularité** (nombre de likes ou favoris/retweets sur les contenus publiés). Paolo récolte en moyenne quinze likes par photo publiée sur Facebook et trois retweets par tweet.

- **La réactivité de la communauté** (nombre de commentaires et de réponses). Paolo génère environ cinq commentaires sur Facebook à chaque publication, et dix commentaires à chaque article sur son blog.

- **La visibilité** (nombre de visiteurs uniques, nombre de pages vues, temps moyen). Paolo accueille deux cent cinquante visiteurs uniques chaque jour sur son blog.

Il est en revanche plus compliqué d'évaluer la qualité d'un influenceur. De nombreuses personnalités du Web possèdent des statistiques d'audience impressionnantes mais il faut s'assurer que cette audience est qualitative. Il est alors essentiel de détecter si le profil en question est un profil robot sans interaction humaine à sa source, ou un profil actif naturellement. Il faut également appréhender concrètement la popularité et l'engouement lié à cet influenceur, concepts qui sont par définition délicats à analyser de façon précise et réelle.

On peut mesurer la pertinence qualitative d'un influenceur grâce à deux métriques :

- **Qualité éditoriale globale** : le style global de l'influenceur, son ortho-graphe, sa grammaire, son vocabulaire ; on va juger ici « sa plume », tout en essayant de rester le plus objectif possible.

- **Polarité des discussions** : il s'agira de définir si l'influenceur génère des discussions positives, ou négatives. On préfère toujours entretenir des relations avec un blogueur positif qu'un blogueur négatif. Moins il y a de polémiques, plus le débat est propice à une marque.

De nombreuses start-up se sont construites autour du marketing d'in-fluence. Face à un nouveau besoin – hiérarchiser les influenceurs et observer en temps réel leur impact sur leur communauté – il a fallu déve-lopper des algorithmes qui calculent en temps réel la puissance médiatique d'un individu sur le Web.

Trois outils sont pertinents et fonctionnels pour mesurer concrètement l'influence d'une personne, pour la chiffrer :

- **Klout** : leader sur le marché, Klout attribue un score sur 100 à chaque personne ayant un profil sur les réseaux sociaux. Chacun peut y ajouter son profil Facebook, Twitter, YouTube, Foursquare et autres. Klout calcule chaque jour le score d'influence selon le nombre de personnes qui ont été engagées *via* votre contenu (commentaires, likes, retweets), et plus il y a d'interactions, plus le score est élevé ;

- **Kred** : cet outil calcule un score sur 1000 points, en récapitulant les contenus les plus populaires du blogueur et détecte les pôles théma-tiques où il est considéré comme influent et expert.

- **Peer Index** : cet outil complémentaire analyse les thématiques et les mots-clés utilisés par un influenceur et établit un score sur 100 de sa pertinence et de sa visibilité sur ces thématiques.

KLOUT

Klout est le service le plus connu pour analyser la présence et le potentiel d'influence d'une personne sur les réseaux sociaux. Pour l'utiliser, rien de plus simple : il suffit de s'identifier avec un compte Facebook ou Twitter. Une fois cette première étape accomplie, Klout propose de suivre quelques étapes pour optimiser l'outil. L'une des étapes les plus importantes est la liaison de l'ensemble de ses profils sociaux sur l'interface. Nous conseillons vivement de lier uniquement les comptes où la personne est vraiment active sinon cela minimisera le score final.

Une fois toutes les étapes accomplies, la page d'accueil de l'interface se divise en deux grandes parties : tout d'abord une courbe représentant l'évolution du score sur quatre-vingt-dix jours. On peut aussi choisir d'afficher la partie *network breakdown* qui représente sous forme de camembert la répartition de la présence selon les réseaux sociaux. Ensuite, le *score activity* est lui plus intéressant car il permet de suivre un résumé de l'engagement selon les réseaux sociaux.

Pour pousser l'analyse du score Klout, il suffit de se rendre dans la partie « Profil ». Ici en plus de voir les publications qui ont généré le plus d'engagement, on découvre les personnes qui « influencent » le plus et on peut accéder à leur profil. Vous avez aussi accès aux topiques où la personne est la plus présente.

Klout est donc un outil très intéressant en termes de marketing d'influence. C'est pour cette raison qu'une société comme Orange, très active sur les réseaux sociaux, a créé un partenariat avec ce dernier. L'outil n'est donc pas à négliger mais ne doit pas non plus être surestimé. Ce n'est qu'un indicateur comme un autre et il mesure plus la présence que la véritable influence d'une personne. Soyez donc méfiant et ne lui donnez que le crédit qu'il mérite.

Avec Klout for Business, le leader de la mesure de l'influence sur les réseaux sociaux franchit à nouveau un pas. Klout for Business aide les responsables marketing à trouver et engager les influenceurs et les leaders d'opinion. Klout permet aux entreprises de les « récompenser » avec des produits uniques, des promotions, des événements, etc. Chez Klout, ce mécanisme porte le nom de « Perks ». Il permet donc une action en quatre temps :

- Identifier et cibler les influenceurs.

- Les engager avec des offres exclusives.

- Suivre l'activité sociale et les partages de ces influenceurs.

- Aider à l'amplification du message dans les communautés de chaque influenceur.

Le marketing de l'influence

Choisir les influenceurs essentiels pour une marque est une étape subjective, délicate, modulable. Il n'y a pas une seule solution parfaite. Il s'agit de définir la cible, de savoir à qui la marque veut s'adresser à travers cet influenceur : veut-elle parler au grand public, à une partie bien précise de la population, ou à une niche très spécifique ? Certes, un influenceur qui a cent mille abonnés sur sa page Facebook impressionne, c'est un bon choix, mais est-ce un choix pertinent par rapport au message de marque ?

Un influenceur spécialisé dans le domaine de la marque (par exemple, un blogueur cuisine pour une marque de pizza ou un service de restauration) aura, dans la plupart des cas, plus d'impacts réels auprès des consommateurs qu'un influenceur généraliste, qui n'a pas de crédibilité gastronomique pour juger si une pizza est de qualité ou non. Une marque doit donc s'associer avec des influenceurs qui correspondent à son image, à l'émotion qu'elle cherche à transmettre, à la tonalité, à l'esprit global de l'opération.

Deux problématiques très proches mais avec des objectifs distincts peuvent être résolus grâce à une stratégie influenceurs efficace.

- **Lancer un nouveau produit, une nouvelle offre, un nouveau service** : le but est de le faire connaître auprès des influenceurs, de susciter l'intérêt de construire un buzz autour du lancement.

> En mars 2008, pour le lancement de sa toute nouvelle gamme de produit, Bonne Maman a fondé sa stratégie de RP en grande partie sur l'influence des blogueurs. La marque a monté une vaste opération de buzz marketing, baptisée «Délits d'initiés». L'agence Kingcom a contacté une vingtaine de blogueurs spécialisés dans le marketing et la tendance ou la cuisine. Certains se sont vu livrer un petit réfrigérateur, d'autres un chariot à l'effigie de Bonne Maman, avec une sélection de produits laitiers, ainsi qu'un «buzz kit» comportant des bons de réduction, un livre de «contes gourmands», des badges, et un CD contenant les visuels des produits. Le tout accompagné d'un mini-spot vidéo, aussi diffusé sur le site DailyMotion.

- **Entretenir une image de marque** : l'entreprise veut travailler à plus long terme, afin de consolider son image de marque, de jouer sur sa personnalité et ne pas perdre le capital sympathie des influenceurs. Cette problématique est moins concrète, et a moins de retombées chiffrées pertinentes, mais permet de garder une dynamique positive auprès des influenceurs et de la cible.

> Pour le lancement de son nouveau modèle CLA, Mercedes-Benz a fait appel, pour réaliser sa propre publicité diffusée sur YouTube, à Casey Neistat, célèbre Youtubeur. Nommée « The Mercedes CLA Project », une série de quatre vidéos diffusées sur YouTube a mis en scène le test du nouveau modèle par un Youtubeur reconnu, mais non professionnel, du secteur automobile. La marque a diffusé trois making-of sur cinq mois, puis, en bouquet final, le spot publicitaire.
> Au final, la chaîne YouTube de la marque a comptabilisé plus de 1,7 million de vues sans plan média, uniquement grâce à la communauté de Casey Neistat et à la viralité des productions.

Dans une stratégie de communication classique sur des médias comme la télévision ou la presse, les publicités sont clairement identifiées. L'audience peut percevoir cette communication à vocation commerciale comme intrusive ; le lecteur ou le téléspectateur, exposé de façon passive, se sent en quelque sorte prisonnier de l'annonce. En communiquant *via* les influenceurs, les entreprises atteignent leur cible de façon beaucoup moins intrusive.

Évidemment, chaque entreprise doit avoir une stratégie influenceurs propre, car elle dépend de la taille de l'entreprise, du fait qu'il s'agit d'une entreprise BtoC ou BtoB, qu'il s'agit d'une marque d'alimentaire ou d'une marque d'électronique, etc.

CAS

LANCEMENT DE LA NOUVELLE KIA CEE'D

Afin de synthétiser l'ensemble des points précédents, arrêtons-nous sur une opération blogueur qui a connu un vrai succès. Cinquante blogueurs ont été sélectionnés par la marque automobile Kia pour le lancement de sa nouvelle voiture, la Ceed'D. Le nom de code de l'opération était le suivant : #mamission. Chaque blogueur a donc reçu un dictaphone sur lequel la voix française de Bruce Willis leur demandait de participer à une mission secrète, avec pour seul *teasing* le *hashtag* #mamission.

Le succès de l'opération a été immédiat. En l'espace d'une heure, environ plus de trois cent cinquante tweets ont été générés qui s'interrogeaient sur les suites de la mission. Dans un second temps, les blogueurs se sont vu remettre un kit complet qui présentait la mission et contenait des instructions pour la réaliser : se rendre le 15 avril au square Montholon dans le IXe arrondissement de Paris et trouver, parmi les soixante voitures décorées d'un trompe-l'œil et garées dans l'arrondissement, la seule vraie Kia Cee'd.

Au final, le retour sur investissement a été très positif pour la marque : trente blogueurs présents parmi les trois cents participants, plus de cent quarante tweets le jour J. De nombreux blogs ont relayé l'information et certains médias traditionnels se sont même emparés de l'information.

Les types d'opérations à mettre en place avec les influenceurs

Il existe deux moyens d'impliquer les influenceurs dans une stratégie marketing : organiser un événement blogueurs ou organiser une activation éditoriale. Cependant, chaque stratégie se présente comme un menu à la carte ; plusieurs typologies d'action sont proposées, qui peuvent être utilisées de façon isolée ou couplée avec plusieurs autres actions.

Un événement pour les blogueurs

Certains événements sont organisés pour rendre exceptionnel et unique une opération, afin d'en donner un aperçu exclusif et VIP aux blogueurs. Ceux-ci seront immergés dans une expérience de marque, embarqués dans l'univers propre d'une marque ou d'un produit.

De telles manifestations n'ont rien de particulier par rapport à des opérations événementielles que beaucoup d'agences et de marques organisent pour les journalistes ou pour des privilégiés. Il est important de soigner les détails :

• Pour une émission TV, on peut inviter les influenceurs dans les locaux de la chaîne pour une soirée live-tweet pendant la diffusion de l'émission. Par exemple, pour l'émission du #Bachelor sur NT1, organisée par le groupe TF1, l'agence Darewin a invité un grand nombre de blogueurs à découvrir les coulisses du tournage de l'émission.

• Pour le lancement d'une boisson par exemple, on peut inviter les influenceurs dans un bar ou un endroit unique pour une dégustation, avec éventuellement le *showcase* d'un musicien pour dynamiser l'ambiance. Par exemple, pour le lancement de la bière Sol, une soirée dans un bar a été organisée par l'agence Buzz Paradize.

L'idée est de proposer un événement *backstage*, innovant et ludique pour les participants, avec des stands comme un *photo-call*, un cocktail et un buffet, la présence d'un *#hashtag* pour dynamiser l'événement sur Twitter. On pensera également à remercier les influenceurs avec un petit cadeau à la fin de l'événement, ainsi qu'un e-mail de remerciement le lendemain.

CAS

LA JOURNÉE #DUEL2013 ORGANISÉE PAR LA FFF

Pour booster la notoriété de l'équipe de France de football féminine et générer des ventes de billets pour l'Euro 2013 de l'UEFA en Suède, la FFF a lancé une grande campagne de communication sur de nombreux médias pour faire connaître l'équipe et faire naître un enthousiasme autour de l'aventure des joueuses. La solution ? Organiser une journée complète à Clairefontaine en présence de toutes les joueuses de l'équipe de France, avec des ateliers foot, des mini-jeux, des défis, et inviter dix blogueurs parmi les plus influents du monde du football. Les blogueurs invités ont pu faire vivre cette journée en direct à leurs communautés respectives, en publiant des contenus sur leur page Facebook, leur compte Twitter ou leur compte Instagram. Au total, plus de deux cent soixante tweets publiés dans la journée, une centaine d'utilisateurs Twitter activés dans les conversations, plus de cent dix mille personnes touchées et plus de cinq cent cinquante mille impressions cumulées tout au long de la journée. Sur Instagram, une cinquantaine de photos publiées par les blogueurs, générant près de trois cents likes de leurs abonnés (plus de trois mille abonnés touchés au total). Sur Facebook, plus de cinquante contenus publiés, générant plus de quatre cents likes et partages auprès de près de vingt-cinq mille personnes touchées. Après l'événement, l'objectif était également de pouvoir activer les blogueurs pour écrire un article sur leurs blogs respectifs. 80 % des blogueurs ont joué le jeu et parlé de l'opération sur leurs blogs, racontant la journée, comment ils avaient vécu l'expérience, ce qu'ils avaient pensé des joueuses, les questions/réponses avec les joueuses lors de mini-interviews. De ce fait, l'équipe de France féminine a pu bénéficier d'une très forte mise en avant, d'une visibilité accrue pendant une journée entière sur les réseaux sociaux et, à plus long terme, sur les blogs football sélectionnés.

Les influenceurs étant sursollicités pour ce type d'événement, il s'agit de se différencier par les invitations et de proposer des idées vraiment audacieuses lors de l'événement. Bien évidemment, le cas échéant, l'entreprise devra alors prendre en charge le transport des influenceurs.

Une activation éditoriale

L'activation éditoriale est le fait de demander à des influenceurs de relayer un contenu pour promouvoir une marque, un produit ou une opération spécifique. On peut leur demander de rédiger un article, de publier un tweet ou de simplement prendre connaissance de l'information. Il existe plusieurs types de sollicitations possibles.

- **Publication volontaire d'un article** : donner à l'influenceur le maximum de contenu éditorial (texte, explications, images, vidéos, liens) par e-mail, en lui proposant d'écrire un article à propos de ce contenu, en rapport avec la thématique de son blog.

- **Publication sponsorisée d'un article** : même processus que pour un article volontaire, mais avec une rémunération financière en guise de remerciement. Il ne faut pas oublier d'indiquer sur l'article qu'il s'agit d'un contenu sponsorisé, afin de respecter la réglementation (une simple mention « article sponsorisé » suffit).

- **Publication volontaire d'un tweet** (ou d'un post Facebook, etc.) : on proposera à l'influenceur de publier un tweet suite à un contenu éditorial qu'on lui aura envoyé. L'idéal est de préparer un texte en moins de cent quarante caractères afin de faciliter la procédure.

- **Publication sponsorisée d'un tweet** (ou d'un post Facebook, etc.) : même procédure que ci-dessus, mais cette fois avec une rémunération financière. Et même si peu de marques et d'agences respectent la réglementation, il est obligatoire de mentionner que le contenu est sponsorisé (par exemple avec la présence sur le tweet d'un *hashtag* #ad ou encore #sponso). Les tarifs sont le plus souvent entre 50 euros et 100 euros par tweet.

- **Envoi ponctuel ou régulier de communiqués de presse** : afin de diffuser un contenu régulièrement auprès d'une communauté d'influenceurs, on envoie des communiqués de presse à sa base de blogueurs, pour les tenir informés de l'actualité ; à eux de décider de communiquer et de rebondir sur le contenu qui leur a été envoyé.

- **Envoi ponctuel ou régulier de *goodies* et de cadeaux**: afin de faire parler de la marque, des produits, il est courant d'envoyer des communiqués de presse améliorés, en y joignant des cadeaux, des *goodies*, un produit en exclusivité, quelque chose qui fera plaisir à l'influenceur, qui lui donnera une image positive de la marque et qui le motivera à parler de l'opération, en prenant une photo de son cadeau, en rédigeant un article, etc.

En résumé, les avantages des posts sponsorisés, rémunérés ou non, sont de pouvoir bénéficier de la crédibilité et de la visibilité du blogueur tout en humanisant le produit. De plus, en s'adressant au «bon blogueur», la marque peut contrôler la qualité de l'article en analysant les articles qu'il a précédemment publiés.

Si les blogueurs (qui, selon les secteurs, sont très sollicités) jugent le sujet proposé intéressant, il est possible d'obtenir un article rapidement. En revanche, l'entreprise ne peut pas s'assurer que le blogueur rédigera un article positif. Il peut arriver, après qu'elle a sollicité un blogueur, surtout si la relation est mal gérée, que ce dernier écrive dans le sens contraire auquel on s'attendait. Il arrive également que le blogueur mentionne et insiste sur le fait qu'il est sponsorisé, ce qui peut déplaire au lecteur. Il s'agit donc de bien vérifier l'adéquation entre le message et le type d'information publiée sur ledit blog. C'est pourquoi, il est important d'entretenir son réseau de blogueurs ou de faire appel à une agence spécialisée qui entretient elle-même un réseau et surtout de ne pas trop abuser de ce type de recours qui peut vite devenir chronophage.

Les étapes pour réussir sa stratégie

Lorsque l'on décide de se lancer dans une stratégie influenceurs, il est important de respecter cinq étapes chronologiques. Il faut avancer sûrement et ne pas se précipiter, au risque de gâcher ces relations influenceurs; attention il n'y a pas de seconde chance.

Étape 1: sélectionner ses influenceurs

Il s'agit de réaliser un listing opérationnel des influenceurs, en notant tous les blogueurs que l'on veut contacter. Pour déterminer et sélectionner ses influenceurs on peut se référer à la «règle des 1-9-90»:

- 1 % de « gros poissons » :
  - **Visibilité** : ils sont faciles à trouver, populaires sur les réseaux sociaux ; ils publient régulièrement du contenu.
  - **Risques** : tout le monde les « chasse », donc il est plus difficile de les recruter ; ils peuvent produire un contenu négatif sur le produit et/ou le service s'ils ne sont pas convaincus.
  - **Comment les engager** : il faut que leurs centres d'intérêt soient les plus proches possible de ceux de la marque ; il faut avoir une approche personnalisée pour chacun d'eux.
- 9 % d'experts de niche :
  - **Visibilité** : ils ont un fort taux d'engagement dans leur cercle et leur communauté très spécifique.
  - **Risques** : ils ne sont pas faciles à trouver et à qualifier dans un fichier de relation influenceurs ; ils feront toujours passer leur réputation auprès de leur communauté avant la marque ou le produit : si leur communauté critique leur engagement auprès d'une marque, ils feront rapidement volte-face.
  - **Comment les engager** : les informations qu'ils relaient pour le compte de la marque les valorisent auprès de leur communauté, car ils sont identifiés comme experts et donc comme une référence.
- Les 90 % restants représentent « la majorité silencieuse » :
  - **Visibilité** : ils sont, par essence, peu visibles car fondus dans la masse et, pourtant, ils ont une influence forte sur leurs amis.
  - **Risques** : il faudra passer du temps à les trouver et les engager. Le ROI n'est pas forcément ici très important.
  - **Comment les engager** : la présence constante de la marque et son importance sur les réseaux sociaux les capteront. Il faudra ensuite les qualifier et les fidéliser.

Étape 2 : prise de contact et présentation de l'opération

L'influenceur sera contacté directement, par mail ou par téléphone, pour lui présenter le projet, présenter l'entreprise/agence et se présenter personnellement. Ce premier contact donnera une première impression de la marque. Il faudra mettre en avant les avantages à travailler avec la marque, pourquoi cela correspond à ses intérêts, etc.

Étape 3 : confirmation des participants

On mettra à jour, de façon continue, le listing des confirmations des blogueurs, les tenir au courant de l'opération, et confirmer leur participation.

Étape 4 : lancement de l'opération et publication des contenus éditoriaux et/ou organisation d'un événement

Cette étape permet d'exposer le contenu visible par tous les internautes, c'est le vif du sujet, le moment où les influenceurs vont être amenés à parler de la marque et à se servir de leurs plateformes sociales pour communiquer au nom de la marque.

Étape 5 : suivi des retombées

Cette étape est essentielle car elle permet de jauger l'efficacité de l'opération. On pourra analyser si les retombées sont positives, neutres ou négatives, et si les efforts de la marque ont été payants. On tâchera de réaliser un *reporting* complet, qui analyse les retombées RP sur les médias sociaux : le nombre de tweets avec le *hashtag*, le nombre de retweets liés à un article, le nombre de partages sur un article de blog, le nombre de likes sur un contenu Facebook, le nombre de nouveaux fans sur la page Facebook, le nombre de *repin* sur Pinterest, etc.

Théorie de la recommandation amicale

Aujourd'hui, seulement 11 % des dépenses de communication liées aux réseaux sociaux concernent les influenceurs (soit 1 % des budgets totaux de communication en 2012 selon le cabinet Technorati Media). La moitié de ces dépenses sont liées à des publicités sur des blogs, l'autre moitié à des opérations événementielles avec des influenceurs. Concrètement, à l'occasion du lancement d'un produit lambda, si une entreprise investit 100 euros pour une opération promotionnelle, seulement 50 centimes sont consacrés à activer les influenceurs, alors que ceux-ci sont des acteurs majeurs auprès de la cible. Ce volet marketing est encore sous-estimé, ce qui signifie que les marges de manœuvre sont grandes et les prix encore bas, donc plus attractifs que d'autres investissements publicitaires.

Entretenir une relation avec des influenceurs nécessite des efforts et, dès que l'on cherche à recruter de très importants influenceurs ou à les inviter à un événement hors normes, les budgets deviennent plus lourds. Cependant, on peut encore envisager de s'approcher du million d'impressions (l'audience cumulée des influenceurs) avec quelques milliers d'euros.

Il est toutefois presque impossible de chiffrer de façon pertinente ces pratiques car chaque campagne, chaque événement est unique, chaque stratégie est propre à l'entreprise et implique des moyens différents qui seront plus ou moins élevés selon les objectifs.

Combien coûte un article sponsorisé ?

Si l'on décide de rémunérer un influenceur pour écrire un article, publier un tweet ou tout autre contenu, les prix sont variables :

• selon le type d'influenceurs ;
• selon le secteur d'activité ;
• selon le potentiel de l'audience que l'influenceur peut toucher.

Pour donner un ordre de grandeur, voici une matrice de prix pour rémunérer un article de blog (c'est ce qu'on appelle le CPA, coût par article), sachant qu'un « top influenceur » représente le plus puissant vecteur d'audience (avec un nombre d'abonnés Facebook ou Twitter supérieur à 5 000) et qu'un « influenceur médium » a une audience plus limitée, mais toujours aussi pertinente.

Coût par article

	Techno-logie	Business	Actua-lité	Mode et beauté	Voyage	Loisirs	Sport et auto-mobile
Top	400 €	500 €	300 €	400 €	300 €	300 €	500 €
Médium	200 €	250 €	150 €	200 €	150 €	150 €	250 €

Ce tableau n'a évidemment qu'une vocation indicative, il ne reflète pas les tarifs de tous les blogueurs. Chacun dispose de tarifs différents. Il est donc conseillé de proposer un tarif légèrement en dessous de la moyenne, afin de tester l'influenceur et, éventuellement, d'augmenter la rémunération si l'opération est satisfaisante. Cependant, l'objectif n'est pas de brader les prix, mais de nouer de bonnes relations avec les influenceurs et, donc, si la marque peut se permettre de bien rémunérer les articles, ceux-ci seront d'autant plus pertinents et de qualité.

Il est à noter que ces techniques de *sponsorship* sont souvent taboues aussi bien du côté des blogueurs que des annonceurs ou des agences. Il s'agit donc de ne pas avoir une démarche trop agressive. Si ce type de stratégie permet d'améliorer la visibilité d'un produit qualitativement parlant, en revanche il reste très limité pour augmenter le nombre de fans ou de *followers*.

La réglementation

S'il y a une rémunération financière pour la publication d'un contenu par un influenceur, il est indispensable de préciser (peu importe l'endroit dans l'article), que le contenu est sponsorisé. Il n'est pas besoin d'une phrase longue ou d'un lien vers la réglementation, la mention «contenu sponsorisé» ou «article sponsorisé» suffit.

Le lecteur doit comprendre que le contenu qu'il lit a une vocation publicitaire (plus ou moins prononcée). Pour plus de détails juridiques, il faut se référer à l'article L. 121-1 du Code de la consommation ainsi qu'à l'article 20 de la loi pour la confiance dans l'économie numérique. Si un contenu sponsorisé n'est pas mentionné comme tel, le contrevenant s'expose à deux ans d'emprisonnement et/ou 37 500 euros d'amende.

Cette loi peut néanmoins être contournée en «cocréant» des articles. Le processus est à peu près le même que pour un article sponsorisé: on demande au blogueur d'écrire sur le produit, la marque, l'opération événementielle, mais en cocréation. Dans cette logique, un contrat de cocréation doit être établi qui engage les deux parties et fixe une rémunération, mais ne requiert pas la présence d'une mention spéciale.

Selon Gaëtan Ovigneur (directeur de l'agence et plateforme dédiée au marketing d'influence Buzz Paradize), «pour pérenniser ce format de communication, ce genre de pratique doit se faire en toute transparence et toujours demander à l'influenceur de mentionner que le contenu est sponsorisé».

LES HUIT POINTS À RETENIR POUR METTRE EN PLACE UNE STRATÉGIE D'INFLUENCE EFFICACE ET MAÎTRISER LES RELATIONS AVEC LES BLOGUEURS DE VOTRE SECTEUR D'ACTIVITÉ

1. Sollicitez avec pertinence. Les influenceurs que vous contactez pour communiquer sur votre marque doivent être choisis avec soin car ils vont impacter directement l'image de marque de l'entreprise.

2. Ne cherchez pas la quantité mais la qualité! Les blogueurs et influenceurs sont sursollicités par les marques. Il s'agit donc de choisir quelques blogueurs avec lesquels vous entretiendrez des relations privilégiées afin de bénéficier de toute leur attention et de toute leur implication autour de votre marque.

3. Créez une relation sur la durée! Il ne s'agit pas de les solliciter à chaque fois que vous aurez besoin d'eux, mais de les informer régulièrement de l'actualité de la marque pour qu'ils se sentent impliqués dans la durée et qu'ils puissent participer à la stratégie marketing.

4. Ne reposez pas toute votre stratégie de diffusion sur eux. Une stratégie d'influenceurs doit être complémentaire d'une stratégie de communication habituelle. N'oubliez pas que ce ne sont pas directement vos clients (peut-être qu'ils le sont mais vous n'avez aucun moyen de vérifier que leur lectorat l'est).

5. N'intervenez pas dans les échanges entre le blogueur et sa communauté. Si un blogueur a publié un billet sponsorisé, fournissez-lui une liste de réponses aux éventuelles questions qui pourraient survenir, mais n'allez pas y répondre vous-même ou *via* un avatar.

6. Ne soyez pas trop exigeants et gardez à l'esprit que les influenceurs ne font pas partie intégrante de votre entreprise. De nombreuses entreprises sont déçues après avoir invité des blogueurs à une soirée car ils ne rédigent pas d'articles. Vous ne pouvez pas contrôler ce qu'ils disent à leur lectorat alors ne leur imposez pas un article sous prétexte d'une invitation à une soirée.

7. Pensez à les remercier ! Les articles qu'ils écrivent, même rémunérés, sont un engagement de leur part vis-à-vis de la marque et cela mérite un remerciement pour établir une relation pérenne.

8. Renseignez-vous ou faites-vous aider par une agence spécialisée. Il existe des agences spécialisées dans les relations blogueurs et influenceurs. Une erreur dans une telle relation reviendrait à obtenir l'effet inverse : la marque sera totalement décrédibilisée auprès de cet influenceur, voire cela générera des articles négatifs à votre sujet.

Les techniques
de marketing viral

OBJECTIFS

• *Maîtriser les techniques de marketing viral afin d'obtenir un maximum de retombées et de bruit autour de la marque tout en évitant que ce contenu devienne négatif et nuisible.*

La notion de marketing viral est étroitement liée à celle de «buzz marketing» (terme né en 2000 sous la plume de l'Américain David Rosen) ou encore de «marketing du bouche-à-oreille». Le marketing viral place le consommateur au cœur même de son mécanisme puisqu'il l'utilise comme relais de son action de viralité: ce sont les destinataires de l'offre qui font la recommandation de la marque.

Le marketing viral a existé bien avant l'Internet mais celui-ci a accéléré et intensifié son utilisation. Les réseaux sociaux sont rapidement devenus les médias privilégiés pour ce type de communication. Si ces nouvelles techniques marketing ne réinventent pas le bouche-à-oreille traditionnel, l'arrivée d'Internet permet de décupler l'impact d'une campagne de communication.

Décryptage du concept de marketing viral

Faire du buzz, créer le buzz, être le buzz... Si la mise en place de telles campagnes marketing paraît simple, elle nécessite une remarquable maîtrise de la chaîne de diffusion et des leviers pour «générer du bruit».

La viralité, bouche-à-oreille moderne

Pour Bertrand Bathelot, le bouche-à-oreille peut être défini comme «un phénomène de recommandation orale d'un produit, service ou d'une entreprise au sein de la population dont l'origine est généralement spontanée».

Le *Mercator*, quant à lui, le définit comme «*la transmission d'un individu à un autre, entre pairs, d'information et de jugements de toute nature, à des fins non commerciales*».

Si dans la plupart des cas, le bouche-à-oreille est positif (effet de recommandation), il peut arriver que sa teneur soit négative (mise en garde). Dans ce cas, il peut s'apparenter à une rumeur (si l'information n'est pas vérifiée) ou à du dénigrement (insatisfaction, mise en garde ou encore volonté de nuire). Dans les deux cas, promotion ou dénigrement, ce mouvement est très puissant puisqu'il se diffuse d'individu à individu.

Transposé aux réseaux sociaux, le bouche-à-oreille désigne les phénomènes de recommandation qui transitent par Internet et en particulier par les réseaux sociaux. C'est ce que l'on appelle plus couramment la «viralité» ou le «bouche-à-oreille électronique».

Il existe deux formes de viralité différentes:

- celle qui se développe spontanément, sans intervention d'une entreprise, autrement appelée «buzz naturel»;
- le marketing viral, c'est-à-dire les campagnes virales orchestrées par les marques avec un succès aléatoire, autrement dit le «buzz orchestré».

La viralité est surtout une nouvelle forme de discussion. La communication était tout d'abord un monologue de la marque vers le consommateur. Puis c'est instauré un dialogue entre la marque et le consommateur. La viralité a instauré un troisième mode de communication: les consommateurs qui interagissent avec d'autres consommateurs.

Ces comportements d'interaction entre les individus sont étudiés par la sociologie cognitive et les théories marketing. Il ressort que toute communauté d'individu s'organise autour de trois principes: les perceptions, les besoins et les motivations:

- La **perception** est le processus par lequel les sensations sont sélectionnées, filtrées, interprétées. Le filtre que nous appliquons à nos perceptions nous rend plus ou moins attentifs aux messages et aux offres. Vient après enfin la phase d'interprétation qui donne un sens acceptable à notre perception.
- Les **besoins** sont, quant à eux, hiérarchisés dans la pyramide de Maslow: besoins physiologiques, besoins de sécurité, besoins d'appartenance, besoins d'estime, besoins d'accomplissement.

• Les **motivations** : ce sont les mécanismes qui nous conduisent à agir pour apaiser nos besoins et nos désirs ; ceux-ci sont ainsi une source importante de motivation.

À ces principes viennent s'ajouter toutes les variables sociales du type éducation, environnement social, culture, etc., qui font de l'individu et de son expression dans une communauté des éléments complexes. C'est à ce niveau que le marketing viral et le buzz prennent toute leur importance. En effet, l'entourage d'une communauté partage généralement les mêmes valeurs et les mêmes intérêts qu'elle ; il représente donc une cible potentielle, de nouveaux fans et surtout de nouveaux consommateurs potentiels qui vont être exposés à la marque *via* l'entourage. C'est un avantage considérable puisque cette cible sera davantage à l'écoute de ces pairs que de la marque et sera donc moins méfiante. On écoute toujours plus ses proches qu'une entreprise, qui a, dans l'esprit du grand public, des objectifs commerciaux.

CAS

EUROPCAR ET L'OPÉRATION « FREE DELIVER »

Au Royaume-Uni, en 2012, Europcar a mis en place un dispositif original afin de valoriser son service de livraison et de ramassage gratuit de véhicule loué : il a donné la parole à ses utilisateurs et ses clients sur Twitter. Grâce au *hashtag* #myextrahour, la marque leur a demandé de tweeter autour du bénéfice principal de son service : le gain de temps. Les tweets ont été affichés dans les rues de Londres sur des panneaux digitaux. La campagne a connu un très fort taux de viralité et a permis à Europcar de faire passer son « discours commercial » par l'entremise des tweets de ses clients et de ses utilisateurs. En acceptant les bons comme les mauvais commentaires, la marque a su transformer ces derniers en prescripteurs.

La construction rapide de la notoriété

Un buzz représente donc un phénomène de visibilité rapide et exponentielle d'un contenu. Il s'agit spécifiquement ici d'un contenu diffusé sur les médias sociaux, produit et signé par une marque ou une organisation. Il s'agit d'un contenu qui est partagé tellement massivement et rapidement qu'il atteint une cible très large et qu'il génère un bruit conséquent autour du contenu et donc autour du produit et de la marque.

Pour Justin Kirby et Paul Madersen (2005), le marketing viral peut être défini comme «une technique qui vise à promouvoir une entreprise ou ses produits et services à travers un message persuasif qui se diffuse d'une personne à une autre».

C'est une stratégie à court terme, qui donne une visibilité accrue à la marque pendant un temps de communication donné. D'ailleurs les phases de construction d'une campagne de marketing viral sont très courtes.

- Phase 1: la **conception**. Il s'agit ici de réfléchir au message que l'on souhaite adresser à la cible.
- Phase 2: l'**ensemencement**. C'est la phase critique. Un buzz doit commencer très fort. On peut choisir de contaminer une cible étroite (par exemple, les influenceurs, voir module 9) ou une cible très large en déposant l'agent viral à des carrefours à large audience (YouTube ou les réseaux sociaux).
- Phase 3: le **développement**. Dans cette phase, l'entreprise ne peut plus agir et elle peut seulement attendre de voir si la campagne prend. Le développement se fait très rapidement et ne dure que quelques jours. La campagne s'arrête presque aussi vite qu'elle a commencé.
- Phase 4: le **déclin** et l'**arrêt**. C'est le moment de faire le bilan de la campagne et de mesurer les retombées.

Pour créer le buzz, il faut mettre en scène la marque sur les réseaux sociaux, à travers une photo, un texte, un article, une vidéo ou toute autre forme imaginable. Ensuite, il faut construire ce contenu de façon à l'optimiser pour le partage et de façon à ce que sa diffusion se fasse tel un virus (d'où l'appellation «virale»), c'est-à-dire de façon exponentielle et qui touche une audience largement supérieure à la moyenne.

CAS

LA CAMPAGNE VIRALE DE MENNEN

Sebastien Loeb, égérie de la marque de déodorants masculins Mennen, a été mis en scène dans une campagne virale sur Internet en 2011. La marque a diffusé sur YouTube une vidéo mettant en scène un assistant de production sur le lieu du tournage de la prochaine publicité du spot télévisuel Mennen. Au moment d'apporter le stick Mennen à Sébastien Loeb, le stick est subtilisé et l'assistant va tout faire pour le récupérer.

À la fin de la vidéo *teasing*, l'internaute était invité à suivre le déroulement de la course (le vol du déodorant et l'assistant de production cherchant à le récupérer) sur différents sites Internet parmi les plus populaires en France (DailyMotion, Eurosport, RMC, Pizza Hut, Micromania, TF1 News...). L'internaute évolue de site en site et doit interagir pour poursuivre l'histoire. Celle-ci commence sur le site DailyMotion où l'internaute doit décider de partir à la recherche du voleur. Il arrive ensuite sur le site d'Eurosport où il se retrouve dans un reportage sportif et perturbe l'interview ; ensuite il est à la poursuite d'un livreur de pizza sur une carte Google Maps sur le site de Pizza Hut avant d'atterrir sur RMC où la course-poursuite interrompt une émission de radio sur le football. Après une succession de sites et de mésaventures, la poursuite se termine sur le plateau de tournage et le déodorant est restitué à Sébastien Loeb ; puis l'internaute est invité à partager la vidéo sur les réseaux sociaux et à rejoindre la communauté Facebook Mennen pour découvrir les coulisses du tournage.

Dans le cas de Mennen, le support du buzz a été une vidéo mais c'est l'expérience vécue par l'internaute qui va contribuer à la viralité du dispositif.

Il n'existe pas de chiffres précis qui indiquent qu'un contenu devient un buzz. Le processus est bien plus complexe, difficilement quantifiable et, surtout, très différent pour chaque plateforme et chaque marque. Néanmoins, les premiers indices que l'on peut identifier se trouvent au niveau du potentiel de viralité généré par l'action de communication et la promotion. Plus les partages sont importants et les échanges et l'engagement visibles sur le très court terme, plus il y a de chances de se trouver en face d'un buzz (bon ou mauvais, là n'étant pas encore la question).

Évidemment, un buzz n'est pas obligatoirement national et international, il peut être plus circonscrit, plus adapté à la taille et à la communauté de la marque. Tout dépend de l'aura de la marque, du contenu proposé, de la taille de la communauté initiale, et des ressources financières et humaines dédiées.

Toutes les entreprises n'ont pas la même force de frappe éditoriale que Red Bull qui dispose de plusieurs centaines de personnes dédiées à ses contenus et au buzz sur les médias sociaux. Cependant, faire un buzz efficace auprès d'une cible de cent consommateurs peut être tout aussi pertinent. Tout est une question d'échelle ; il faut savoir évaluer la puissance de l'entreprise.

Les mécaniques de marketing viral

Pour qu'une opération de marketing viral soit réussie, il ne suffit pas de lancer une idée au hasard. Une véritable stratégie de communication et de diffusion doit être mise en place. Andy Sernovitz a identifié quatre règles d'or du marketing viral.

Règle n° 1 : être intéressant

Pour rendre le contenu intéressant, il s'agit d'abord de connaître sa cible. Le marketing viral n'est pas un média de masse ; il est fondé sur le principe du *one-to-one*. La question essentielle a se poser est la suivante : « L'internaute sera-t-il motivé pour en parler à ses amis ? »

> Après la sortie du film *Superman, Man of Steel*, la marque de rasoir Gillette s'est posé la question suivante : «*How does the man of steel shave ?*» ou : «Comment Superman se rase-t-il ?» Toutes les marques ont communiqué sur la sortie du film mais la marque Gillette est sortie du lot en rendant son opération marketing plus intéressante. La question a suscité l'intérêt des internautes.

Règle n° 2 : rendre les choses faciles

Pour qu'un contenu devienne viral, il faut faciliter sa dispersion, le rendre facile à comprendre, facile à mémoriser et facile à partager. En d'autres termes, le message doit se résumer à une idée simple qui suscitera l'étonnement et l'intérêt de l'internaute pour lui donner envie de cliquer sur la campagne. Le message commercial ne sera dévoilé, subtilement, qu'à la fin.

> Toujours avec l'exemple de la campagne viral de Gillette, la marque a demandé aux internautes de l'aider à découvrir si Superman se rasait et, si oui, de combien de lames était équipé son rasoir. Dans une série de vidéos publiées sur YouTube, la marque a proposé des théories toutes plus farfelues les unes que les autres.

L'intérêt des vidéos est de rendre le contenu facilement partageable et très interactif, permettant de capter l'intérêt de l'internaute en quelques minutes.

Règle n° 3 : rendre les gens heureux

Pour rendre les gens heureux, il faut utiliser un ton décalé : l'humour est un bon moyen de créer un phénomène viral. Un consommateur heureux est le meilleur agent publicitaire qui soit.

> Gillette, en mettant en scène des histoires très décalées et en inventant des théories surprenantes sur la façon de se raser de Superman, a créé le buzz et a attiré l'attention des internautes. Le contenu était surprenant, drôle ; et ce qui fait rire est facilement partagé pour passer un bon moment avec ses amis.

Règle n° 4 : gagner la confiance et le respect

Il s'agit ici de respecter l'internaute, par exemple en ne s'accaparant pas des adresses qui ne seraient pas *opt-in* (c'est-à-dire pour lesquelles l'internaute n'a pas donné son consentement), donc en évitant le *spam*, car la marque doit entrer en connivence avec l'internaute.

> Dans le cas de Gilette, les internautes étaient invités à venir voter pour leur vidéo préférée, et ils pouvaient éventuellement proposer leur propre vidéo.

Le message commercial ne doit pas être trop intrusif dans l'expérience que la marque fait vivre au consommateur. Le but est de lui faire passer un bon moment et, accessoirement, de placer son produit. L'important c'est que l'internaute parle de la marque, de la campagne. Un message mal maîtrisé ou qui ne respecterait pas ces quatre règles d'or peut aussi se transformer en véritable *bad buzz*, il s'agit alors pour la marque de vite réagir pour rétablir les choses.

CAS

DECATHLON : UNE VIDÉO VIRALE QUI SE TRANSFORME EN *BAD BUZZ*

À la fin 2012, Decathlon a publié sur son compte YouTube un *lipdub* vidéo réalisé par ses employés qui a déclenché un tollé auprès des internautes qui ont jugé le clip ridicule, démodé et peu innovant. Beaucoup de critiques ont fusé sur les médias sociaux, et Decathlon s'est retrouvé, notamment en *trending topic,* sur

Twitter. Cependant, au lieu d'étouffer l'affaire, la marque a très bien réagi. Son *community manager* a été très actif, en accompagnant le buzz, en répondant personnellement à chacun des internautes, avec le sourire, en favorisant l'auto-dérision, le second degré et l'humour. Tous les internautes ont été surpris d'une telle réactivité, d'une telle transparence et ont, paradoxalement, développé une opinion positive de la marque.

Les différents messages d'une campagne virale

Si l'on veut faire du bruit sur les médias sociaux, il faut tout d'abord soigner son contenu. C'est lui qui va séduire la communauté, l'objectif étant de déclencher chez l'internaute un désir de partage et de relais.

> La vidéo «Kony 2012», publiée en mars 2012, est probablement la vidéo la plus virale de ces cinq dernières années. Avec plus de 100 millions de vues en six jours et environ cinq cent mille commentaires, le documentaire dénonçant les crimes de guerre de Joseph Kony, chef de guerre ougandais, posté sur YouTube par l'ONG Invisible Children, s'est rapidement diffusé sur les réseaux sociaux et particulièrement sur Facebook et Twitter.

En ce qui concerne les entreprises, deux solutions existent pour qu'un contenu devienne un buzz potentiel. Peu importe sa forme (photo, vidéo, texte, etc.), nous allons maintenant nous concentrer sur le fond.

Un message à fort capital divertissant

Il est important de rappeler qu'un contenu aura beaucoup plus de chance d'être partagé et apprécié s'il répond davantage aux attentes de l'audience qu'à celles de l'entreprise. Il est rare qu'un contenu corporate et commercial soit accueilli avec enthousiasme par la communauté, alors qu'en offrant un moment de détente couplé à une réelle valeur ajoutée, il peut donner lieu à un véritable engagement communautaire.

LA CAMPAGNE VIRALE DE TIPPEX

En collaboration avec l'agence de communication Buzzman, en septembre 2010, la marque Tippex a créé le buzz sur la plateforme vidéo YouTube et sur les réseaux sociaux, sous le nom de code *A hunter shoots a bear*. Cette campagne interactive et participative mettait en scène un ours, un chasseur mais aussi l'internaute. En effet, si la première partie de la vidéo présentait le contexte et l'histoire, le spectateur était rapidement sollicité pour composer la fin de l'histoire en choisissant l'action que devait accomplir le chasseur : le chasseur refuse de tuer l'ours et de ce fait utilise le pinceau Tippex présent dans la publicité adjacente pour corriger virtuellement une partie du nom de la vidéo et effacer le mot *shoot*. L'internaute devait ensuite remplacer ce verbe par un autre verbe d'action. Cela donnait, par exemple, *A hunter dance with a bear* («un chasseur danse avec un ours»), *A hunter eat with a bear*, etc.

Selon les sources de l'IAB :

- le teaser a été vu 10 millions de fois ;
- plus de 25 millions d'internautes ont tenté l'expérience ;
- 217 pays ont été touchés ;
- Tippex a cumulé à la fin de la campagne plus de 33 586 abonnés sur sa chaîne YouTube ;
- pendant les trois premiers jours, la campagne a été twittée jusqu'à une fois par seconde.

Ce succès a conduit à une nouvelle opération en mars 2012 poussant encore plus loin l'interactivité et le concept de la première vidéo.

Il est aussi possible de donner des tonalités différentes à une campagne virale.

- **Un message humoristique.** L'objectif sera d'amuser, de faire rire, de donner quelques secondes de détente. Cela peut être une blague du type «Carambar» dans un tweet, une vidéo de lolcat publiée sur la page Facebook (si vous ne savez pas ce que c'est, tapez simplement «lolcat» sur YouTube et découvrez comment attirer des millions d'internautes avec un chat).

En 2000, la marque avait fait le buzz autour d'un spot publicitaire décalé ; une bande de jeunes s'appelait au téléphone pour se demander «Quoi de neuf ?» (*What's up ?*). Au fur et à mesure le

> *What's up ?* s'est transformé en *wassup* puis en *wazza* hurlé par les personnages. L'effet a été immédiat et le *wazza* est devenu un phénomène de société, parodié dans des *talk-shows* américains ou bien des films comme *Scary Movie*. Le buzz a dépassé le cadre de la marque et s'est inscrit durablement dans le paysage culturel. Tant et si bien que, huit ans plus tard, cette campagne de communication a eu une suite : les acteurs ont repris le concept de cette publicité mais cette fois pour porter un message politique : soutenir la campagne électorale de Barack Obama.

• **Un message ludique.** L'objectif sera d'apprendre quelque chose à la communauté, de lui faire découvrir un élément du monde qu'elle ne connaît probablement pas, de lui donner une opportunité ludique. Cela pourra être un tweet type « le saviez-vous » qui raconte une anecdote historique, donne un chiffre étonnant, raconte un fait de la vie courante. Bref, quelque chose d'unique et de pédagogique, peut-être ignoré par l'internaute.

> Après l'éruption volcanique d'Eyjafjallajökull, l'Islande a souhaité redorer son image de marque et relancer son attrait touristique. À cette occasion, le pays a lancé un site Internet dédié où a été diffusé un ensemble de vidéos mettant en scène des Islandais faisant la promotion de leur pays. Autour de contenus relatifs à l'histoire et à la culture de leur pays, ces vidéos avaient un fort potentiel viral ; il a permis leur diffusion sur les réseaux sociaux : loin d'un contenu rigide ou trop touristique, elles invitaient au voyage en terre d'Islande, à la découverte de ces Islandais qui parlaient si bien de leur pays.

• **Un message inspirationnel.** L'objectif sera de faire rêver la communauté, de lui permettre de s'évader, de stimuler son imagination avec quelque chose qui sorte de l'ordinaire. Cela pourra prendre la forme d'un tweet avec une citation célèbre, une citation sur des thèmes comme la vie, l'amitié, le bonheur, la motivation, le voyage, ou alors une photo sur Pinterest d'une destination de rêve, d'un événement insolite.

> En 2012, Nike a lancé une campagne de communication virale en demandant aux internautes et à sa communauté de fans ce qui avait compté pour eux. Toutes les réactions avec le *hashtag* #makeitcount ont été affichées sur la homepage du site Internet

de la marque. Ce contenu dit «inspirationnel» a permis à la marque d'occuper le terrain des médias sociaux de manière très importante en capitalisant sur l'inspiration, la créativité et l'engagement de la communauté et des internautes en général. En proposant une question «divertissante», Nike a travaillé de manière positive son territoire de marque et son e-réputation.

Rebondir sur un temps fort de l'actualité

Cette stratégie est la plus efficace, mais demande davantage de réactivités et d'efforts en interne. Il s'agit de rebondir sur l'actualité pour créer du contenu presque en temps réel et le diffuser le plus vite possible. Plus une marque est réactive, plus les fans seront engagés, surpris et conquis.

Cela s'appelle le *newsjacking*, que l'on peut traduire par «dévaliser une actualité et en profiter». Le *newsjacking* c'est l'acte de réorienter la dynamique de l'actualité du moment en faveur de l'entreprise en apportant une nouvelle perspective ou une évolution... en temps réel.

> Pendant la finale du Super Bowl aux États-Unis, Oreo, la célèbre marque de cookies, a réagi en quelques secondes à la coupure de l'électricité survenue dans le stade. La marque a créé en temps réel un montage graphique mettant en scène son produit et en le contextualisant à l'événement, puis l'a publié sur son compte Twitter avec le *hashtag* du match. Tous les spectateurs et téléspectateurs ont pu voir le tweet en direct, pendant la coupure, et ont particulièrement apprécié la réactivité et l'imagination d'Oreo; ils ont acclamé le tweet avec ferveur, ce qui a valu à la marque des dizaines de milliers de retweets et de nouveaux abonnés, sans compter toutes les retombées offline et sur les autres médias.

Le *newsjacking* peut être réalisé:

- en quelques secondes par exemple pour publier un tweet humoristique en rapport avec une émission de télévision et en y intégrant sa marque;
- en quelques minutes pour adapter et publier une photo d'un événement sur sa page Facebook;
- en quelques heures pour une création graphique que l'on publie sur son Pinterest;

- en quelques jours pour une mini-vidéo montée sur Vine ;
- en quelques semaines pour un article de blog ;
- en quelques mois pour un clip vidéo par exemple.

Si la réaction est trop tardive, la communauté est déjà passée à autre chose. Sur le Web, un sujet d'actualité a une durée de vie très courte et dure rarement plus de quelques jours. Il faut être rapide, au risque de passer inaperçu, ou pire, de passer pour un retardataire. Si une marque n'est pas réactive et publie sur sa page Facebook un contenu en rapport à un événement survenu il y a quelques semaines, l'image de marque tout entière en sera affectée, et la communauté considérera la marque comme *has been*.

Pour réagir en temps réel, il faut suivre trois étapes : identifier un événement, adapter un contenu et le diffuser en mettant en avant sa marque. Seulement, afin de travailler efficacement, il faut savoir organiser ses équipes en conséquence et permettre une création de contenu et une diffusion rapide, avec le moins d'obstacles possible.

Dans ce sens, le *community manager* (ou toute personne responsable des médias sociaux de l'organisation) doit être décisionnaire, c'est-à-dire qu'il doit exister au maximum une étape de validation avec un supérieur avant publication. Si un contenu doit être validé par plusieurs personnes en interne avant d'être diffusé, on perd toute efficacité et toute réactivité. De plus, cette personne doit être capable de réagir même en dehors de ses heures de bureau. En effet, les médias sociaux ne vivent pas seulement entre 9 heures et 18 heures, au contraire, l'activité principale est davantage le soir et le week-end. On doit donc être capable en interne de réagir rapidement, en encourageant les heures supplémentaires, ou en ayant à disposition davantage de personnel travaillant à des plages horaires élargies. Surtout, il faut de l'imagination, une capacité à pouvoir insérer son image de marque dans n'importe quel contenu et à pouvoir rebondir sur n'importe quel événement.

Surfer sur la notoriété des autres

Afin de créer un contenu viral rapide et efficace, il suffit parfois de s'appuyer sur des territoires de marques déjà implantées et disposant d'une forte notoriété. C'est le cas dans l'exemple de Volkswagen qui s'appuie sur l'univers de *Star Wars*.

VOLKSWAGEN ET LA FORCE

En 2011, la campagne « The Dog Strikes Back » de Volkswagen, a mis en scène un des personnages les plus célèbres et les plus populaires de l'univers *Star Wars* : Dark Vador. Un enfant déguisé en Dark Vador s'essayait au pouvoir de la force dans sa maison, sans grand résultat. Lorsque son père est arrivé avec sa Volkswagen, l'enfant s'est dirigé vers la voiture garée devant la maison et a essayé une dernière fois d'invoquer la Force. Qu'elle n'a pas été sa surprise de voir les clignotants s'allumer et la voiture démarrer. Il pensait avoir réussi alors que c'était son père qui activait à distance les commandes de la voiture.

Si la signature musicale et l'identité visuelle étaient complètement en adéquation avec l'univers *Star Wars*, ce dernier servait, en fait, la marque Volkswagen et le lancement de la nouvelle Passat. Le buzz a été immédiat sur les réseaux sociaux et sur Internet. Avec la parodie d'un univers « mythique », en l'occurrence *Star Wars*, le ton décalé, combiné à l'univers de l'enfance – qui parle d'une manière universelle à chacun d'entre nous – Volkswagen a mis toutes les chances de son côté pour créer un véritable buzz positif pour la marque.

Les méthodes pour créer de la viralité et du buzz

Si un buzz peut prendre en quelques minutes, il existe différentes méthodes pour le relayer, plus ou moins coûteuses. L'entreprise qui veut se lancer dans une campagne virale doit sélectionner le moyen le plus adapté par rapport à ce qu'elle a déjà mis en place.

L'e-mailing

Le principe est très simple : envoyer une newsletter ou une campagne de communication au fichier prospect/client de l'entreprise. Grâce aux réseaux sociaux, il est dorénavant possible de rendre ce contenu plus viral. Des services comme Mailchimp et Mailjet ont par exemple bien compris l'intérêt d'une telle stratégie. Ils permettent lors de la création de campagnes e-mailing d'ajouter des fonctions de partage : possibilité de transférer l'e-mailing à un autre contact, possibilité de le diffuser à sa communauté *via* ses propres réseaux sociaux, etc. Ces outils permettent aussi de suivre en temps réel les ouvertures de la campagne, de suivre leur diffusion sur les réseaux sociaux, principalement Facebook et Twitter et donc d'en mesurer le ROI.

Pour encourager la diffusion du e-mailing une règle essentielle est à respecter : plus le contenu est intéressant et ludique, plus il sera partagé. Un e-mailing avec une photo de lolcat a plus de chance de se diffuser que le contenu basique d'un descriptif produit.

Les jeux-concours

Les jeux-concours sont une bonne technique pour déclencher de la viralité, comme le montre l'exemple qui suit.

> À l'occasion de la sortie de *Sex and the City : le film*, le 28 mai 2008, l'enseigne a organisé un grand jeu-concours. La mécanique du jeu était simple : la marque proposait à l'internaute de choisir entre Carrie la *fashionista*, Samantha la séductrice, Charlotte la perfectionniste ou Miranda la *working girl* celle qui lui ressemblait le plus. L'objectif était de qualifier et d'augmenter sa base clients et prospects. Avec, comme cadeau, la possibilité de gagner un voyage à New York pour quatre personnes et la trousse beauté de chaque héroïne ; l'opération a été un véritable succès. Sephora a surtout mis toutes les chances de son côté en relayant l'opération dans tous ses magasins, dans les médias traditionnels, les blogs spécialisés et sur ses réseaux sociaux : une vraie stratégie multicanal.

Les *advergames*

Dans une stratégie de marketing viral et de buzz marketing, les *advergames* sont devenus des outils pertinents pour générer ce type de campagne de communication. Un *advergame* est un jeu, le plus souvent un jeu vidéo, qui permet de promouvoir une marque, un produit et/ou des services. La plupart de ces « jeux publicitaires » sont diffusés gratuitement sur Internet. Ce sont les *free-to-play*. On peut néanmoins retrouver certains *advergames* sous un format *item selling* qui ajoute un système de micropaiement (en payant certains éléments, on peut accéder à des niveaux ou des options supplémentaires).

On distingue plusieurs catégories d'*advergames* :

- jeu d'action, type plateforme, combat, aventure, labyrinthe, etc. ;
- jeu « puzzle » : mathématiques, puzzle, etc. ;
- jeu de course ;
- jeu de *shooting*.

Pour concevoir un bon *advergame* viral, il suffit de respecter les étapes suivantes :

- définir le *storyboard* de son jeu ;
- définir ses cibles ;
- réfléchir aux canaux de communication pour le lancement du jeu ;
- avoir un mécanisme de jeu simple et intuitif.

Même si les *advergames* restent une technologie qui s'adresse à un public particulier, selon une étude Nielsen de 2008, 40 % des joueurs sont plus enclins à interagir avec la marque après avoir participé à un *advergame*.

> Pour l'eau minérale Borjomi : chaque participant, connecté sur le site Internet dédié au jeu, est invité à descendre en scrollant dans les profondeurs de la terre situées à plus de 8 000 mètres. Tout au long du parcours, des informations culturelles intéressantes ou plus drôles apparaissent. En permettant de diffuser sa progression sur Twitter et Facebook, l'*advergame* développe aussi son potentiel de viralité.
>
> Borjomi est arrivé à lier, en même temps, l'aspect ludique et l'aspect informationnel. Tout cela s'inscrit donc dans un territoire de communication positif et bénéfique pour l'image de marque du produit.

Créer un site Internet événementiel

Si les sites Internet sont aujourd'hui des vitrines pour une marque, un produit et/ou des services, il ne faut pas néanmoins négliger leur potentiel pour générer du buzz et de la viralité. On peut donc créer un site Internet, temporaire ou non, pour mener une opération virale, comme dans le cas suivant.

> La marque Domestos, leader sur le marché des nettoyants w.-c., a lancé, en 2012, un site Internet proposant de suivre le parcours

des excréments une fois la chasse d'eau tirée. Le positionnement de l'opération, en plus du bénéfice notoriété pour la marque, était de sensibiliser les internautes aux conditions d'hygiène et au traitement des eaux usées. L'opération a connu un certain succès sur les réseaux sociaux.

Créer un site Internet pour ce type d'opération encourage souvent la viralité car l'opération est ainsi clairement identifiée. Décorrélé du site institutionnel, elle permet à la marque d'éviter une approche commerciale directe avec l'internaute tout en essayant de capter le trafic vers son site institutionnel ou commercial.

Diffusion et achat médias

Un contenu qui fait le buzz est un contenu qui atteint une audience largement supérieure à l'audience habituelle de la marque. On peut dire qu'un contenu devient un buzz lorsqu'il touche cinq fois la taille de l'audience (*reach*) de la marque. Aussi, un buzz sur les médias sociaux peut devenir un buzz global lorsqu'il s'étend à la sphère offline, c'est-à-dire quand il est repris à la télévision, dans les journaux, à la radio.

Carambar en 2013 a lancé une campagne de communication sur les médias sociaux en organisant un buzz de «la plus grande blague de l'année» – buzz dont il a été débattu à la radio (Europe 1), à la TV (France 2) et dans de très nombreux autres médias.

Cette diffusion n'est pas forcément naturelle, il faut parfois l'aider et booster le contenu pour qu'il devienne un buzz : faire de l'achat média, acheter des publicités Facebook, sponsoriser une publication Facebook, sponsoriser un tweet ou un *hashtag* sur Twitter, acheter des Google Ads, et tout autre achat de publicité et d'espace qui permet de donner une visibilité supplémentaire à son contenu. Plus on se donne de chances d'être visible, plus la probabilité de créer un buzz est élevée.

CAS

LES FACEBOOK ADS DE BUD LIGHT

On peut analyser l'exemple de Bud Light, lors de la parution d'une publicité Facebook «jeux-concours NFL», et sa façon de procéder:

- **La pertinence**: les cibles sont définies bien en amont et les publicités extrêmement ciblées, ce qui permet à la marque de toucher rapidement ses prospects.
- **La proposition de valeur**: cette annonce répond aux besoins des fans et aux questions qu'ils posent précisément à la marque. La promesse est forte et engageante, même pour les non-fans.
- **Le *call-to-action***: le mécanisme de la publicité repose sur un jeu-concours, ce qui incite ceux qui la voient à participer plus naturellement et à cliquer, fan ou non-fan de la marque.
- **La limitation**: la campagne est uniquement déployée sur Facebook.

La communauté s'approprie le contenu de la marque, chacun se transforme en ambassadeur et approuve le message en le partageant et le viralisant. C'est justement la force des médias sociaux comme levier de viralisation.

Analyser les retombées d'une campagne virale pour son entreprise

Comment connecter un buzz à ses objectifs marketings?

Comme dans toute opération de communication, le buzz doit être associé à la marque. Un buzz doit être utile et doit rendre la marque plus puissante et plus visible. Cet objectif peut être réalisé de deux façons: en connectant un buzz à l'image de marque ou en connectant un buzz aux objectifs marketing.

Pour répondre de façon plus directe à des exigences marketing, le buzz peut être utilisé pour booster des leviers commerciaux. C'est une stratégie à **court terme** qui veut profiter du buzz de façon immédiate et répondre à la réalité business de l'entreprise.

- Héberger le contenu du buzz (photo, vidéo, article, etc.) sur son site Web ou blog afin d'augmenter le trafic.
- Montrer en quoi le produit ou le service répond à tel besoin/tel problème actuel avec un lien vers la boutique en ligne.
- Proposer de s'inscrire à la newsletter pour recevoir en avant-première les prochains contenus exclusifs de la marque.

> En 2012, pour le lancement de la nouvelle version de sa Fiesta, Ford a lancé un concours photo sur le très populaire réseau social de photo Instagram. Afin de valoriser la voiture, et plus particulièrement ses équipements, les participants du concours devaient les illustrer avec des photos. Pour le bouton de démarrage «Ford Power», la marque a suggéré de montrer soit un interrupteur soit une action symbolisant ce bouton. Grâce aux *hashtags* #Fiestagram et #Demarrez, cette campagne de communication a connu un très beau succès et un buzz très positif pour la marque. L'image de la marque et de son produit en est sortie renforcée.

Comment mesurer le buzz?

Les retombées peuvent-elles être analysées? Comment peut-on juger de la réussite d'un potentiel buzz? De façon générale, il s'agit de mesurer les interactions quantitatives qui vont permettre de saisir l'ampleur et l'importance du buzz.

L'analyse quantitative

Cette analyse quantitative s'évalue sur l'ensemble des plateformes sociales où le contenu a été diffusé, et il faut récupérer l'ensemble des données relatives aux interactions et aux partages (likes, commentaires, partages, nombre de commentaires). Il faut également comparer ces chiffres à la taille de la communauté (une photo qui récolte deux mille likes sur Facebook peut être synonyme d'un très grand succès pour une petite entreprise locale, mais peut également être synonyme d'un raté pour une marque internationale – on ne parle pas de la même communauté sur la page Facebook de Renault que sur la page Facebook d'un restaurant de quartier).

- Facebook: nombre de likes, nombre de nouveaux fans, nombre de commentaires, nombre de personnes ayant vu votre publication (*reach*), nombre de personnes qui parlent de votre marque, évolution du taux d'engagement.

- Twitter : nombre de retweets, nombre de mentions, nombre de tweets avec un éventuel *hashtag*, nombre de tweets mentionnant votre marque ou votre produit.
- Pinterest : nombre de likes et commentaires sur votre pin, nombre de pins reprenant votre contenu.
- YouTube : nombre de vues, nombre de partages, classement sur Viral Video Charts.
- Instagram : nombre de likes et de commentaires sur votre publication, nombre de photos publiées avec votre *hashtag*.
- Blogs : nombre d'articles qui parlent de votre opération, nombre de commentaires, de partages cumulés sur ces articles.

L'analyse qualitative

Toutefois, il ne faut en aucun cas faire l'impasse sur l'analyse qualitative du buzz. En effet, faire du bruit, c'est bien, mais un *good buzz* aura des impacts totalement différents d'un *bad buzz*, alors que les données quantitatives sont similaires dans les deux cas. On ne peut pas juger de la pertinence d'un buzz seulement d'après ses chiffres. En effet, beaucoup de commentaires et de partages peuvent provenir de critiques, de réactions négatives et une volonté de diffuser un contenu polémique. Avant de se réjouir d'avoir récolté de nombreux partages, il faut se concentrer sur la signification de ces interactions.

Tandis qu'un bon buzz peut faire circuler un contenu de manière positive auprès d'une audience élargie, un *bad buzz* peut, à l'opposé, véhiculer une image très négative de l'entreprise auprès de cette même cible. Les conséquences peuvent être dévastatrices en termes d'image de marque et éventuellement se répercuter sur les résultats économiques de l'entreprise.

On s'attachera donc à réaliser une analyse qualitative grâce à deux leviers.

- **La polarité des réactions** : cette métrique vise à déterminer l'orientation qualitative d'un contenu en réalisant une étude des commentaires (par exemple, on dira que tel contenu a généré 65 % d'opinions positives, 20 % d'opinions négatives et 15 % d'opinions neutres). Cette analyse peut être faite soit manuellement, si la taille de la communauté est restreinte (inférieure à cinq cents commentaires), soit automatiquement, *via* des logiciels d'analyse sémantique spécialisés tels que Lingway, Spotter, les solutions IBM Digital Analysis, etc. (cependant ces logiciels peuvent difficilement détecter le sarcasme ou le second degré).

- **La synthèse des réactions** : il s'agit de réaliser un résumé des conversations générées autour d'un contenu. En prenant en compte l'ensemble des réactions (commentaires Facebook, réponses à un tweet, commentaires YouTube, commentaires sur un article de blog, conversations sur un *#hashtag* Twitter, etc.) qui tentera de synthétiser les discussions. Ainsi, on pourra réaliser un document regroupant les cinq réactions positives (par exemple : trente personnes ont aimé le contenu parce que (raison A) ; douze personnes ont aimé le contenu parce que (raison B) et ainsi de suite) et les cinq réactions négatives en suivant le même processus. Il sera intéressant de regrouper le maximum d'informations sous forme de résumé facile à comprendre, afin de pouvoir identifier les principales réactions au contenu (les commentaires négatifs étant tout aussi essentiels que les commentaires positifs).

Toutefois, le véritable buzz, celui qui a réellement marché, c'est un buzz qui va être repris sur des plateformes offline, un buzz qui va générer des discussions externes, hors Web.

Un buzz est légitimement réussi lorsqu'il a atteint le nombre maximum de sphères médiatiques. Il est alors essentiel de surveiller si son contenu est repris par la presse papier, par une chaîne de télévision, à la radio, mais également dans des livres, dans des cas d'écoles, ou même dans la prochaine édition de ce livre.

Pourtant d'autres répercussions sont encore plus difficiles à mesurer : les discussions générées hors des médias, le bouche-à-oreille, les conversations en famille ou entre amis. Car une communauté est également active hors des médias. C'est ce qu'on appelle le buzz naturel, un buzz qui s'est tellement généralisé qu'il en devient un sujet d'actualité et qui nourrit les interactions entre les personnes. Ce buzz naturel est plus ou moins contrôlable, on peut tout au moins l'initier ou l'accompagner en contactant volontairement la presse, en envoyant des communiqués à des journalistes TV, des intervenants de la radio, ou d'autres personnalités médiatiques.

Le 21 mars 2010, la page Fan de Kiabi, qui comptait une communauté d'environ cent trente mille fans, a été fermée par Facebook pour cause de non-respect des conditions d'utilisation du réseau social. Relayé dans les médias classiques, sur l'ensemble des réseaux sociaux et sur bon nombre de blogs, ce qui aurait pu être un énorme *bad buzz* pour la marque a, au contraire, eu des retours très positifs. En effet, lorsque huit jours plus tard, la marque rouvre sa page c'est environ quarante mille fans de plus qui sont recrutés grâce à ce buzz naturel. À noter que Kiabi a su exploiter, dans les jours qui ont suivi, ce buzz naturel qu'ils n'avaient pas généré au départ.

Les outils pour analyser un buzz

Il est conseiller de se doter d'un ou de plusieurs outils qui mesurent l'ampleur de votre buzz. On peut citer Tweet Binder ou Monitter pour suivre la popularité d'un *hashtag* spécifique ; ZoomSphere, YourBuzz, Unilyzer ou ViralHeat pour davantage de données sur les autres plateformes. On peut aussi recouper manuellement les statistiques et les regrouper dans un document simple (one page) qui récapitule les chiffres principaux de visibilité.

COMMENT UTILISER TWEET BINDER

1. Se connecter à l'URL suivante : *www.tweetbinder.com.*

2. Dans la box de saisie, renseigner le mot ou le *hashtag* que l'on souhaite analyser.

3. Une fois que Tweet Binder a terminé sa recherche un rapport apparaît.

4. À gauche se trouve l'outil essentiel de l'interface qui va permettre de qualifier et filtrer l'ensemble des tweets apparus comme résultat. L'intérêt est de créer des *binders* avec un certain nombre de filtres, et cela autant qu'il en sera nécessaire. Prenons l'exemple de la recherche avec le mot-clé « mode » :

• On peut créer un premier *binder* « défilé ».

• Un deuxième *binder* « luxe ».

• Un troisième *binder* « marque ».

5. Pour chaque *binder* créé, on remarque six icônes différentes :

- Le premier filtre concerne les tweets.

- Le deuxième qualifie les tweets avec liens.

- Le troisième qualifie les tweets qui font l'objet d'une conversation.

- Le quatrième qualifie les tweets qui contiennent une image.

- Le cinquième qualifie les tweets qui contiennent une géolocalisation.

- Le dernier qualifie les tweets qui ont été retweetés.

6. On peut donc, grâce à l'ensemble des filtres, obtenir une vue globale très fine autour du mot-clé « mode » sur l'ensemble des conversations tweeter.

7. Une fois les données analysées et compilées, il suffit d'éditer le rapport qui donne une vue générale et analytique des recherches.

À noter que l'interface est très simple d'utilisation et très intuitive.

LES HUIT POINTS À RETENIR POUR UNE CAMPAGNE DE MARKETING RÉUSSIE

1. Négligez le message commercial au profit d'un message plus ludique. Pour qu'un buzz réussisse, vous devez trouver le moyen de faire passer votre message publicitaire au deuxième plan et de favoriser le divertissement de votre cible ! Cela ne signifie pas que le message doit être totalement détaché de la marque, mais cela doit être plus discret que sur un message publicitaire traditionnel.

2. Restez proche de l'ADN de marque ! Il n'existe aucune recette miracle, le buzz naît de la bonne adéquation entre votre prise de parole et la réceptivité de la communauté à un moment *t*. En revanche, il est essentiel que ce message ne soit pas totalement décorrélé de la marque, sinon il perdra de son intérêt.

3. Les campagnes les plus réussies sont souvent celles qui partent de l'idée la plus simple.

4. Le buzz relatif à un sujet d'actualité est souvent celui le plus performant, mais il existe trois règles à respecter : être dans les temps ; ne pas être dans la surenchère si d'autres marques se sont déjà emparées du sujet ; ne pas penser uniquement à votre cœur de cible mais voir plus large.

5. Proposez à l'internaute de vivre une véritable expérience. Enrichissez son parcours et poussez-le à découvrir différents univers.

6. Même, le meilleur des buzz peut nécessiter de l'achat média pour aider à sa diffusion. Mais si un buzz ne prend pas, rien ne sert de forcer les utilisateurs à s'y intéresser. Vous ne pourrez que faire mieux la prochaine fois !

7. Dans le cas où une campagne virale serait mal interprétée par les internautes, il est important de ne pas chercher à masquer les faits, il faut les affronter, apporter des réponses, montrer que vous êtes présent.

8. Relativisez! Si le *bad buzz* peut être nuisible à une marque, il permet quand même de faire parler d'elle. En quelques heures, le trafic de votre site peut exploser et même s'il faut attendre quelque temps pour réparer les dégâts, au moins la marque sera présente dans les esprits.

Communication interne et recrutement 2.0

OBJECTIFS

- *Utiliser les médias sociaux en tant qu'outil clé du fonctionnement de l'entreprise, pour gérer sa communication interne et piloter sa stratégie de recrutement.*

Il est aussi possible d'utiliser les outils et techniques détaillés dans le précédent module pour améliorer le fonctionnement intrinsèque de son entreprise, pour dynamiser la productivité, améliorer les interactions entre les collaborateurs, et prospecter de nouveaux talents, plus facilement que *via* les méthodes de recrutement classiques.

La gestion d'une entreprise et des différents départements internes est complexe, les managers sont en perpétuelle recherche d'outils et de techniques pour simplifier cette gestion, la rendre plus efficace, plus performante, pour pouvoir se concentrer davantage sur les produits et/ou les services de l'entreprise qui constituent son essence et sa réelle plus-value pour les consommateurs.

Dans la mesure où la majorité de la population active utilise les médias sociaux, que l'on soit employé d'une entreprise ou à la recherche d'un poste, ceux-ci prennent une part considérable de notre temps, à la fois professionnel et personnel. D'ailleurs, les deux univers ont tendance à se croiser et à s'entremêler : on utilise les réseaux sociaux de manière personnelle pendant les heures de travail, mais aussi de manière professionnelle pendant les heures de congés.

Les médias sociaux peuvent-ils réellement aider les managers à mieux piloter la communication interne et le recrutement ? Nous allons voir tout au long de ce module qu'il s'agit effectivement d'une stratégie payante, que beaucoup d'entreprises utilisent déjà massivement. Les médias sociaux apportent une réelle plus-value dans la performance interne d'une entreprise, s'ils sont bien employés et compris.

Fédérer ses employés

La communication interne regroupe l'ensemble des actions de communication mis en place au sein d'une organisation, à destination des salariés. La communication interne vise à gérer le personnel, à améliorer la productivité, à accélérer et à faciliter les interactions entre les collaborateurs, le tout dans une cohérence globale qui permet à l'entreprise de fonctionner correctement.

Un des objectifs principaux de la communication interne est de pouvoir fédérer les employés et de créer une dynamique interne positive, qui permettra aux employés d'évoluer dans un environnement de travail favorable. Surtout, les médias sociaux apportent une flexibilité et une interactivité nouvelle qui facilitent la communication interne. Que ce soit en créant son propre réseau social d'entreprise ou *via* les outils existants, les médias sociaux sont de puissantes plateformes pour optimiser la communication interne.

Les employés d'une entreprise sont les premiers ambassadeurs de la marque

Déployer la communication interne sur les réseaux sociaux permet de transformer les employés en ambassadeurs de l'entreprise, dans la mesure où on leur donne pleinement la parole et le pouvoir d'être actifs auprès des autres collaborateurs, de s'impliquer dans la vie de l'entreprise. Les employés sont valorisés et, donc, davantage incités à véhiculer une image positive de l'entreprise.

Il s'agit :

- de permettre aux employés de montrer leur enthousiasme pour le lancement d'un nouveau produit ou d'un nouveau service sur leurs réseaux sociaux personnels comme sur leur mur ou groupe Facebook. Il faut cependant bien leur expliquer, surtout s'ils n'appartiennent pas au département marketing et communication, à bien faire la part des choses entre informations confidentielles et officielles ;
- d'encourager ceux des employés qui tiennent un blog professionnel ou qui souhaitent en créer un, à parler de leur entreprise. Il est nécessaire de bien encadrer les informations qui seront diffusées sur ce blog et d'accompagner les employés dans ce type de démarche ;

- de favoriser une veille active de la part des employés : les récompenser pour la remontée d'informations importantes concernant l'entreprise ou le secteur d'activité (*bad buzz*, opportunité, etc.). Il faudra trier les informations et les vérifier.

> Dans l'une de ces dernières campagnes de communication, le groupe La Poste a rendu hommage à ces agents en passant du slogan : « La Poste on a tous à y gagner » à : « La Poste avance. La confiance se développe. » Le groupe a diffusé une série de vidéos de 45 secondes conçues comme des courts-métrages mettant en scène les différents métiers du groupe : le transport de courrier, de colis pour l'e-commerce, la banque ou la téléphonie.

De la même façon qu'une entreprise peut développer son image de marque sur les médias traditionnels pour séduire des clients, elle peut développer son identité de marque pour séduire et fidéliser ses employés, pour générer une empathie professionnelle, un sentiment de bien-être.

> Les entreprises multiplient les *lipdubs*, des clips vidéo mettant en scène les salariés de la société. À l'origine, les *lipbuds*, des vidéos clips filmés en un seul plan séquence, mettaient en scène des personnes faisant partie d'une entreprise en train de chanter en play-back. C'est aux États-Unis qu'est née cette tendance, dans une grande agence de communication new-yorkaise, Connected Ventures.

L'idée est de mettre en avant la bonne ambiance qui règne dans l'entreprise. Cela permet aussi aux salariés de se sentir impliqués dans un projet d'entreprise. Mais le lipdub a rapidement été utilisé pour impliquer les salariés dans la sortie de nouveaux produits, par exemple.

> Pour le lancement du duo de parfums Hugo XX et Hugo XY destinés aux hommes et aux femmes, Hugo Boss a réuni une trentaine de blogueurs, quinze filles et quinze garçons, qui ont été mis en scène dans un *libdup* nommé *Lip Dub XX-XY*. La vidéo a ensuite été partagée sur la page Facebook de la marque. Résultat, plus de deux cent soixante-treize mille vues.
> Si la marque a choisi de faire appel à des influenceurs, de nombreuses marques mettent en scène directement leurs salariés.

Encadrer l'utilisation personnelle des réseaux sociaux

En France, 80 % des internautes sont inscrits sur au moins un réseau social, et les deux tiers d'entre eux y sont actifs quotidiennement. Avec une telle pénétration dans la population, les réseaux sociaux font désormais partie de la vie quotidienne, mais s'insèrent aussi dans la vie professionnelle.

Comment gérer cette utilisation personnelle des réseaux sociaux dans l'entreprise ? Faut-il contrôler les employés pour limiter leur utilisation et brider leur discours ?

Sans une surveillance de l'utilisation des réseaux sociaux par ses employés, une entreprise court le risque de perdre le contrôle des contenus qu'ils publient, surtout s'ils concernent directement l'activité et la réputation de l'entreprise. Il est donc indispensable de cadrer un minimum cette utilisation, grâce à des formations, une charte des médias sociaux, des directives corporate et un suivi global.

> Un employé anonyme décrivait les conditions de travail difficiles, les abus de pouvoir d'un nouveau manager et les manquements à l'hygiène dans un restaurant tenu secret. L'employé «non identifié» parlait en son nom sous le couvert d'un pseudo @EquipierQuick.
>
> Les attaques, assez violentes, ont fait le tour de Twitter et ont eu une visibilité très importante, ce qui a endommagé l'image de marque de Quick. L'enseigne a dû réagir très rapidement, punissant la dénonciation calomnieuse et la diffamation. Une enquête a été menée par la marque pour retrouver l'équipier mal intentionné et le convoquer en vue d'un licenciement. L'équipier a fini par être identifié et la procédure s'est terminée devant les tribunaux.

Cet exemple montre l'importance de cadrer l'utilisation des réseaux sociaux par les employés, de favoriser le dialogue interne et de décourager ce genre d'actions néfastes pour l'entreprise.

Pour Alexis Bernard, *online manager* à la SNCF, «si l'entreprise prend en charge, et encadre cette prise de parole, cela sera mal perçu de l'internaute, qui verra dans les collaborateurs des équipes de communicants volontaires. Il y a un équilibre à trouver, qui n'est pas forcément évident». C'est à chaque entreprise de décider de sa stratégie. Plus le contrôle sera strict, plus les risques seront limités mais cette stratégie agressive peut être mal perçue en interne. Plus le contrôle sera flexible et personnalisé, plus les employés seront satisfaits, mais avec un risque de dérapage plus grand.

Établir une charte d'utilisation des réseaux sociaux

Pour cadrer l'utilisation des médias sociaux dans une entreprise, il est important de mettre en place une charte des médias sociaux. Il s'agit d'un document qui peut être communiqué à l'ensemble des employés, présente les bonnes pratiques à connaître concernant les réseaux sociaux, et les informe de ce qu'ils sont autorisés à faire ou non.

Il n'est pas ici question de surveiller, de punir ou de faire la police auprès du personnel de l'entreprise, mais de donner un cadre à l'utilisation des médias sociaux et au contenu publié. Par exemple, si des employés sont sur Twitter, s'ils veulent que leur compte n'exprime que leurs opinions personnelles, ils devront indiquer dans leur description: «Ce compte n'engage que moi et pas mon entreprise» et également ne pas inclure le nom de l'entreprise dans leur pseudo ou leur nom (par exemple: @ThomasMicrosoft).

Chaque entreprise a une charte spécifique; il est donc impossible de donner un contenu type de cette charte; chaque entreprise doit l'adapter et publier un document officiel qui explicite de façon très claire la politique de l'entreprise concernant les médias sociaux et qui servira de référence en cas de conflit.

Voici quelques éléments qu'il est possible de mentionner dans cette charte:

- une introduction présentant la philosophie et la position de l'entreprise par rapport aux médias sociaux;
- un panorama des réseaux sociaux existants, leur utilisation principale;
- une éventuelle présentation du réseau social interne s'il existe et l'ensemble des explications utiles pour son utilisation;
- le contenu autorisé et non autorisé (parler de l'entreprise, dans quelles limites, dans quelle tonalité);
- la marge de manœuvre des employés. Peuvent-ils parler de leur entreprise sur des plateformes publiques? Peuvent-ils prendre la parole au nom de l'entreprise?

Cette charte doit être approuvée et signée par chaque employé, lors de la création de la charte pour les employés actuels et à l'embauche pour les futurs employés. Sa mise en place peut aussi être accompagnée d'une présentation lors d'une réunion, d'une formation, d'une convention, d'un courrier officiel, d'une newsletter ou de tout autre moyen de communication (offline ou online) utilisé par l'entreprise.

Impliquer les employés dans la diffusion du message de marque

L'entreprise doit mettre en place des tactiques pour impliquer les employés dans la vie de l'organisation, pour les tenir au courant de l'actualité, pour leur offrir un endroit où se renseigner, se documenter, s'informer sur les différents contenus relatifs aux ressources humaines :

- si l'entreprise utilise un réseau social d'entreprise dédié, il faudra regrouper le maximum d'informations dans la rubrique RH de cette plateforme, pour centraliser tous les documents, les actualités, les informations majeures en un seul endroit, facilement accessible ;

- si l'entreprise utilise les réseaux sociaux professionnels tels que LinkedIn ou Viadeo, il faudra regrouper toute l'actualité publique des ressources humaines de l'entreprise sur ces pages officielles : l'actualité corporate, les offres d'emploi, les informations sur la vie de l'entreprise, les événements à venir, et tout autre contenu potentiellement intéressant pour les employés.

> En 2012, PepsiCo a reçu le titre de la meilleure entreprise où il fait bon vivre en France. Parmi les actions menées par la marque, il y a la possibilité pour les employés de diffuser de l'information interne de l'entreprise sur les réseaux sociaux publics.
> L'idée est de contrôler ce qu'ils peuvent partager sans les freiner. L'entreprise a donc réalisé dans un premier temps, un programme éducatif sur les bonnes manières d'utiliser les médias sociaux. Elle a ensuite mis en place un dispositif indiquant par une icône si le contenu peut être partagé avec le grand public.
> Seulement six mois après la mise en place de ce dispositif, près de trente mille articles étaient relayés par les salariés mais aussi des sources externes.

Pour intensifier l'interactivité sur les médias sociaux entre l'entreprise et les employés, on peut les encourager à publier du contenu, à écrire des articles de blog, à les mentionner sur Twitter pour présenter un de leurs projets, à initier une conversation avec eux sur un groupe LinkedIn pour parler d'un sujet, lancer un débat sur le réseau social ou sur le groupe Facebook de l'entreprise, lancer un *#hashtag* pour que les employés rassemblent toutes leurs conversations sociales liées à l'entreprise, que ce soit sur Twitter, Instagram, Facebook ou autres.

Autre point essentiel : une surveillance est à mettre en place pour contrôler les contenus partagés par les employés touchant directement l'entreprise. En établissant une liste des employés et de leur présence sociale, il est possible de surveiller *a minima* ce qu'il se dit sur l'entreprise, si les contenus ne sont pas diffamatoires, s'il n'y a pas d'abus ou d'excès. Cependant, cette surveillance ne doit pas être trop coercitive, l'objectif étant d'optimiser la réputation de l'entreprise ; d'éventuelles sanctions ne sont à prendre que si le comportement des employés est excessif, insultant, abusif et nuit volontairement à l'organisation.

Les réseaux sociaux comme outil de communication interne

Les bénéfices de la communication interne *via* les réseaux sociaux

La force des réseaux sociaux est de disposer d'outils collaboratifs, interactifs qui permettent à tous les employés et les équipes de management d'être reliés autour d'un contenu. Quel(s) que soi(en)t le(s) réseau(x) utilisé(s), n'importe quel employé peut y accéder à n'importe quel moment et de n'importe où (s'il dispose du matériel nécessaire).

L'utilisation d'un ou de plusieurs réseaux sociaux est un outil de travail pour accompagner les projets des équipes. C'est le lieu qui donne la tonalité du travail en interne, l'entreprise doit y véhiculer son image de marque employeur, une identité positive, où elle se positionne en tant que soutien des employés, et non en tant qu'opposant. Preuve que les médias sociaux sont déjà aujourd'hui plébiscités par les employés : selon une étude de Forrester, 51 % des employés déclarent qu'utiliser des systèmes reposant sur une architecture de type réseau social les rend plus productifs.

Ce travail de l'image de marque doit être similaire à la communication externe : les valeurs véhiculées doivent être les mêmes, pour garder une cohérence, le *branding* doit être similaire (couleurs, charte graphique, tonalité du discours, approche sentimentale). Tous les éléments de *branding* interne contribuent à construire l'image de marque et une identité commune, dans laquelle les employés se retrouvent.

Les avantages de l'implémentation d'une stratégie sociale pour la communication interne de son entreprise sont nombreux :

- Une amélioration du flux des échanges de l'information et des connaissances transversales : le partage de contenu est encouragé.

- Une circulation de l'information plus rapide et plus efficace : on supprime toutes les frictions liées à la communication traditionnelle (papier, courrier).

- Une traçabilité infaillible : le contenu est hébergé online, il existe une trace de tous les échanges (en gardant la confidentialité des données), le contenu est précis et adapté à tous les destinataires, il est plus facile à retrouver, on ne peut pas le perdre dans la mesure où il est stocké et accessible à tout moment sur le réseau choisi.

- Une meilleure implication de chaque employé : la dimension sociale de cette communication interne est plus ludique, plus interactive et donc plus engageante, moins corporate.

- Une productivité améliorée : les réseaux sociaux permettent d'entretenir des échanges professionnels, peu importe la localisation de chaque intervenant, n'importe où dans le monde.

CAS

LE RÉSEAU SOCIAL INTERNE DU GROUPE PERNOD-RICARD

Le groupe Pernod-Ricard a rapidement compris l'importance d'intégrer un réseau social interne à destination de la totalité des salariés du groupe. « Un réseau social génère de l'innovation, cette dernière produit de la croissance. Nous avions tout à gagner à l'adopter » (Alexandre Ricard, DG du groupe Pernod-Ricard, à propos de l'utilisation des réseaux sociaux dans la communication interne de l'entreprise).

Même le directeur général du groupe, Alexandre Ricard, participe activement au réseau social de l'entreprise, construit à l'image d'un Facebook interne réservé aux salariés. Les équipes peuvent échanger quasiment en temps réel et communiquer avec tous les employés des différentes filiales les dernières nouveautés ou actions menées par leurs services. Près de soixante mille messages ont été publiés par les salariés, soixante-deux mille commentaires ajoutés depuis le lancement du réseau.

Cependant, les médias sociaux ne remplacent pas en totalité les initiatives de communication interne classiques, comme les séminaires, les réunions, les formations et toutes les autres formes de relation avec les employés. Le but n'est pas de tout remplacer par les réseaux sociaux, mais d'améliorer cette communication interne, de la rendre plus sociale, plus rapide, plus efficace, plus ludique.

Il faudra donc avoir une équipe interne ou un soutien externe compétent pour implémenter ces réseaux sociaux dans l'entreprise (en interne dans les départements RH, communication ou marketing et, en externe, *via* une agence ou un prestataire spécialisé).

Un planning de création de ces réseaux sociaux devra être mis en place, pour permettre une visibilité à long terme des différentes actions successives (formation, recherche des partenaires, choix d'une solution, mise en place opérationnelle, suivi global, mesure de la performance), et avoir une feuille de route concrète à suivre qui pourra être partagée avec toutes les équipes de management.

Se servir des réseaux sociaux pour la communication interne

Avant de passer à un réseau social d'entreprise, l'utilisation de médias sociaux déjà existants est complémentaire et permet d'étendre sa communication interne sur d'autres plateformes, plus accessibles et plus grand public ; des plateformes qui n'appartiennent pas à l'entreprise, mais où l'on peut publier du contenu lié à l'entreprise.

L'objectif est d'essayer d'exploiter tout réseau où les employés et les partenaires sont présents, pour y développer une notoriété, générer de l'activité, favoriser les interactions et ainsi dynamiser la relation entre les différents collaborateurs, partenaires et clients. Voici quelques propositions concrètes pour s'approprier ces médias populaires.

Utiliser les échanges Twitter et les *hashtag*s

Sur ce réseau qui compte déjà 11 % de la population française, on peut motiver les employés à communiquer sur l'entreprise, à partager leurs projets (s'ils ne sont pas confidentiels), à interagir entre eux. On peut mettre en place un *hashtag* pour centraliser toutes les conversations autour de l'entreprise (par exemple, #nomdelentreprise, ou #insideentreprise, etc.).

On peut aussi établir sur le compte officiel de la marque une liste publique qui rassemble les comptes de tous les employés, afin de dresser un annuaire Twitter des collaborateurs, pour qu'ils puissent se suivre entre eux et générer des interactions. Il faudra mentionner autant que possible les employés *via* le compte officiel, lancer des débats autour d'un sujet lié au secteur d'activité, retweeter le contenu des employés lorsqu'il est pertinent pour l'entreprise, etc.

Utiliser les groupes Facebook

Pour utiliser Facebook, dans la mesure où la création d'une page est davantage destinée aux clients, on peut mettre en place des groupes : un groupe pour chaque équipe pour que les membres discutent ensemble, un groupe pour un événement (par exemple un séminaire, un voyage) pour discuter des détails et débattre de propositions, un groupe pour chaque entité géographique pour organiser les commandes de matériel ou discuter du fonctionnement des bureaux (travaux, nouvelle machine, ménage, etc.). Cela permet de créer une multitude de forums, où chacun parle en son nom, exprime son avis, discute d'un sujet, avec toute l'entreprise ou avec un groupe réduit d'employés. Idéalement, l'entreprise doit essayer de modérer ces groupes, dans la mesure où ils servent à récupérer du feedback et des propositions d'amélioration. Ces groupes sont privés et restent à la discrétion de chaque entreprise, chaque membre doit être invité et/ou approuvé par les administrateurs (un groupe peut aussi être public, mais cette fonctionnalité est déconseillée).

> *My Community Manager* est un blog collaboratif de quarante personnes issues de milieux différents et d'activités professionnelles différentes. Pour créer du lien entre toutes ces personnes, le blog a mis en place un groupe Facebook privé permettant aux blogueurs d'échanger entre eux, de relayer leur veille, de se faire relire leurs articles, etc.
>
> Le résultat de la stratégie ? Quand une nouvelle information mérite d'être relayée, avant que deux articles ne soient rédigés sur le même thème, les blogueurs peuvent échanger entre eux et désigner qui écrira cet article ou bien l'écrire en collaboration. Cela permet de gagner en réactivité et de garder une cohérence et une cohésion forte au sein du groupe.

Utiliser les groupes LinkedIn

Sur LinkedIn, créer un groupe privé pour les employés est une tactique pertinente pour impliquer les collaborateurs, le tout sur un réseau professionnel, ce qui évite d'être distrait par des contenus personnels comme sur Facebook ou Twitter. Un groupe LinkedIn se différencie d'une page LinkedIn : si une page est destinée au grand public et est accessible à n'importe quel utilisateur, un groupe est spécifique à une thématique ou une organisation, et les membres doivent être invités et/ou approuvés par les administrateurs. C'est le lieu idéal pour débattre de sujets d'actualité, de thématiques liées à l'organisation d'événements corporate et de tout autre sujet lié à l'entreprise qui incite les employés à s'investir, à commenter, à discuter et à interagir entre eux. Par exemple, l'agence de communication internationale We Are Social utilise LinkedIn pour favoriser les échanges entre ses employés présents dans différents pays et rassemble près de dix mille collaborateurs. C'est un espace où échanger des informations sur son secteur d'activité, des bonnes pratiques, des actualités sur l'entreprise ou toute autre conversation entre les membres.

Utiliser un blog d'entreprise

Créer et animer un blog est un élément clé de la communication d'une entreprise. Ce blog peut être géré avec les plateformes Tumblr ou Wordpress, qui permettent de le personnaliser aux couleurs de l'entreprise. En plus de créer un blog destiné aux clients et au grand public, il peut être intéressant de créer un blog sur la vie de l'entreprise et sur les actualités corporate destiné aux employés et partenaires, pour les informer sur l'entreprise. Un module de commentaires permet aux lecteurs d'interagir, de répondre et de discuter. Ce blog peut également être intégré au réseau social d'entreprise.

CAS

LE BLOG INTRANET D'ORANGE

Orange dispose d'un blog sur son intranet, uniquement destiné aux collaborateurs. Protégé par un login et un mot de passe, cet espace communautaire permet à l'entreprise de communiquer des informations corporate, des actualités sur la vie de l'entreprise, les procédures et les règles à respecter entre salariés et d'autres contenus potentiellement intéressants pour les salariés. Cela permet de créer une proximité entre le management de l'entreprise et les salariés ; les échanges et les discussions sont favorisés, le blog permet ainsi d'apaiser le climat social, de proposer un espace où retrouver toutes les informations importantes.

Stéphane Richard, PDG d'Orange, confirme l'intérêt de ce blog interne de l'entreprise : « C'est un moyen de communication simple, que tout le monde connaît. Cela me permet de réagir face à l'actualité, de donner des informations, mais surtout d'écouter les salariés. C'est un outil totalement ouvert et convivial. »

Le choix d'un réseau social d'entreprise (RSE)

Plus concrètement, pour implémenter une communication sociale au sein de son organisation, on peut appliquer trois tactiques, qui peuvent être complémentaires : utiliser un réseau social d'entreprise (RSE) existant, développer un réseau social propriétaire (unique à son entreprise) ou utiliser les réseaux sociaux classiques de manière professionnelle.

Choisir un RSE existant

La première tactique consiste à utiliser un réseau social d'entreprise existant, c'est-à-dire un logiciel dont on acquiert la licence d'utilisation pour pouvoir l'utiliser dans son organisation. De nombreux RSE performants sont utilisés par les plus grandes entreprises mondiales (ce qui prouve la fiabilité des outils), mais aussi par une multitude de PME (ce qui montre la flexibilité des outils). Nous pouvons conseiller deux plateformes internationales et deux plateformes françaises :

- **Yammer** : la référence des réseaux sociaux d'entreprise, distribué par Microsoft, utilisé par plus de deux cent mille entreprises et par 85 % des cinq cents plus grandes entreprises mondiales. L'outil est très solide, complet et fiable.
- **Chatter** : le concurrent direct de Yammer, qui offre des fonctionnalités très similaires et possède également une très forte popularité à l'international. L'outil est distribué par Salesforce et propose le maximum de fonctionnalités.
- **SeeMy** : une plateforme française déjà utilisée par de grands groupes, qui propose un panel de fonctionnalités très fourni ; l'outil est surtout plus accessible que Yammer ou Chatter.
- **Zyncro** : une autre plateforme française, concurrente de SeeMy, avec de nombreuses fonctionnalités, une ergonomie très réussie et une interface

facile à utiliser. La plateforme est moins connue que les précédentes, mais néanmoins performante.

Il existe beaucoup d'autres plateformes de RSE, la plupart dispose d'une version de démonstration ou d'une version d'essai pour se faire une idée de l'efficacité de l'outil. D'autres plateformes existent ; on peut les trouver *via* les moteurs de recherche ou *via* les recommandations d'autres entreprises ayant les mêmes caractéristiques.

Les plateformes de RSE proposent un panel très diversifié de fonction-nalités. Généralement, on retrouve une majorité de fonctionnalités com-munes, essentielles au bon fonctionnement des équipes et à l'amélioration de la productivité. On y retrouve des solutions de blogging, de flux d'acti-vité et d'actualité, de gestion/de stockage des documents, de création/de modification de documents en ligne, de gestion des tâches et des projets, de gestion des profils et de groupes/d'équipes, de gestion des départe-ments, de messagerie privée, de sondages, de forums, de commentaires.

Ces plateformes sont sécurisées au maximum avec des technologies avan-cées, pour que les données échangées et stockées soient protégées. Elles sont, pour la plupart, accessibles sur n'importe quel matériel : ordinateur fixe, ordinateur portable, tablette, smartphone. Enfin leur rémunération se fait souvent sous forme d'achat d'une licence ou d'un abonnement, selon le nombre d'employés utilisant la plateforme.

Développer un réseau social propriétaire

Une autre option consiste à développer de A à Z un réseau social propre à l'entreprise pour l'adapter parfaitement à ses besoins et à ses spécificités. Cette option est plus complexe, demande davantage de ressources tech-niques, humaines et surtout financières. Cependant, pour une entreprise spécifique, cela peut constituer un avantage concurrentiel, un réel tremplin de productivité et surtout une stratégie à long terme.

Ce réseau social d'entreprise peut être développé en interne si les res-sources et compétences sont suffisantes, ou en externe auprès d'un pres-tataire spécialisé, une agence Web ou une société informatique spécialisée dans le développement de logiciels et progiciels.

> ### CRÉATION D'UN RÉSEAU SOCIAL PROPRIÉTAIRE
>
> Pour mettre en place une telle plateforme, il convient de suivre plusieurs étapes.
>
> 1. Choisir l'option de développer la plateforme en interne ou en externe et le ou les prestataires qui seront impliqués dans le projet.
>
> 2. Établir un planning et les objectifs à respecter, pour avoir une feuille de route concrète qui servira de référentiel à la conduite du projet.
>
> 3. Définir un cahier des charges : liste des fonctionnalités, des rubriques, design, graphisme, ergonomie, détails techniques, adaptation pour tous matériels. Le cahier des charges doit contenir toutes les demandes, toutes les fonctionnalités requises et tous les éléments à inclure dans la plateforme.
>
> 4. Lancer le développement de la plateforme et mettre en place un suivi performant jusqu'à la livraison du produit.
>
> 5. Déployer l'outil de façon opérationnelle, former les équipes, conduire le changement, accompagner l'installation technique et la réussite globale de l'implantation dans l'entreprise.
>
> 6. Mesurer l'efficacité de l'outil et éventuellement corriger et adapter la plateforme selon les retours des utilisateurs.

Comment bien recruter grâce aux médias sociaux

Évolution des RH avec les réseaux sociaux

Avec la démocratisation des médias sociaux professionnels les ressources humaines ont profondément évolué. Les employés et les futurs employés potentiels y sont massivement inscrits ; toute entreprise a donc intérêt à y être activement présente et performante pour ne pas rater l'opportunité de recruter de nouveaux talents et optimiser son image de marque employeur. Les fonctionnalités de curriculum vitae sont très avancées pour les candidats, de même que les fonctionnalités de recherche et de recrutement pour les entreprises.

Celles-ci ont tendance à porter leur recrutement sur les réseaux sociaux et à préférer leur performance par rapport aux méthodes traditionnelles. Selon une étude Idaos (2013), 44 % des entreprises recrutent grâce aux réseaux sociaux professionnels. De plus, 77 % des entreprises estiment bénéficier d'une plus grande capacité à recruter les bons profils sur ces plateformes sociales. Toutefois, 65 % des entreprises estiment que ces pratiques ne permettent pas forcément de retenir les meilleurs éléments.

Désormais, de nombreux acteurs viennent apporter une nouvelle valeur ajoutée au recrutement sur le Web. LinkedIn et Viadeo sont les références en France des réseaux sociaux professionnels et rassemblent environ 15 % des internautes français. La quasi-totalité des entreprises du CAC-40 et la grande majorité des grandes entreprises sont présentes sur LinkedIn. Les marques de luxe y sont d'ailleurs très actives comme Chanel, Louis Vuitton et Burberry qui possèdent des pages personnalisés, adaptées au *branding* de la marque, où sont indiquées toutes les informations essentielles sur l'entreprise, les dernières actualités du département RH, et l'ensemble des offres de recrutement, auxquelles tous les candidats peuvent postuler. Viadeo est moins populaire, mais reste un choix performant pour le recrutement des entreprises : l'Armée de Terre y est très active et une des organisations les plus dynamiques.

Twitter peut également servir aux candidats pour trouver des offres, et aux entreprises pour publier leurs annonces et chercher des profils adaptés. Pour les candidats, la stratégie consiste soit à s'abonner aux comptes des entreprises ciblées et surveiller les éventuelles offres publiées, soit rechercher directement par mots-clés dans la barre de recherche de Twitter (par exemple, *project manager* ou « responsable communication sport »).

Pour les recruteurs, la stratégie est soit de créer un compte dédié au recrutement et d'y publier toutes les annonces et les actualités liées aux ressources de l'entreprise, soit de publier systématiquement les nouvelles offres au fur et à mesure sur son compte Twitter (si la marque est présente dans plusieurs pays, l'idéal est de séparer la publication des offres selon les pays). La plupart des grandes entreprises françaises disposent d'un compte Twitter dédié au recrutement, comme la Société Générale (@CareersSocGen), Danone (@DanoneJobs), Thales (@ThalesJobs), La Poste (@LaPosteRecrute), Auchan (@AuchanTalent) et bien d'autres. Bien distinguer l'activité RH de l'entreprise du reste de la communication est une solution plus facile à gérer, à la fois pour l'entreprise et pour les candidats.

Jobvite et Work4 sont des plateformes de recrutement qui s'intègrent directement à toutes les plateformes sociales et les sites Web et qui proposent un dispositif complet de recrutement, avec de nombreuses fonctionnalités de partage et de viralité, que l'on peut installer directement sur le site Web ou sur la page Facebook de l'entreprise ; Jobvite est une plate-forme complète avec de nombreuses fonctionnalités ; elle est, par exemple, utilisée par Spotify et Starbucks pour recruter l'ensemble de leurs futurs employés. Work4 est une plateforme entièrement dédiée à Facebook, qui dispose de fonctionnalités telles que des publicités de recrutement ciblées ou des applications Facebook de recrutement. L'Oréal utilise Work4 pour recruter ses nouveaux talents.

Recrutement de nouveaux talents

Pour rechercher des candidats *via* ces médias sociaux, trois solutions principales existent.

Publier les offres d'emploi

Que ce soit sur LinkedIn ou Viadeo, il est possible d'avoir une page entreprise et d'y publier l'actualité corporate de l'entreprise. Les offres d'emploi peuvent dont être renseignées sur cette page et les candidats peuvent y postuler directement en quelques clics. Pour que ces annonces fonctionnent correctement, il faut renseigner le maximum de mots-clés, décrire le poste en détail, avec le plus d'informations possible (missions, expériences demandées, profil spécifique, salaire, lieu de travail, type de contrat, etc.) afin que les candidats trouvent facilement les annonces. L'idéal est donc de partager ces annonces en publiant des liens sur toutes les autres plate-formes sociales (page Facebook, compte Twitter, par exemple : « Découvrez nos nouvelles offres d'emploi sur le lien ci-dessous ! ») et/ou sur le site Web, en redirigeant directement vers la page entreprise sur LinkedIn ou Viadeo.

Rechercher manuellement en ciblant des profils

Sur LinkedIn ou Viadeo, il est possible de rechercher parmi les internautes déjà inscrits selon des mots-clés. Si l'entreprise cherche par exemple à recruter un *community manager*, elle pourra rechercher des profils selon les mots-clés *community manager* ou *social media*, entre autres. Elle sera alors dirigée vers des profils qui correspondent à sa recherche et pourra les contacter directement pour leur proposer un poste et/ou un entretien. Des solutions « premium » et payantes sur ces plateformes permettent de disposer de davantage de critères de recherche, d'avoir davantage de résultats, de pouvoir contacter plus de candidats et, d'une manière générale, d'optimiser les recherches de profils.

CAS

L'ORÉAL ET LE RECRUTEMENT SUR LINKEDIN

L'Oréal recrute environ six mille nouveaux collaborateurs chaque année : du stage au poste d'encadrement. Même si l'entreprise utilise les outils de recrutement traditionnels, sa page LinkedIn lui permet de répondre à de nouveaux enjeux :

* grâce au moteur de recherche, trouver des candidats « difficiles à recruter » comme les professionnels expérimentés avec des profils très spécifiques ;
* attirer les candidats « passifs » : ceux qui sont en poste, à l'écoute du marché mais qui ne recherchent pas activement ;
* améliorer sa réputation de marque-employeur pour attirer de meilleurs candidats

Pour Oskar Isenberg Lima, la stratégie de L'Oréal sur LinkedIn s'est avérée payante : « Avec LinkedIn j'ai identifié près de quatre-vingt-dix top candidats en moins de cinq mois ; nous en avons recruté cinq. Il nous permet vraiment de sélectionner des candidats de qualité. LinkedIn a renforcé notre crédibilité en tant qu'employeur et accéléré nos recrutements. »

Faire des campagnes de publicité

Il est également possible de lancer des campagnes publicitaires qui sponsoriseront les offres d'emploi et les proposeront à des profils ciblés, selon la ville, selon un ou plusieurs mots-clés, selon l'expérience et une multitude d'autres critères de sélection. Les offres publiées seront donc visibles par de potentiels candidats pertinents, qui pourront postuler en cliquant sur ces publicités.

RECRUTER VIA LINKEDIN

Prenons le cas de LinkedIn qui est aujourd'hui, le réseau social de recrutement le plus utilisé au monde. Il fournit déjà des outils adaptés aux entreprises pour développer l'aspect « marque-employeur ». Les avantages du premier réseau professionnel aux 187 millions de membres sont nombreux : qualité des contacts et rapidité de la mise en relation forment une équation qui mène immanquablement à la réalisation d'économies. LinkedIn propose des outils adaptés pour trouver de nouveaux candidats.

- Premier outil utilisé par le professionnel, **LinkedIn Recruiter** offre de puissants filtres pour affiner les recherches de candidats : par société, par localisation, par secteur d'activité, par ensemble de compétences et par mots-clés. Les recruteurs de Jas Hennessy and Co communiquent directement avec les candidats par InMail® et peuvent envoyer des messages par groupe de destinataires. Pour David Thomas, responsable du développement des ressources humaines chez Jas Hennessy and Co., « la guerre des talents n'est plus une guerre parisienne ou même française, mais une guerre internationale. Pour aller chercher ces talents internationaux, LinkedIn est un outil très pertinent, avec lequel il est possible de cibler ceux qui sont vraiment intéressés par notre entreprise ».

- Second outil plébiscité par l'entreprise, **Jobs Slots** permet à l'entreprise de publier l'ensemble de ses annonces, à la fois sur la page Carrière LinkedIn, sur les pages de profil des employés de la société et même sur certains sites partenaires. L'algorithme de LinkedIn met également en avant les emplois les plus pertinents pour le candidat potentiel en fonction de son profil LinkedIn. David Thomas résume : « Jobs Slots nous permet de mettre automatiquement en avant les postes ouverts aux candidats les plus qualifiés, partout où ils sont en ligne. »

Mise en place d'un processus de recrutement adapté

Lorsque l'on étend une stratégie de recrutement sur les médias sociaux, il est important d'adapter tout le processus de recrutement pour intégrer parfaitement les candidats des médias sociaux aux candidats classiques.

1. Il est indispensable que les conditions pour postuler soient identiques sur les médias sociaux, sur les sites Web d'emploi et *via* le recrutement offline. Par exemple, le processus doit comporter les mêmes prérequis : un CV, une lettre de motivation qui seront traités avec toutes les autres candidatures et qui mèneront à un processus commun par la suite (entretiens, etc.). Cela permet d'intégrer de façon fluide ces médias sociaux au processus de recrutement.

2. Les candidats des médias sociaux devront être enregistrés dans une base de données, comme les candidats classiques, pour établir une liste de candidats passés, présents et futurs qui pourront être réactivés par la suite.

3. Les offres publiées sur les médias sociaux doivent être synchronisées avec les offres sur toutes les autres plateformes de recrutement : quand un candidat a été recruté et qu'une annonce n'a plus lieu d'être, elle doit être

retirée de toutes les plateformes, y compris sur LinkedIn et Viadeo, pour ne pas laisser des annonces qui ne sont plus d'actualité et ne pas faire perdre du temps à un candidat qui postulerait alors que le poste est pourvu.

Les médias sociaux ne doivent pas être complètement séparés des autres techniques de recrutement, l'objectif est de tout intégrer dans une stratégie globale et que les offres soient synchronisées en temps réel.

LES HUIT POINTS À RETENIR POUR ÉTABLIR UNE POLITIQUE RH EFFICACE GRÂCE AUX RÉSEAUX SOCIAUX

1. Impliquez les salariés dans la stratégie d'entreprise. Ce sont les premiers ambassadeurs, ils connaissent l'histoire, les produits et les services, la stratégie et les méthodes de travail de l'entreprise ; alors faites-leur confiance et capitalisez sur leurs savoirs.

2. Mettez à leur disposition des outils pour échanger. Il existe de nombreuses solutions de RSE, mais vous pouvez tout aussi bien vous servir d'un groupe Facebook privé pour leur laisser un espace d'échange d'informations, uniquement accessible aux salariés de l'entreprise avec un modérateur du contenu et de l'information.

3. Favorisez la communication et l'échange d'informations ! La transparence améliore considérablement les échanges dans une entreprise et la rend, à terme, plus performante. Cela permet aussi une meilleure collaboration, une uniformité dans les actions menées et une vision à plus long terme.

4. Récompensez les salariés les plus actifs et encouragez les moins actifs.

5. Mettez en place des règles et des chartes d'utilisation pour encadrer les échanges et les prises de parole. Définissez des lignes de conduite, des topics, des process et expliquez surtout l'objectif de l'outil et son utilisation.

6. Ne sanctionnez pas et ne censurez pas sans justification ! La censure et la sanction sont autant de vecteurs de frustration et d'incompréhension. Comme pour une communauté de clients ou de fans, il est important de rester transparent et de justifier et d'expliquer ses choix.

7. Optez pour des outils adaptés pour booster le recrutement. Il existe aujourd'hui des réseaux sociaux spécialisés dans le recrutement (Viadeo et LinkedIn) qui permettent de contacter directement un profil qui intéresse l'entreprise et donne plus d'informations sur son parcours, ses recommandations, etc.

8. Vérifiez que les ressources internes sont bien à jour dans leurs profils sur les réseaux sociaux professionnels pour que les personnes extérieures aient une vision cohérente de la société.

Piloter et mesurer sa stratégie sur les médias sociaux

OBJECTIFS

- *Piloter une stratégie* social media *par des outils pertinents.*
- *Calculer le retour sur investissement de son travail sur les médias sociaux.*

Une stratégie de positionnement *social media* ne doit pas être traitée comme une activité extérieure à l'entreprise, elle doit être intégrée dans son entier et gérée en interne comme toutes les autres activités et métiers existants.

Toute entreprise mesure son retour sur investissement pour l'ensemble de ses activités. Ce calcul permet de connaître le bénéfice réalisé après l'investissement effectué dans un domaine particulier. Cela permet aussi de savoir si les efforts (financiers, humains et techniques) ont été rentables pour l'entreprise. Si le retour sur investissement est positif, l'entreprise a réussi sa stratégie et doit continuer dans la même voie. Si le retour sur investissement est négatif, l'entreprise doit trouver des solutions pour y remédier, dans la mesure où l'entreprise a dépensé davantage qu'elle n'a gagné : l'entreprise a investi 10 euros, mais n'a généré que 5 euros de chiffre d'affaires.

Le pilotage d'une stratégie *social media*

Intégrer les médias sociaux dans son entreprise

Si l'on intègre les médias sociaux dans sa stratégie globale, cette décision doit être fluide et se rattacher parfaitement au reste de l'activité de l'entreprise. En effet, si la stratégie *social media* est complètement séparée de l'activité principale de l'entreprise et qu'elle n'est pas transverse à tous les départements de l'organisation, elle ne peut pas être efficace à long terme et s'expose à de nombreux risques de dérapages, de décalages et d'échecs.

Avant de positionner une entreprise sur les médias sociaux, il est important d'établir un document corporate qui dresse une cartographie précise des réseaux activés. Il faut savoir quels sont exactement les réseaux où l'entreprise est présente. Cela permet de mieux appréhender et comprendre l'étendue sociale de l'entreprise et d'adapter ses stratégies de façon plus complète et plus précise par la suite.

De plus, il faut noter quelles sont les interactions entre les différentes plateformes, quels réseaux sont liés, etc. Par exemple, il faut déterminer si le contenu du blog est publié sur la page Facebook et le compte Twitter, ou si les photos Instagram sont publiées sur le site Web, ou encore si les offres d'emploi LinkedIn sont publiées sur le compte Pinterest. Ces exemples permettent de voir quels éléments sont importants à considérer, pour bien comprendre le fonctionnement de l'écosystème digital propre à l'entreprise. Les différents intervenants internes ou externes qui travaillent ou vont travailler sur les plateformes sociales de la marque auront ainsi une vision commune et similaire de la stratégie.

Les entreprises disposent aujourd'hui de nombreux outils et de leviers webmarketing :

- le site Internet de la marque ;
- les sites événementiels, blogs ;
- les sites mobiles ;
- les applications Web ou mobile ;
- le référencement naturel ;
- les podcasts ;
- les campagnes médias (*display*, affiliation, achat de mots-clés, e-mailing, campagne de relation presse online, newsletter, campagne *social media*, etc.).

Les médias sociaux ne sont qu'un nouveau levier parmi tout d'autres et leur stratégie doit être élaborée dans le cadre d'une stratégie digitale plus globale. On distingue trois niveaux :

- la stratégie globale de communication ou marketing ;
- la stratégie digitale ;
- la stratégie *social media*.

Voici quelques éléments indispensables à prendre en compte pour bien intégrer les médias sociaux à son entreprise.

- Les médias sociaux sont généralement rattachés au département communication et marketing de l'entreprise, dans la mesure où ils représentent la marque de manière officielle sur le Web.

- Les responsables (le *social media manager*, le *community manager* ou les autres postes liés à la communication digitale de la marque) doivent disposer de responsabilités importantes au sein de l'organisation afin de pouvoir prendre des décisions rapides. En effet, lors d'un éventuel *bad buzz*, il faut pouvoir réagir vite, avoir accès immédiatement aux validations de la hiérarchie pour pouvoir répondre officiellement avec une stratégie adaptée et ne pas attendre plusieurs heures ou plusieurs jours avant de réagir.

- Les médias sociaux doivent impacter tous les départements de l'entreprise. Il faut pouvoir se demander comment ils peuvent optimiser la performance de chacun des départements de l'entreprise et implémenter ces outils au fur et à mesure dans les différents services. En effet, les médias sociaux ne servent pas qu'au département marketing pour faire la promotion des produits/services. Ils peuvent aider le département RH à mieux recruter ; ils peuvent aider le département R & D à faire de la veille ou à communiquer sur les innovations de la marque, et ainsi de suite pour tous les départements d'une organisation.

- L'implémentation des médias sociaux dans une entreprise doit être pensée à long terme et surtout guidée et approuvée par la plus haute hiérarchie, pour affirmer l'importance de cette stratégie dans l'avenir de l'organisation. Les médias sociaux doivent être cadrés, la stratégie doit être communiquée aux collaborateurs, des documents d'explication et de cadrage doivent être mis en place pour consolider la présence de ces médias sociaux dans la culture de l'entreprise. Ces documents serviront à l'établissement des futures tactiques, devront être communiqués à d'éventuels prestataires, etc.

- L'ensemble de ces stratégies doit être coordonné par un responsable ou une équipe dédiée au *social media* et guidée de manière régulière par la hiérarchie.

- Il faut structurer sa présence dès le départ : savoir quels réseaux couvrir, quel volume de données traiter, quelle fréquence, quelles ressources internes (financières et humaines) y consacrer. L'idéal est de dédier une équipe de gestion de communauté. Une organisation interne claire est synonyme de communication externe efficace.

L'arrivée des médias sociaux au sein d'une entreprise doit forcément bousculer l'organisation. Ces métiers sont transverses et doivent être partie intégrante de l'entreprise.

L'importance de penser sa stratégie sur le long terme

Il est difficile d'exister à court terme sur les réseaux sociaux. Même si les opérations ponctuelles, les jeux-concours, les campagnes publicitaires et autres événements forts sur un court laps de temps permettent de générer beaucoup de visibilité et de retombées, il est impératif d'avoir une politique à long terme concernant la présence de la marque sur les plateformes sociales.

La marque est au cœur de la stratégie *social media*. Un contenu spécifique et adapté aux usages des médias sociaux va être créé autour de cette marque. Ce contenu va générer des conversations que la marque doit maîtriser et encadrer. À partir de là, pour se positionner et définir des stratégies sur le long terme, les entreprises doivent élaborer des processus qui permettent d'évaluer la stratégie mise en place. Loukouman Amidou identifie sept étapes pour élaborer un processus d'évaluation d'une stratégie marketing sur les médias sociaux :

- **Le positionnement stratégique** : définir le(s) réseau(x) sur lesquels se positionner et agir.
- **Le choix des KPI** (*key performance indicators*) en fonction de la stratégie : choisir les indicateurs les plus adaptés pour analyser les résultats de sa stratégie.
- **Le choix des outils** en fonction des données à récolter et du type d'opération mis en place : il s'agit de sélectionner le bon outil d'analyse.
- **La récolte des données** : sur une période délimitée en amont, on récoltera les indicateurs prédéfinis.
- **L'analyse** : à partir de différentes données récoltées, on effectuera une analyse des résultats.
- **L'évaluation** : il s'agit ici de définir si les actions mises en place ont apporté des résultats.
- **La recommandation** pour les prochaines étapes à suivre.

Le succès d'une implantation sur les réseaux sociaux se construit sur plusieurs mois, voire plusieurs années. C'est par la persévérance et la répétition d'une stratégie efficace que la communauté prend confiance dans la marque, commence à créer du contenu, se sent intégrée dans une dynamique collective et apporte à l'entreprise. Sur le long terme, la marque doit s'imposer comme une *early-adopter*, séduire sa cible le plus longtemps possible. Si une communauté est séduite, cela tend à augmenter la fidélité des clients et à convertir davantage de prospects.

On peut utiliser certaines plateformes sociales de façon ponctuelle, pour essayer tel réseau (par exemple Vine), pour un événement en particulier, pour le lancement d'un produit, pour un concours spécial, mais il est essentiel de réfléchir si la marque peut s'installer durablement sur tel réseau et avec telle stratégie, pour affirmer sa force, capter l'audience de la plateforme et battre ses concurrents.

Construire son *social media dashboard*

Une évaluation a besoin d'un cadre au sein duquel les chiffres récoltés prennent sens. L'évaluation de la performance de la stratégie sur les médias sociaux s'effectue à partir de l'analyse des KPI (*Key performance indicators*).

Il existe d'ailleurs trois cadres d'évaluation possibles : l'évaluation de la progression d'un indicateur de performance, l'évaluation par rapport à un objectif fixé, l'évaluation par rapport aux concurrents.

Les indicateurs (KPI) à court terme

Voici une liste d'indicateurs quantitatifs à suivre sur les différents médias sociaux. Nous y avons répertorié les principales plateformes, mais si l'entreprise est présente sur une autre plateforme, il est facile d'identifier les indicateurs à mesurer, en suivant la démarche ci-contre.

Indentification des indicateurs

	Exposition	Engagement
Facebook	Visiteurs uniques, nombre d'impressions, de pages vues, nombre de personnes qui parlent de votre marque, *reach* de vos posts, nombre de fans.	Total des interactions (likes, commentaires, partages), nombre de vidéos/photos publiés par les fans, qualité des posts.
Twitter	Nombre d'abonnés, présence dans des listes.	Nombre de retweets, nombre de @réponses, nombre de favoris, nombre de tweets avec votre #*hashtag*, nombre de tweets parlant de votre marque ou partageant votre contenu.
YouTube	Nombre total de vues, nombre moyen de vues par vidéo, nombre d'abonnés à votre chaîne.	Polarité likes/*dislikes*, nombre de commentaires, nombre de partages.
RP	Nombre d'articles de blog citant votre marque ou votre opération, estimation du nombre de visiteurs potentiels touchés.	Nombre de commentaires sur des contenus concernant votre marque, nombre de partages des articles.
Foursquare	Nombre de likes, nombre de *check-in*.	Nombre de *tips*.
Pinterest	Nombre d'abonnés.	Nombre de likes, commentaires et repins.
Total	Estimation du *reach* global.	Total des interactions.

À partir de là, nous avons regroupé les différents indicateurs existant en typologies d'indicateurs.

Les indicateurs de visibilité et d'image

Tout d'abord, il faut s'intéresser aux indicateurs de visibilité et d'image de marque. Il s'agit d'étudier la visibilité des actions de l'entreprise sur les médias sociaux et de juger de l'efficacité des tactiques engagées, avec l'objectif de gagner en notoriété. On raisonne en termes de retour sur visibilité (*return on attention*), dans la mesure où la marque cherche d'abord à être intéressante avant d'être intéressée. Elle recherche de la visibilité, de l'interactivité.

On peut mesurer les indicateurs suivants de visibilité :

- le nombre de visites sur le site Web (visiteurs uniques, visites, pages vues) ;
- le nombre de visites sur le blog (visiteurs uniques, visites, pages vues) ;
- le référencement dans les moteurs de recherche ;
- le nombre de personnes touchées par la présence de la marque sur les réseaux sociaux (nombre de fois que les pages entreprise ont été vues, nombre de personnes touchées) ;
- le nombre de statuts publiés ;
- le nombre d'impressions des publications, des vidéos ou de n'importe quel contenu de marque sur les différentes plateformes sociales (*reach*) ;
- le nombre d'articles sur la marque (positifs, négatifs, neutres) ;
- le nombre de citations de la marque sur les réseaux sociaux (nombre d'occurrences syntaxiques) ;
- le nombre de reprises de contenu ;
- le nombre d'affichages des campagnes de publicité sur les réseaux sociaux.

On peut mesurer la visibilité de la marque même sur les médias sociaux où celle-ci n'est pas officiellement présente, dans la mesure où la communauté parle de la marque sur toutes les plateformes, dans un tweet, avec un *hashtag*, etc. Il faut pouvoir surveiller tout ce qu'il se dit sur la marque, et si les volumes de conversations évoluent fortement ou non (et de façon positive ou négative).

Les indicateurs d'engagement, de conversation et de fidélisation

On analyse ensuite l'engagement et la viralité observés sur les différents médias sociaux de la marque. Les indicateurs d'engagement permettent de s'assurer que la communauté est active, que les abonnés commentent régulièrement les publications, que le contenu est toujours pertinent, qu'il est toujours efficace et qu'il séduit les fans. Cela permet de juger du dynamisme d'une communauté.

On peut mesurer les indicateurs de visibilité suivants :

- le temps passé sur le blog ou sur le site (temps passé, nombre de pages vues) ;
- le nombre d'inscriptions à un flux RSS ;

- l'évolution du nombre d'abonnés à la newsletter, au flux RSS ;
- le nombre de personnes abonnées aux pages entreprise sur les différents médias sociaux (nombre de fans, d'abonnés Twitter, etc.) ;
- le nombre de likes, commentaires et partages sur Facebook ;
- le nombre de likes, commentaires sur Instagram ;
- le nombre de retweets, favoris et mentions sur Twitter ;
- le nombre de tweets ou de contenus publiés sur un *#hashtag* ;
- le nombre de retweets moyen ;
- le nombre d'inscrits à un événement ;
- le nombre de contributions sur les espaces de discussions (messages privés, blog, etc.) ;
- le nombre de blogueurs qui parlent de la marque ;
- le nombre de clics sur les liens ;
- le taux d'interactions sur les pages ;
- le taux de réponses aux questions de la communauté ;
- le taux d'engagement sur chaque plateforme.

Les indicateurs d'acquisition et de conversion

Grégory Pouy identifie six indicateurs ou *key performance indicators* (KPI) pour analyser les résultats à long terme sur les médias sociaux :

- **La part des dépenses** : le montant des dépenses brutes en publicité pour une catégorie ou un segment de marché *versus* l'ensemble des dépenses sur la catégorie (à exprimer en pourcentage).
- **Le taux de notoriété spontanée** : le pourcentage de personnes qui se souviennent naturellement de la marque lorsqu'on leur demande de citer trois marques dans une catégorie donnée.
- **La part de recherche** : le pourcentage d'apparition de la marque sur les mots-clés les plus importants afin de mieux comprendre la position de la marque sur une catégorie.
- **Le pourcentage d'intention d'achat.**
- **La part de voix sur le Web** : l'évolution du nombre de prises de parole autour de la marque à pondérer par la tonalité et l'influence de chaque prise de parole.

- **La probabilité de recommander une marque à ses amis.**

Ces indicateurs peuvent être complétés par des indicateurs de trafic :

- une URL *social media* référente ;
- une visite sur une application ou un onglet Facebook ;
- une conversion depuis chacun des médias recensés ;
- des visites sur le site Internet émanent du *social media*.

Les indicateurs qualitatifs : tonalité et sentiments

Des indicateurs qualitatifs sont nécessaires pour pouvoir juger correctement de la performance de la marque sur les médias sociaux. Des indicateurs quantitatifs très satisfaisants (augmentation des interactions) peuvent être le signe d'un *bad buzz*, d'une réaction négative de la communauté. Un taux d'engagement élevé ne signifie pas forcément que la marque est appréciée, il faut savoir déchiffrer ces statistiques pour mieux les interpréter et savoir si les interactions sont positives ou négatives.

Il est donc important d'analyser l'aspect émotionnel généré par le contenu et la communauté, d'analyser la qualité des interactions en travaillant une analyse de la polarité des échanges (positifs, neutres ou négatifs), une synthèse des conversations et des sentiments récoltés, ainsi que leur évolution dans le temps, afin de pouvoir comprendre comment évolue votre communauté et si vos efforts sont payants.

On peut mesurer les indicateurs de visibilité suivants :

- la polarité des interactions (commentaires, articles, publications) : positif/ neutre/négatif ;
- le profil démographique des abonnés/fans (nationalité, âge, genre, intérêts) ;
- la typologie des contenus les plus efficaces.

Les outils pour mesurer sa performance

Voici un récapitulatif des principaux outils pour mesurer les différents indicateurs cités ci-dessus de façon automatique :

- **Socialbakers** : pour analyser principalement les pages Facebook mais aussi les autres plateformes sociales. Il génère des rapports complets, parfaits pour analyser d'un coup d'œil votre activité.

- **SumAll** : la plateforme est très ergonomique et agréable à utiliser, avec de belles statistiques couvrant une trentaine de médias sociaux. Un maximum d'informations qui permettent un aperçu complet et pertinent de l'activité.

- **TwitterBinder** : pour analyser en détail un ou plusieurs *hashtags*, c'est une plateforme puissante et détaillée. Certaines plateformes sociales possèdent d'ailleurs des outils d'analyse dédiés, comme Instagram avec Nitrogram.

- **Les outils dédiés des plateformes sociales** : la plupart des médias sociaux disposent d'un outil d'analyse dédié et intégré qui permet de récupérer une mine d'informations essentielles. Facebook Insights, Twitter Analytics, Pinterest Analytics, Foursquare Business, etc., sont à suivre régulièrement, en complément d'autres outils indépendants. Aussi, Google Analytics permet d'observer quels médias génèrent le plus de trafic sur les sites Web.

Pour choisir l'outil le plus adapté, il est conseillé de le tester à l'aide des périodes d'essais sur une même période pour ensuite sélectionner celui qui conviendra le plus au *social media dashboard* que l'entreprise souhaite mettre en place.

Bien mesurer son retour sur investissement

Le retour sur investissement (ROI) désigne le gain ou la perte d'argent comparé au temps passé sur une activité. Ainsi, le ROI sur les réseaux sociaux revient à calculer le ratio entre l'argent rapporté par ces supports et le temps investi sur Facebook, Twitter, LinkedIn, Instagram, Pinterest et autres réseaux.

Comme toute activité d'une entreprise, les médias sociaux constituent un poste de dépenses (employés, prestataires, publicités, logiciels, frais techniques, etc.) et doivent justifier un apport significatif (égal ou supérieur) aux dépenses pour pouvoir être considérés comme utiles à l'entreprise.

L'impossibilité de calculer un ROI immédiat

Le lien direct entre investissement sur les réseaux sociaux et résultats financiers peut être parfois difficile à identifier. Selon Cyril Bladier, «le nombre de fans, retweets, trafic du site, vidéos vues, sentiment sur la marque [...] ne sont pas des actifs financiers. Ils n'apparaissent pas au bilan et ne peuvent être comptabilisés comme du chiffre d'affaires. Cela ne signifie pas pour autant qu'ils n'ont aucune valeur».

Une erreur commune réside dans le fait de se limiter à calculer le coût d'acquisition d'un fan ou d'un *follower*. Cette vision simpliste des médias sociaux entraîne la question suivante: «Peut-on réellement dire qu'un fan représente un actif pour l'entreprise?» En effet, parmi les fans se trouvent des clients, des prospects, des râleurs, des opportunistes ou de simples curieux de passage: tous les fans ont une typologie spécifique. D'autre part, certains fans n'interagissent jamais avec l'entreprise et ne reviennent jamais sur ses profils, certains autres interagissent plusieurs fois par jour et publient du contenu de manière régulière: tous les fans n'ont pas le même poids ni la même valeur.

Si certaines marques comme Dell Outlet peuvent démontrer un chiffre d'affaires (2 millions de dollars en une année) directement généré depuis leur compte Twitter en développant un SAV qui leur permet ainsi de réaliser d'importantes économies, il est beaucoup plus difficile pour d'autres marques de démontrer une relation de cause à effet sur leurs ventes à court terme.

Forrester distingue quatre dimensions à considérer lorsque l'on parle de ROI sur les réseaux sociaux.

- **L'aspect financier**: le chiffre d'affaires ou les profits ont-ils augmenté? Les coûts ont-ils diminué?
- **La marque**: l'attitude des consommateurs envers la marque s'est-elle améliorée? La préférence produit s'est-elle développée?
- **La gestion du risque**: l'organisation est-elle mieux préparée à répondre aux attaques ou aux problèmes qui affectent la réputation?
- **L'aspect numérique**: l'entreprise s'est-elle renforcée et a-t-elle gagné de nouveaux actifs numériques (taille de la communauté)?

Pour arriver à démontrer le chiffre d'affaires réalisé, l'entreprise peut mettre en place des opérations promotionnelles exclusives sur ses comptes sociaux ou bien vendre directement sur les réseaux sociaux.

Passer du ROI à d'autres mesures de performance

De nombreux auteurs ou consultants *social media* contestent l'application du ROI aux réseaux sociaux. Pour eux, parler de ROI dans l'animation d'une communauté reviendrait à remettre en cause le fait même que la réussite de cette communauté se fonde sur l'évitement de toute dimension marchande.

RONI

La question pourrait être posée à l'envers : quel est le coût d'une absence sur les réseaux sociaux et de ne pas y investir ? C'est ce que l'on appelle le RONI, le «retour sur non-investissement». Il peut se résumer à une réponse : le risque de perdre le contact avec le consommateur.

RONI est l'acronyme de l'expression *risk of non-investment* ou «risque de ne pas investir» dans une certaine opération. En effet, dans certains cas, l'investissement marketing n'est pas forcément réalisé pour obtenir un ROI performant, mais pour éviter le coût et le risque de ne pas être présent suffisamment tôt dans un nouveau domaine ou de ne pas suivre ses concurrents sur un nouveau territoire marketing. La décision d'investir dans les médias sociaux est souvent liée au RONI, dans la mesure où les risques liés à la non-présence de la marque sur les réseaux sociaux (perte de prospects, perte de terrain par rapport aux concurrents, détérioration du service client, etc.) sont supérieurs aux coûts engendrés par la décision d'investir (moyens financiers, techniques et humains).

D'autre part, certains aspects sont difficilement quantifiables, la réputation d'une marque est souvent son premier *asset* : la marque et la valorisation financière sont corrélées (par exemple : Coca-Cola). Il convient alors de distinguer ce qui va relever d'une sollicitation directe (marque émettrice) ou indirecte (*ambassadorship*) et dont l'impact peut être mesuré par les métriques marketing habituels : des aspects qualitatifs (notoriété, réputation, intention d'achats) mais aussi des aspects quantitatifs (part de voix, augmentation du nombre de requêtes, trafic, nombre d'inscrits aux programmes CRM, conversion e-commerce).

ROO

Les investissements digitaux ont aujourd'hui largement dépassé 10 % du budget média des annonceurs et ne cessent de progresser. Mesurer le ROI est essentiel, mais on commence à accorder de plus en plus d'importance au ROO, le *return on objectifs* ou le «retour sur objectifs».

Le ROO est un indicateur de performance qui juge du succès d'une opération par rapport aux objectifs que l'entreprise s'est fixés. Ces objectifs ne sont pas financiers et concernent sept éléments.

- **L'exposition**: le nombre de personnes qui voient et interagissent avec le message, le produit, le service, cela peut être le nombre de visiteurs, de fans, de *followers*, la part de voix, le temps passé sur les plateformes, etc.

- **L'engagement**: c'est le niveau d'adhésion, de proximité et d'interaction d'une personne avec la marque, classé en quatre étapes: l'implication → l'interaction → l'intimité → l'influence. L'objectif prioritaire est de travailler sur l'influence, *i. e. l'ambassadorship*. L'engagement est prédictif des achats futurs mais aussi dépendant de l'achat (un ambassadeur est d'abord un client).

- **L'amplification**: la diffusion «gratuite» (sans achat d'espace) obtenue par l'effet de viralisation. Cela concerne également le gain en référencement naturel (SEO).

- **Le *branding***: la notoriété et la perception de la marque (cohérence entre positionnement voulu et positionnement perçu).

- **La réputation**: l'image véhiculée par une marque sur tous les types de supports numériques (médias, réseaux sociaux, forums, messagerie instantanée) et mesurée à l'aide d'outils de veille.

- **L'optimisation des dépenses**: la contribution de l'activation digitale à la réduction ou à l'optimisation des dépenses d'investissements (achat d'espace) ou de structures (service qualité, service client). Par exemple, JetBlue utilise Twitter comme service client et a construit une base suffisamment large pour utiliser le réseau comme canal prioritaire de marketing direct. Autre exemple, Dell utilise Twitter pour déstocker sans avoir à investir en achat d'espace.

- **La connaissance clients/prospects**: il s'agit d'une source d'*insights*, qui aide à avoir une meilleure compréhension des attentes et des insatisfactions. Par exemple, Netflix utilise Facebook pour interagir avec les fans, obtenir des feedbacks et annoncer les nouveautés produit.

ROA

Une nouvelle métrique est apparue sur les médias sociaux, qui semble beaucoup plus appropriée et adéquate pour mesurer l'efficacité d'une stratégie marketing : le ROA (*return on assets*), qui estime la popularité de la marque.

Théoriquement, le ROA est l'addition du nombre d'impressions des publications, du nombre de personnes touchées parmi la cible (*reach*) et de l'influence de l'entreprise, sur une période donnée. On peut ainsi mesurer sur un mois par exemple quelle visibilité l'entreprise a eue sur ses plateformes sociales.

Évidemment, si le message touche cinquante mille personnes, la totalité de ces personnes ne vont pas forcément acheter le produit, mais on sait qu'une partie le fera, et c'est la qualité du contenu qui influencera ce comportement. L'important ici est d'estimer quelle est l'ampleur de la communauté. L'attention portée par l'internaute devient l'élément clé. Il faut savoir comment toucher le plus de personnes possible dans la cible et comment faire ressortir le message parmi le bruit des autres marques et tout le contenu auquel est confronté chaque internaute. Celui-ci va porter son attention sur la marque pendant quelques secondes, et il faut le séduire pendant ce court laps de temps.

LES HUIT POINTS À RETENIR POUR RÉUSSIR L'INTÉGRATION DU *SOCIAL MEDIA* DANS L'ENTREPRISE ET OBTENIR UN RETOUR SUR INVESTISSEMENT

1. Analysez la stratégie de vos concurrents, leurs techniques, leurs présences, leurs contenus et inspirez-vous de ce qui fonctionne bien, en l'adaptant à votre entreprise.

2. Acquérez plusieurs outils d'analyse *social media* pour mesurer les performances, selon le budget et l'étendue de la présence de l'entreprise.

3. Utilisez une panoplie d'outils différents qui permettent d'optimiser le traitement des données, afin de mieux comprendre la situation et d'adapter vos décisions. La technologie apporte une aide indispensable ; elle est un prix à payer pour donner un sens aux données.

4. Mettez en place des *reportings* (hebdomadaires, mensuels, annuels) afin de suivre l'activité de l'entreprise grâce à des tableaux de bord qui récapitulent les indicateurs clés, les statistiques essentielles, votre position par rapport à la concurrence, en communiquant ces reportings à la hiérarchie correspondante.

5. Voyez sur le long terme : les résultats ne sont pas immédiats.

6. Choisissez bien votre outil de mesure du ROI (RONI, ROA, etc.) et n'en changez pas en cours de route : la pertinence de l'analyse ne vaut que sur le long terme.

7. Faites attention à la lecture et à l'analyse des KPI : encore une fois la présence sur les réseaux sociaux est un investissement à long terme. Il ne faut pas vous décourager si cela prend du temps mais au contraire poursuivez et croyez en votre stratégie : vous vous apercevrez, quoi qu'il arrive, si vous avez opté ou non pour la bonne formule.

8. Impliquez les équipes dans l'analyse des résultats : récompensez leur travail, permettez-leur d'échanger sur les aspects positifs et surtout corrigez les aspects négatifs, améliorez la pertinence de leurs interactions sur les réseaux sociaux, etc. Organisez des réunions internes pour créer des échanges autour de la stratégie *social media*.

Conclusion

Vous avez maintenant une vision globale du périmètre des médias sociaux et de leur enjeu pour la réussite de l'entreprise.

L'objectif de ce guide a été de vous donner toutes les clés pour réussir un bon départ sur les médias sociaux et d'y assurer la présence et l'impact d'une entreprise sur le long terme. Il a donné une multitude de conseils, d'analyses et de process que vous pourrez consulter et/ou mettre en œuvre chaque fois que vous en aurez besoin. Il vous permettra de commencer à élaborer une stratégie *social media*.

Évidemment, chaque entreprise est unique, chaque secteur d'activité est différent. Une multinationale n'aura pas les mêmes moyens ni les mêmes objectifs qu'une PME. La stratégie choisie devra être adaptée à chaque entreprise, à sa culture, à son secteur d'activité, à sa personnalité, à son organisation, à ses objectifs et à ses moyens financiers et humains (ce n'est pas parce que les réseaux sociaux sont d'accès gratuit qu'il n'y a pas d'investissements financiers importants). C'est toute l'organisation interne qui se trouve modifiée et impactée par les médias sociaux. L'entreprise doit trouver les bonnes directions pour y réussir son lancement et son positionnement.

Les stratégies retenues devront être durables, mettre à disposition des employés des documents internes ; il faudra veiller si possible à former une équipe dédiée, à mettre en place des procédures et des règles qui serviront à structurer la présence des médias sociaux dans l'entreprise.

Il s'agit de déterminer le plus précisément possible ce dont vous avez besoin. Toutes les entreprises n'ont pas forcément intérêt à explorer toutes les pistes proposées dans ce guide. Une marque n'a pas forcément besoin d'être présente sur dix réseaux sociaux, au risque de perdre en efficacité et en clarté. Autant être très efficace et performant sur un ou deux médias, au lieu d'être désordonné sur cinq médias. Aussi, les budgets dédiés à la stratégie doivent être adaptés, pour orienter les éventuelles campagnes publicitaires. Le tout est de tester, d'expérimenter et d'ajuster la stratégie choisie au fur et à mesure.

Enfin, n'oubliez pas de toujours mesurer le retour sur investissement. Les médias sociaux sont au service de l'entreprise, mais il ne faut pas se jeter à l'aveugle en perdant du temps et de l'énergie. Il faut prendre le temps de trouver les mécaniques qui marchent, qui servent la marque, qui lui donnent de la valeur, qui font grandir sa communauté (en qualité autant qu'en quantité), qui font augmenter les ventes, qui génèrent du trafic et qui rapportent globalement et durablement à l'entreprise.

Puisque les médias sociaux sont un tremplin exceptionnel, l'entreprise ne doit pas hésiter à acquérir des outils pour l'aider dans ce travail, de nombreux logiciels permettent d'avancer plus vite et de prendre de meilleures décisions.

Enfin, la lecture quotidienne de quelques blogs permettra de compléter vos connaissances et de vous tenir au courant des dernières évolutions des médias sociaux et des meilleures pratiques à adopter :

- Frenchweb : *http://frenchweb.fr* ;
- My Community manager : *www.mycommunitymanger.fr* ;
- Le Blog du Modérateur : *http://www.blogdumoderateur.com/* ;
- Locita : *www.locita.com* ;
- Webmarketin & com : *http://www.webmarketing-com.com/* ;
- Emarketinglicious : *http://www.emarketinglicious.fr* ;
- YouSeeMii : *http://www.youseemii.fr/blog* ;
- Grégory Pouy : *http://gregorypouy.blogs.com* ;
- Camille Jourdain : *http://www.camillejourdain.fr/* ;
- Médias sociaux : *http://www.mediassociaux.fr* ;
- Frédéric Cavazza : *http://www.fredcavazza.net/* ;
- Clément Pellerin : *http://www.clementpellerin.fr/* ;
- Cédric Deniaud : *http://www.cedricdeniaud.net/*.

Bon courage, et que les médias sociaux soient un vecteur de réussite pour votre entreprise !

Bibliographie

AAKER D. (2004). *Brand Portfolio Strategy: Creating Relevance, Differentiation, Energy, Leverage and Clarity*, New York, Free Press.

AAKER D. (1999). *Managing Brand Equity*, New York, Free Press.

AMIDOU L. (2012). *Marketing des réseaux sociaux*, Boulogne-Billancourt, MA Éditions.

BALAGUE Ch. et FAYON D. (2010). *Facebook, Twitter et les autres...*, Paris, Pearson Éducation France.

BATHELOT B., CARPENTIER S. et ABC NETMARKETING (2001). *La Publicité sur Internet*, Éditions Micro Application.

BESSON B. et POSSIN J.-C. (2002). *L'Audit d'intelligence économique*, Paris, Dunod.

DECAUDIN J.-M. (2003). *La Communication marketing*, Paris, Economica/Broché.

GODIN S. (2011). *Le Storytelling en marketing*, Paris, Broché.

GREIMAS A. J., *Sémantique structurale*, Paris, Broché.

GUIGOU A., MALLET G., ROSSI M. et VESPA X. (2012). *E-réputation, méthodes et outils pour les individus et les entreprises*, Saint-Herblain, Éditions ENI.

HEATH Ch. et HEATH D. (2007). *Ces idées qui collent*, Paris, Broché.

KAPLAN A. M., HAENLEIN M. (2011). « Éditorial : Les médias sociaux sont définitivement devenus une réalité », *Recherche et applications en marketing*, vol. 26, n° 3, p. 3-5. Source : *http://fr.scribd.com/doc/76418277/Medias-Sociaux* et *http://up.lciasbl.org/social_2012-02-15.pdf.*

KIRBY J. et MARSDEN P. (2005). *Connected Marketing*, Butterworth-Heinemann Ltd.

KISSANE E. (2011). *Stratégie de contenu Web*, Paris, Eyrolles.

LAZEGA E. (1998). *Réseaux sociaux et structures relationnelles*, Paris, PUF, coll. « Que sais-je ? ».

LENDREVIE J. et LÉVY J. (2013). *Merkator*, Paris, Dunod.

MAZIER D. (2012). *Community Management*, Saint-Herblain, ENI.

MERCKLÉ P. (2004). *Sociologie des réseaux sociaux*, Paris, La Découverte.

MERCKLÉ P. (2004). *Les Réseaux sociaux, les origines de l'analyse des réseaux sociaux*, Paris, CNED, ENS-LSH.

PEELEN E., JALLAT F., STEVENS E. et VOLLE P. (2009). *Gestion de la relation client*, Paris, Pearson Éducation, 3e éd.

ROMDANE N. et BRAUN W. (2013). *Internet Marketing 2013*, Paris, Elenbi Éditeur.

SERNOVITZ A. (2012). *Le Marketing du bouche-à-oreille*, Paris, LEDUC.S Éditions.

Sitographie

Sociologie des réseaux sociaux, théorie, blogs personnels d'analyse

George Bailey: *http://www.george-bailey.com.*
Brand conso: *http://www.brandconso.fr*
Frédéric Cavazza: *http://www.fredcavazza.net/.*
Cédric Deniaud: *http://www.cedricdeniaud.net*
Camille Jourdain: *http://www.camillejourdain.fr/.*
Médias sociaux: *http://www.mediassociaux.fr.*
Pierre Mercklé: *http://pierremerckle.fr/.*
Clément Pellerin: *http://www.clementpellerin.fr/.*
Grégory Pouy: *http://gregorypouy.blogs.com.*
Emmanuel Vivier: *http://www.hubinstitute.com.*
Webmarketin et com: *http://www.webmarketing-com.com/.*
Willy Braun: *http://www.brocooli.com/.*
http://www.definitions-marketing.com.
http://www.e-marketing.fr/.

E-réputation

Fadhila Brahimi: *http://www.blogpersonalbranding.com/.*
Alexandre Villeneuve et Édouard Fillias: e-reputation.org.
YouSeeMii: *http://www.youseemii.fr/blog.*

BtoB

Cyril Bladier : *http://www.business-on-line.typepad.fr/.*

News, Webzines

Le Blog du Modérateur : *http://www.blogdumoderateur.com/.*
Emarketinglicious : *http://www.emarketinglicious.fr.*
Frenchweb : *http://frenchweb.fr.*
Girlz in Web : *www.girlzinweb.com.*
Locita : *www.locita.com.*
My Community Manager : *www.mycommunitymanger.fr.*
Presse Citron : *http://www.presse-citron.net.*

Outils, statistiques

Observatoire des médias sociaux : *http://www.observatoiredesmedias.com.*
Social Bakers : *http://www.socialbakers.com/.*

Index

Table des cas

Table des matières

www.ingramcontent.com/pod-product-compliance
Lightning Source LLC
Chambersburg PA
CBHW061136220326
41599CB00025B/4251